Collection

Sciences Humaines en Médecine

FONDEMENTS PHILOSOPHIQUES DE L'ÉTHIQUE MÉDICALE

Suzanne RAMEIX
Professeur agrégé de Philosophie
Enseigne l'Éthique médicale
au CHU Henri-Mondor
Université de Paris XII, Créteil

ellipses

À Anne Fagot-Largeault

ISBN 2-7298-9641-4

Présentation de l'enseignement d'éthique aux étudiants de médecine

Objectifs

L'objectif d'un tel enseignement, nous semble-t-il, est de préserver la dimension éthique de la médecine dans son approche de l'homme. En effet, de nouvelles techniques et de nouveaux savoirs (réanimation, transplantation d'organes et de tissus, imagerie médicale, procréation médicalement assistée, avortement, prédiction génétique, psychochirurgie et psychopharmacologie...), les pressions de la recherche scientifique (expérimentations), les sollicitations du marché (industrie pharmaceutique), la nationalisation du système de santé (Sécurité sociale et allocation juste des ressources nationales), et enfin, les demandes de la société à l'égard de la médecine (« droit à l'enfant », interruption volontaire de grossesse, chirurgie esthétique, médecine du sport, médecine de confort, régulation de la violence par la psychiatrie...) mettent les médecins face à des situations moralement confuses. À ces questions récentes s'ajoutent les dilemmes, plus classiques mais tout aussi difficiles, liés à la situation médicale : Quelle vérité dire au malade ? Comment accompagner les mourants ? Jusqu'où respecter la liberté des malades ? Jusqu'où prodiguer des soins très handicapants ? Comment concilier secret médical et danger pour un tiers ?

... **Il s'agit donc de donner aux médecins les moyens**, tout d'abord, **d'identifier et d'analyser** les valeurs et les conflits de valeurs en jeu dans les situations de soin, de recherche et de santé publique, et ensuite, de **prendre des décisions « moralement pesées »**.

Fondement

L'éthique n'est ni une science, ni un système institutionnel de règles, ni un savoir-faire. La philosophie occidentale, depuis Socrate, a toujours affirmé l'impossibilité de l'enseigner.

Pourtant, nous devons supposer qu'elle est l'objet d'un savoir et qu'un travail rationnel sur « ce que l'on doit faire » est, à la fois, **possible** et **nécessaire**. En effet, le nier serait supposer qu'il n'y a de connaissance que scientifique, de règle de droit que positive, d'intervention que technique. Ce serait prendre position philosophiquement contre la possibilité pour la raison humaine de penser et de poser des valeurs, et renvoyer nos comportements et décisions à **l'arbitraire** psychologique, social et historique de chacun.

C'est donc sur le postulat d'une réflexion rationnelle possible dans l'ordre des valeurs que se fonde un enseignement de l'éthique.

Cadre

Nous vivons dans une **société démocratique laïque pluraliste**, et c'est dans cette société que nous avons à agir moralement : l'éthique se vit toujours dans une communauté d'hommes. La nôtre est fondée sur le respect de la liberté et de l'égalité de tous, dans un État de droit, fondé sur le contrat social. La sphère privée y est distinguée de la sphère publique, le moral du légal, le religieux du profane, mais toutes ces dimensions sont constitutives de l'homme-citoyen.

Moyens

Cet ouvrage, centré sur un cours, proposé à des étudiants de médecine de première année, cherche à fournir les outils conceptuels et les informations nécessaires à **la**

construction du jugement moral. Des exemples médicaux, très succinctement exposés, devraient permettre un premier exercice du jugement moral. Les textes proposés à la fin de l'ouvrage, ainsi que les exercices et la bibliographie, doivent permettre d'approfondir et d'enrichir la réflexion personnelle.

Mais, ce cours devrait servir d'introduction à des études approfondies de cas concrets, dans un **cadre interdisciplinaire** de médecins, juristes, spécialistes des sciences humaines, philosophes, théologiens... En effet, toute réflexion morale, depuis Aristote déjà, hésite entre la recherche de principes généraux et l'étude de cas concrets particuliers. On peut y voir une distinction entre la morale des principes et l'éthique appliquée. En fait, la dialectique de ces deux approches est constitutive de la moralité : elles sont toutes deux nécessaires et complémentaires. Il n'y a pas de vie morale sans vie partagée avec d'autres hommes et femmes de chair et de sang, dans des situations qui nous engagent ; il n'y a pas non plus de vie morale sans une certaine distanciation de la réflexion qui permet de poser la question « Que doit-on faire ? » ou « Qu'est-ce qui est bien ? ». Schématiquement, nous pouvons dire que les médecins travaillent à partir de l'étude de cas, alors que les juristes, les économistes, les philosophes, les sociologues, les théologiens, ... sont plus enclins à s'interroger sur les principes généraux. De la collaboration des uns et des autres devrait naître une véritable réflexion morale durant toute la formation des étudiants... et bien au-delà !

L'enseignement de l'éthique aux étudiants de médecine s'inscrit dans la ligne des directives définies par l'*arrêté du 2 mai 1995*, du Ministère de l'Enseignement Supérieur et de la Recherche, *relatif au module de Sciences Humaines et Sociales de la première année de premier cycle des études médicales* (J.O. du 11 mai 1995, p. 7884) :

« Art. 1er. – Le module de sciences humaines et sociales de première année de premier cycle des études médicales défini à l'article 12 de l'arrêté du 18 mars 1992 susvisé doit privilégier, dans le cadre des orientations thématiques des enseignements du premier cycle et de la première année du deuxième cycle des études médicales précisées à la section VIII de l'arrêté du 19 octobre 1993 susvisé, les enseignements permettant aux étudiants :

1/ D'acquérir les outils de base de la sociologie, de la psychologie sociale, de la démographie, du droit national, européen et international, de l'économie, de la communication et de l'information ;

2/ **D'aborder les grandes question d'éthique dans la société.**[1]

Les unités de formation et de recherche de médecine peuvent de plus proposer aux autorités universitaires compétentes de définir, dans le cadre des orientations thématiques précitées, des thèmes à étudier pendant l'année, notamment dans le domaine de l'anthropologie et de l'économie des systèmes de santé, avec une liste d'ouvrages à consulter ou une série de conférences.

Ces enseignements ont pour but de développer chez les étudiants une approche pluridisciplinaire des problèmes de la société et de susciter leur réflexion sur la place de leur future pratique dans un contexte élargi. Du fait que ces enseignements relèvent de diverses disciplines, ils sont assurés avec le concours d'universitaires des disciplines concernées. [...] »

1. C'est nous qui soulignons.

Présentation de l'ouvrage

Nous produisons tous des énoncés, les échangeons, vivons par eux ou en fonction d'eux, car nous pensons qu'ils sont **vrais**. Soit, par exemple, l'énoncé « La couverture de ce livre est blanche » : la vérité de cet énoncé descriptif, référé à un objet que nous voyons, ne semble pas poser de problème insoluble (sauf si vous êtes non-voyant et que quelqu'un vous lit ce texte). D'autres énoncés ressemblent formellement à celui-là mais posent des problèmes de vérité plus troublants, par exemple : « Je suis un menteur », « Cette phrase est composée de sept mots », « Les licornes ne sont pas noires », « E = MC2 ». Mais on peut très bien vivre et vivre très bien sans s'interroger sur la vérité des énoncés qui s'auto-contredisent, qui parlent d'eux-mêmes, qui expriment des propriétés que n'ont pas des objets qui n'existent pas, ou qui formulent des lois scientifiques... En revanche, nous ne pouvons échapper à des énoncés comme : « Untel est fraudeur » ou « Le racisme est un mal ». Or, les dire c'est affirmer en même temps qu'ils sont vrais. Mais que voulons-nous dire en disant qu'ils sont vrais ? En apparence de tels énoncés semblent descriptifs, du type « a est b », mais le sont-ils ? Dire « Untel est fraudeur », n'est-ce pas aussi dire « Frauder est mal », ce qui est évaluatif, et même dire « On ne doit pas frauder », ce qui est prescriptif ? Qu'est-ce que la vérité de « On ne doit pas être raciste » ? Que voulez-vous dire si vous dites que cet énoncé est vrai ? Pourquoi et comment construisons-nous ces jugements moraux, car c'est d'eux qu'il s'agit ?

Les choses se compliquent encore si nous les combinons. Si :

a) « Le mensonge est un mal » (évaluatif) est vrai.

b) « Le médecin doit faire le bien de son patient » (prescriptif) est vrai.

c) « En cas de diagnostic ou de pronostic grave, le médecin peut ne pas dire toute la vérité au patient » (prescriptif) est vrai. La contradiction logique est flagrante. Ou bien, si :

a') « La non-assistance à personne en danger est un mal » (évaluatif) est vrai.

b') « Le respect de la liberté d'autrui est un bien » (évaluatif) est vrai.

c') « Madame X demande qu'on ne poursuive pas la respiration artificielle et s'extube elle-même » (descriptif) est vrai. La solution logique est introuvable. Quelle vérité est, donc, en jeu dans tous ces énoncés, c'est-à-dire dans nos jugements moraux ? Interrogeons-nous sur leur vérité, leur validité, leur légitimité ou leur justification.

Tel est l'objet de cet ouvrage. Son enjeu est immédiat et grave pour des médecins, car les résultats d'analyse de Monsieur Y, assis en face de vous, indiqueront que sa tumeur est maligne, ou bien Z, 13 ans, que vous examinerez, portera des traces de sévices parentaux, ou bien vous apprendrez que Madame S a arrêté son traitement, ou bien Monsieur P, séropositif, vous dira avoir des relations amoureuses non protégées, ou bien Mademoiselle N, « suicidée récidiviste » vous annoncera sa détermination de refaire une tentative dès qu'elle sortira de l'hôpital, ou bien vous expérimenterez un nouveau traitement à risque sur des patients, ou bien Madame H, ménopausée, vous demandera une procréation médicalement assistée, ou bien... Dans ces situations il vous faudra, pourtant, agir et vous le ferez **en fonction de jugements moraux que vous considérerez comme vrais. Lesquels ? Pourquoi ?**

Remarquons que le problème se complique encore plus si nous considérons que le plus important n'est pas de savoir ce qui est bien mais, dès lors, d'être soi-même un homme bon... et si nous avons certaines raisons, et même des raisons certaines, de penser que cette dernière phrase est vraie !

L'objet de ce livre est de montrer comment, aujourd'hui, nous pouvons construire ces jugements moraux, quels sont les concepts et les théories à notre disposition, quels sont **leur origine, leur fondement et leur justification**.

Cet ouvrage s'adresse à de jeunes adultes, encore peu versés dans la réflexion éthique. Nous avons donc pris le parti de la simplification et de l'implication pédagogique ; notre cheminement est partiel et partial. Des lecteurs plus avertis seront gênés — peut-être blessés — des schématisations et simplifications qui en découlent. Qu'ils veuillent bien nous les pardonner : leur justification est de permettre aux étudiants l'accès aux textes mêmes des philosophes et à une réflexion critique personnelle. D'autre part, nous avons choisi une certaine façon de faire de la philosophie, nous en sommes conscient : encore une fois, ce livre est simplement une porte que l'on ouvre pour entrer dans la réflexion philosophique.

SOMMAIRE

La première et la plus importante partie de la philosophie est de mettre les maximes en pratique, par exemple : « Qu'il ne faut pas mentir. » La deuxième est la démonstration des maximes, par exemple : « D'où vient qu'il ne faut pas mentir ? » La troisième est celle qui confirme et explique ces démonstrations, par exemple : « D'où vient que c'est une démonstration ? Qu'est-ce qu'une démonstration, qu'une conséquence, qu'une opposition, que le vrai, que le faux ? »

Ainsi donc, la troisième partie est nécessaire à cause de la seconde ; la seconde, à cause de la première. Mais la plus nécessaire, celle sur laquelle il faut se reposer, c'est la première. Or, nous, nous agissons à l'inverse. Nous nous attardons dans la troisième partie, toute notre sollicitude est pour elle, et nous négligeons la première. Nous mentons en effet, mais nous sommes prêts à démontrer qu'il ne faut pas mentir !

Épictète (1er siècle av. J.-C.), *Manuel* (§ LII)

à méditer...

PRÉLIMINAIRES

POSSIBILITÉ D'UN ENSEIGNEMENT DE L'ÉTHIQUE

On peut parler *à propos de* l'éthique ou *sur* l'éthique, mais il est impossible d'enseigner l'éthique.

Négation de cette possibilité par la philosophie

La tradition philosophique a toujours affirmé cette impossibilité. Que l'on se réfère, par exemple, à un philosophe proche de nous et qui a une immense influence sur la philosophie contemporaine, comme L. Wittgenstein. Voici ce qu'il écrit, dans sa *Conférence sur l'éthique*[1] : « Ce qui est éthique, on ne peut pas l'enseigner. Si je ne pouvais expliquer à autrui l'essence de ce qui est éthique que par le biais d'une théorie, ce qui est éthique n'aurait pas de valeur du tout ». Considérons le titre même d'un ouvrage récent du philosophe britannique B. Williams : *L'Éthique et les limites de la philosophie* [25][2], dans lequel il écrit : « ... surgit la question de savoir si la philosophie peut vraiment parler de l'éthique ». Dès l'Antiquité déjà, c'est-à-dire dès l'origine de la philosophie, Platon se heurte à cette difficulté dans le *Ménon* (98e) : « Nous avons reconnu, par conséquent, que la vertu ne peut s'enseigner... » Et son élève, Aristote affirmera, dans *L'Éthique à Nicomaque*, II, 3 [1] : « C'est par l'accomplissement des actions justes qu'on devient juste, à ne pas les accomplir nul ne saurait jamais devenir bon. Mais la plupart des hommes, au lieu d'accomplir des actions vertueuses, se retranchent dans le domaine de la discussion, et pensent qu'ils agissent ainsi en philosophes et que cela suffira à les rendre vertueux... »

Que signifie, dès lors, un enseignement d'éthique intégré aux études médicales ?

Argument a contrario : *le problème de l'arbitraire*

L'éthique n'est ni une science, ni une technique, ni un système de règles institutionnelles (comme le droit ou la déontologie). C'est pourquoi on ne peut l'enseigner. Pourtant, elle est bien l'objet d'un savoir : un travail rationnel est à la fois **possible et nécessaire** sur les **valeurs.** En effet, le nier ce serait supposer qu'il n'y a de connaissance que scientifique, d'action que technique, de règle de droit que positive ; ce serait prendre position philosophiquement contre la possibilité pour la raison humaine de penser les valeurs, et renvoyer nos comportements à **l'arbitraire** psychologique, social et historique de chacun. C'est donc sur le postulat d'une réflexion rationnelle, possible et nécessaire, dans l'ordre des valeurs que se fonde un enseignement en bioéthique, c'est-à-dire un enseignement en éthique, au regard des problèmes éthiques que posent les sciences et techniques biologiques et médicales contemporaines.

NÉCESSITÉ D'UN ENSEIGNEMENT EN ÉTHIQUE MÉDICALE AUJOURD'HUI

La médecine a toujours été une démarche éthique, car elle l'est dans son essence même. En effet, l'action médicale se caractérise ainsi : son objet c'est autrui ; son mobile c'est la pitié devant la souffrance d'autrui ; sa finalité c'est la santé d'autrui. Paracelse, le grand médecin de la Renaissance, fera graver sur sa tombe :« Toute médecine est amour ». Pourquoi, dès lors, une telle interrogation sur l'éthique médicale, à la fin du XXe siècle ? Cinq raisons majeures l'expliquent, nous semble-t-il, que nous présentons schématiquement :

La pensée occidentale en fin de XXe siècle

La pensée de l'Occident est marquée par le **recul du religieux**, qui, pendant des siècles, a fondé les valeurs morales : privées de ce fondement, les valeurs morales sont relativisées, et donc fragilisées (qu'est-ce qu'un Bien qui vaut pour certains et non pour d'autres ?), et donc contestées. D'autre part, l'humanisme du XVIIIe siècle, sur lequel étaient fondées les valeurs laïques et républicaines communes, est fortement ébranlé, d'abord théoriquement par les thèses de la « mort de l'homme »[3], ensuite, pratiquement, par un **individualisme**[4] grandissant. Enfin, nous sommes sortis de l'ère des « grands récits » comme le marxisme, c'est-à-dire des grand systèmes de représentation et d'action totalisants et finalistes ; nous sommes dans **la mort des idéologies** et des utopies. Nous sommes dans l'ère du nihilisme annoncé par Nietzsche[5]. Nous vivons ainsi dans une société **pluraliste**, dans laquelle les valeurs ne sont plus partagées. Les questions de l'éthique médicale s'inscrivent dans ce champ plus vaste d'interrogation morale de notre fin de siècle.

Elles s'inscrivent également dans une modification de l'agir humain, liée au développement de la technique.

L'agir occidental en fin de XXe siècle

Nous sommes entrés, depuis quelques décennies, dans le règne de la **« pensée instrumentale »**, selon l'expression des sociologues. Nous sommes dans un monde de techniques et d'objets techniques de plus en plus complexes, et le mode de pensée instrumental et technique[6] transforme notre rapport au monde et aux autres, au détriment des autres modes : affectif, sensoriel, esthétique, contemplatif... Nous instrumentalisons tout ce que nous rencontrons, êtres et objets, y compris le corps humain, y compris autrui. Certains vont même plus loin dans l'analyse de la technique et soutiennent que, depuis la deuxième moitié du XXe siècle, la technique aurait changé de nature. Auparavant, elle était anthropologique, anthropocentrée, instrumentaliste ; utilisée comme moyen, elle était pensée dans le schème aristotélicien de l'outil comme prolongement de l'organe humain. Le problème éthique qu'elle posait alors était celui de son usage. Aujourd'hui, la technique est devenue un milieu, une deuxième nature, un technocosme[7] ; l'homme n'est plus la mesure de la technique ; elle suit un développement autonome incontrôlé dans une logique non éthique du « tout est possible ». Loin d'en être le maître, l'homme est manipulé par elle. Ainsi le problème qu'elle pose est-il fondamental et nouveau ; c'est celui de la sauvegarde de l'humanité de l'homme[8]. Or, s'il est un domaine où la technique connaît aujourd'hui un développement considérable, c'est bien celui de la médecine et de la biologie.

L'histoire après Auschwitz

Le nazisme a été possible, et l'est encore : l'euthanasie des vieillards, des malades et des « anormaux », la stérilisation des malades mentaux, l'eugénisme positif de l'homme « supérieur » et l'expérimentation sur l'homme « inférieur » ont été possibles, et le sont encore, et nous le savons. L'éthique médicale contemporaine naît avec le ***Code de Nuremberg***[9], d'août 1947, c'est-à-dire dix règles d'éthique, énoncées par le Tribunal Militaire International (institué en août 1945), qui jugea les criminels de guerre nazis et définit, pour la première fois, le concept de « crime contre l'humanité ». Ce tribunal jugea, à Nuremberg, de novembre 1946 à août 1947, les médecins nazis qui s'étaient livrés à des expérimentations sur l'homme. Pour qualifier juridiquement ces expérimentations de crimes, il fallait énoncer, à l'opposé, ce que les auteurs du Code nommeront « les principes fondamentaux qui devraient être observés pour satisfaire aux concepts moraux, éthiques et légaux » ; ces principes constitueront le Code de Nuremberg. Le philosophe allemand T. Adorno écrivit, en 1966, « Hitler a imposé aux hommes un nouvel impératif catégorique : penser et agir en sorte qu'Auschwitz ne se répète pas »[10].

L'évolution de la médecine

Durant des siècles, la médecine a accompagné, rassuré, soutenu l'homme souffrant et mourant, mais sans **savoir** ni **pouvoir** grand chose devant peste, tuberculose, diphtérie, septicémies... Mais le XIXe siècle (médecine expérimentale, premiers vaccins...) et le XXe siècle (1936 : sulfamides, dix ans plus tard : antibiotiques, génétique...) ont considérablement transformé la médecine : désormais ses moyens qui nécessitent **savoir** et habileté **technique,** la font basculer du côté de la démarche scientifique, et la pensée positiviste et technicienne, véhiculée par la science, envahit la médecine : l'homme passe sous la commande technique des praticiens et des chercheurs comme un objet : il n'est plus un autre homme, il n'est plus autrui.

Aux problèmes posés par les possibilités et les pratiques nouvelles de la médecine s'ajoutent des problèmes nouveaux que notre société (France, années 80) pose à la médecine : plus l'espérance de vie augmente, plus la vie devient précieuse, la vieillesse refusée et la mort occultée. La demande de santé est devenue une revendication de bonheur ; le corps et l'esprit sont à la fois des biens de prestige et des objets de consommation à valeur illimitée, générateurs de libertés et de nouveaux droits, exigeant des responsabilités différentes. Cette attitude de valorisation du corps est liée à la fois aux immenses progrès de la médecine contre la maladie, la malformation, le handicap, le vieillissement, la douleur, au refus du rationalisme — qui avait fini par faire du corps un objet « surnuméraire » de l'âme — et au recul du religieux (cf. *supra*). Les conséquences en sont l'investissement matérialiste et hédoniste du corps et la crainte de la mort, fin d'une vie uniquement terrestre. Nous sommes dans l'ère du corps « libéré », qui adresse au médecin des demandes nouvelles (chirurgie esthétique, « droit à l'enfant », médecine sportive, médecine de confort...).

D'autre part, alors que les dilemmes médicaux ont été longtemps résolus au cas par cas, de façon discrète et intuitive par le médecin, au sein du « colloque singulier » ou avec les proches du malade, aujourd'hui, l'accroissement des possibilités techniques et le caractère collectif des décisions à prendre poussent à rendre les dilemmes publics : l'expression des conflits de devoirs devient très explicite et la résolution urgente. Enfin, dans les démocraties occidentales, l'hygiène (au XIXe siècle) et la santé (au XXe siècle) étant devenues affaire de l'État, les enjeux de la médecine sont désormais sociaux, économiques et politiques et le droit est sollicité. Par exemple, le Parlement français a voté, en juillet 1994, trois lois, l'une *relative au traitement des données nominatives ayant pour fin la recherche dans le domaine de la santé,* l'autre *relative au respect du corps humain,* la troisième, enfin, *relative au don et l'utilisation des éléments et produits du corps humain, à l'assistance médicale à la procréation et au diagnostic prénatal* [126] [127] [128].

La spécificité des problèmes posés par la médecine et la biologie contemporaines

Pourquoi les médecins ont-ils commencé à faire appel à des « éthiciens » — pour la plupart des théologiens — aux États-Unis et au Canada, dans les années 1960[11] ? Pourquoi des comités d'éthique ont-ils surgi un peu partout, dans les pays occidentaux, au même moment, dans les années 1970-80[12] ? Qu'est-ce qui fait l'unité des questions dites de « bioéthique », c'est-à-dire des problèmes moraux que posent la médecine et la biologie contemporaines ? Tout d'abord, quels sont ces problèmes posés par la médecine et la biologie contemporaines ?

1. WITTGENSTEIN L, « Lecture on Ethics », prononcée en 1930 ; 1ère publication posthume *in : Philosophical Review*, LXXIV, n° 1, jan. 1965 ; trad. Fauve J., « Conférence sur l'Éthique », *in : Leçons et conversations*, Paris, Gallimard, 1992, 190 p.
2. Les chiffres entre [ ] renvoient à la bibliographie *infra*. p. 147.
3. Cf. I D *infra*.
4. Cf., par exemple, DUMONT L., *Essais sur l'individualisme*, Paris, Seuil, 1983, 320 p. LIPOVETSKY G, *L'ère du vide. Essai sur l'individualisme contemporain*, Paris, Gallimard, 1983, 256 p. FERRY L. et RENAUT A., *68-86. Itinéraires de l'individu*, Paris, Gallimard, 1987, 134 p. RENAUT A., *L'ère de l'individu. Contribution à une histoire de la subjectivité*, Paris, Gallimard, 1989, 292 p.
5. Cf. I D 2.
6. Cf. HEIDEGGER M., « La question de la technique », Conférence prononcée en 1953, publiée *in :* HEIDEGGER M., *Vorträge und Aufsätze, Pfullingen*, 1954 ; trad. Préau A., *Essais et conférences*, Paris, Gallimard, 1958 ; rééd. 1990, 354 p. HABERMAS J., *Technik und Wissenschaft als Ideologie*, Frankfurt a M., Suhrkamp, 1968 ; trad. Ladmiral J.-R., *La technique et la science comme idéologie*, Paris, Gallimard, 1973, 213 p. ; HOTTOIS G., *Le signe et la technique. La philosophie à l'épreuve de la technique*, Paris, Aubier, 1984, 224 p.
7. Nous n'habitons plus un *cosmos*, c'est-à-dire, au sens grec, un univers clos, stable, hiérarchisé, harmonieux, où chaque chose a sa place et son sens, mais nous sommes de simples rouages dans un univers de machines et de réseaux d'informations.
8. Cf., par exemple, JONAS H. [20], dont nous parlerons plus loin en II A 1, ou ELLUL J., *Le système technicien*, Paris, Calmann-Lévy, 1977, 368 p.
9. Cf. TEXTE n° 18, p. 137.
10. Cf. AMBROSELLI C. [53] et AMBROSELLI C., *Le comité d'éthique*, Paris, PUF, coll. « Que sais-je ? », 1990, 128 p.
11. Cf., par exemple, PARIZEAU M.H. [106], en particulier l'article de BOURGEAULT G., « Qu'est-ce que la bioéthique ? », p. 27-47.
12. Cf. II. C. 3.

INTRODUCTION

Les problèmes éthiques de la médecine et de la biologie contemporaines

ÉNUMÉRATION ET CLASSIFICATION

Pour clarifier le débat et aider la réflexion, nous proposons une classification courante des champs de la réflexion éthique sur la médecine et la biologie. Reprenons celle qui est adoptée, par exemple, par G. Hottois et M. H. Parizeau dans *Les mots de la bioéthique* [91] :

1. Procréatique
2. Expérimentations sur l'homme
3. Interventions sur le vieillir et le mourir
4. Greffes d'organes et utilisation de parties du corps humain
5. Cerveau et manipulations de la personnalité
6. Interventions sur le patrimoine génétique
7. Interventions sur les êtres et les milieux vivants non humains

Nous proposons une **énumération non exhaustive** des problèmes posés par les nouvelles techniques biologiques et médicales (que chacun complétera et précisera au cours de sa réflexion personnelle, et en fonction de l'évolution des techniques et des pratiques. Par exemple, la congélation des ovocytes — sans doute réalisable dans un avenir proche — devrait permettre d'échapper aux dilemmes éthiques relatifs aux embryons congelés). La liste des avis rendus en France par le Comité Consultatif National d'Éthique, depuis sa création en 1983, est un bon indicateur des problèmes éthiques contemporains posés par la médecine et la biologie (cf. p. 154-155).

1. Procréatique

Techniques *: Diagnostic prénatal (DPN). Avortement.*

Problèmes *: Statut de l'embryon. Commencement de la vie. Droit de vivre. Discrimination. Eugénisme. Sexisme. Statut de la personne, de l'enfant, de la femme, de la sexualité, du fait « d'être au monde ». Statut du corps et de sa disponibilité. Démographie. Problème politico-social de la prise en charge. Finalité de la médecine…*

Techniques *: Don de sperme, conservation de sperme, insémination avec donneur (IAD), insémination avec conjoint (IAC), infra-cytoplasmic sperm injection (ICSI), sélection du sperme.*

Problèmes *: Brouillage de la filiation naturelle (dimension psychologique pour l'enfant, la mère, le père, le couple ; dimension juridique, atteinte au code civil, modification de la famille, brouillage du temps générationnel ; dimension sociologique, atteinte au système de parenté ; dimension génétique, consanguinité ignorée). Statut juridique du sperme congelé, des cellules germinales. Statut du receveur (couple, femme célibataire, couple homosexuel, veuve…). Statut du donneur (homme, couple, rétribution, anonymat…). Eugénisme (sélection du sperme). Finalité de la médecine (l'insémination ne guérit pas la stérilité)…*

Techniques *: procréation médicalement assistée (PMA), fécondation* in vitro *et transfert d'embryons (FIVETE), don d'ovule, diagnostic préimplantatoire (DPI), conservation d'embryons congelés (embryons « surnuméraires »), don d'embryons, maternité de substitution, réduction embryonnaire, ectogenèse, expérimentation sur l'embryon, parthénogenèse.*

Problèmes *: Statut de l'embryon. Eugénisme. Sexisme. Brouillage de la filiation (cf. plus haut). Statut des ovules, des cellules germinales. Statut du donneur. Statut du receveur (couple, femme célibataire, couple homosexuel, femme ménopausée…). Statut de la mère de substitution. Statut du corps et de la personne. Droit de l'enfant et « droit à l'enfant ». Réduction embryonnaire. Finalité de la médecine (la FIVETE ne guérit pas la stérilité). Problème juridico-social de la prise en charge…*

Techniques : *Stérilisation. Contraception.*
Problèmes : *Contraception forcée des handicapés mentaux, stérilisation des handicapés mentaux et des personnes à risque génétique. Discrimination. Eugénisme. Mutilation et statut du corps...*

2. Expérimentation sur l'homme

Techniques : *Expérimentation sur l'homme sain, sur le malade, auto-expérimentation.*
Problèmes : *Expérimentation à visée thérapeutique ou de recherche, avec ou sans bénéfice direct. Statut des personnes participant aux essais. Justification de l'expérimentation sans bénéfice direct. Expérimentation sur les mineurs (traitements pédiatriques), sur les incapables (traitements psychiatriques), sur les femmes enceintes ou allaitantes, sur les personnes privées de liberté (détenus, malades en urgence, personnes hospitalisées sans consentement), sur les personnes en résidence hospitalière. Statut du corps humain. Risques et bénéfices. « Perte de chances » pour les patients du groupe placebo. Responsabilités. Principe de justice dans la répartition du « poids » de la recherche, au niveau national et international...*

3. Interventions sur le vieillir et le mourir

Techniques : *Réanimation. Prolongation de la vie. Soins palliatifs.*
Problèmes : *Médicalisation du vieillir et du mourir. Acharnement thérapeutique. Euthanasie. Eugénisme. Création et prolongation de patients en état végétatif chronique (EVC). Qualité de la vie. Dignité de l'homme. Accompagnement des mourants. Refus de traitement. Suicide. Finalité de la médecine. Justice sociale et maîtrise des dépenses...*
Techniques : *Définition de la mort.*
Problèmes : *Critères de la mort. Définition juridique de la mort. Statut du cadavre. Autopsies. Prélèvements d'organes et de tissus. Statut des patients en EVC...*

4. Greffes d'organes et utilisation de parties du corps humain

Techniques : *Prélèvements et greffes d'organes.*
Problèmes : *Statut du receveur. Choix « tragique » du receveur. Problèmes psychologiques du receveur, du donneur et de leurs proches. Statut du donneur mort (consentement présumé, consentement exprès...). Statut du donneur vivant (rétribution, anonymat, enfant...). Atteinte à l'identité (multigreffes, greffes de tissus fœtaux, de tissus cérébraux, xénogreffes d'organes animaux...). Statut du corps humain. Statut des organes. Justice sociale et ressources rares. Danger d'exploitation des populations les plus démunies (Nord-Sud)...*
Techniques : *Prélèvement et utilisation d'éléments et produits du corps (moelle, peau, os, tendon, sang, plasma, cellules, lait, placenta...).*
Problèmes : *Statut ontologique et juridique des éléments et produits du corps, ni personnes ni choses. Statut du receveur. Statut du donneur. Statut du préleveur, du transformateur. Statut du corps humain...*
Techniques : *Greffes trans-spécifiques, manipulation génétique sur les greffons trans-spécifiques.*
Problèmes : *Relation de l'homme à l'animal. Statut de la barrière spécifique...*

5. Cerveau et manipulations de la personnalité

Techniques : *Traitements neurologiques, psychopharmacologiques, neurochirurgicaux. Greffes de tissus nerveux, autogreffes ou de tissus fœtaux.*
Problèmes : *Dépersonnalisation du malade et manipulation de la personnalité. Statut du fœtus (de 9 semaines, actuellement en France, pour les tissus fœtaux en greffes intracérébrales). Statut de la personne. Identité de l'homme. Protection contre soi-même et protection des tiers. Maladie mentale et société. Criminalité, normalisation et société (traitements neurochirurgicaux ou psychopharmacologiques de l'agressivité, de la libido sexuelle...). Psychiatrie et régulation de la violence...*

6. *Interventions sur le patrimoine génétique*

Techniques : *Séquençage et déchiffrement du génome humain.*
Problèmes : *Médecine prédictive (effet anxiogène, discrimination par employeurs, par assureurs, secret médical à l'égard des tiers concernés, proches ou lointains...). Épidémiologie génétique. Problèmes économiques (brevetabilité du génome humain, commercialisation...)...*
Techniques : *Thérapie génique sur cellules somatiques. Thérapie génique sur cellules germinales.*
Problèmes : *Eugénisme négatif. Eugénisme positif. Identité de l'individu. Atteinte au patrimoine génétique de l'humanité. Identité de l'espèce humaine. Représentation de l'homme comme une machine programmée. Biologisation de l'homme...*

7. *Intervention sur les êtres et milieux vivants non humains*

Techniques : *Expérimentation sur l'animal. Manipulations génétiques.*
Problèmes : *Statut de l'animal. Greffes transgéniques et identité humaine...*
Techniques : *Actions sur la biosphère.*
Problèmes : *Avenir de l'homme. Avenir des espèces non humaines. Produits mutagènes. Armes biologiques...*

CARACTÉRISATION BIOÉTHIQUE

Qu'est-ce qui fait l'unité de toutes ces questions ?

L'homme se produit lui-même : la triple maîtrise (procréation, système nerveux, hérédité)

Ce qui fait l'unité de ces questions c'est que l'homme désormais est en mesure de **se produire lui-même** et que toutes ces techniques mettent en jeu tous les aspects de l'humain, de la conception à la mort (maîtrise de la procréation), de l'activité du corps à celle de l'esprit (maîtrise du système nerveux), de l'individu à l'espèce (maîtrise de l'hérédité). L'homme produit l'homme, l'homme met l'homme en question. Ces techniques nous posent « ... la plus radicale de toutes les questions : quelle humanité voulons-nous être ? », comme le formule si bien le rapport *Recherche biomédicale et respect de la personne humaine* [139] du Comité consultatif national d'éthique. « Avec les progrès révolutionnaires des sciences de la vie et de la santé, l'humanité est en passe d'acquérir une triple maîtrise bouleversante : sur **la procréation, sur l'hérédité,** sur **le système nerveux.** Dans les finalités comme dans les modalités de la recherche, le destin de notre identité d'hommes est désormais nettement en jeu » (*ibidem*). Remarquons bien que les questions plus « classiques » d'éthique médicale : extension et forme de la vérité à dire au malade, accompagnement des mourants, traitements douloureux et/ou handicapants, secret médical, incertitude de la balance risque/bénéfice, traitement des mineurs et des incapables, conseil génétique, injonction thérapeutique pour les toxicomanes..., se trouvent amplifiées et/ou modifiées par le développement des sciences et des techniques. Par exemple, les progrès investigatoires réalisés grâce aux nouvelles techniques d'imagerie médicale (radiologique, nucléaire, échographique ou par résonance magnétique) posent avec une très grande acuité la difficile question de la révélation de la vérité du diagnostic, comme de celle du pronostic.

Les conflits de devoir

Sur ces questions, les morales laïques communes des démocraties occidentales ne peuvent répondre clairement, le droit n'est pas explicite, de même que la déontologie médicale et celle de la recherche. Or, toutes ces questions conduisent à **des conflits de devoirs.**

Classiquement, le problème moral existentiel est celui de la faiblesse de notre volonté : le mal nous attire et le bien nous paraît difficile à réaliser ; mais, la plupart du temps, nous savons le bien que nous avons à faire et le mal que nous avons à éviter. L'obligation morale s'impose à nous souvent avec clarté, et la difficulté vient de ce que « je fais le mal que je ne voudrais pas faire, et ne fais pas le bien que je voudrais faire », comme l'écrit Saint Augustin, dans *Les Confessions* [3], reprenant Saint Paul. Les expériences familières du remords ou de la mauvaise conscience et de la révolte devant l'injustice confirment ce sentiment qu'il est aisé de distinguer le bien du mal. En revanche, sur ces questions de bioéthique, nous nous heurtons à des conflits de « biens » contradictoires : c'est entre plusieurs biens qu'il faut choisir, et non pas entre le bien et le mal. Et ces dilemmes sont d'autant plus douloureux que la solution choisie sera **irréversible** et vitale, et qu'elle atteint l'homme au plus profond de lui-même : la naissance, la mort, la sexualité, la souffrance, l'identité, la relation à autrui.

EXEMPLES MÉDICAUX

Voici quelques exemples de la diversité contradictoire des « biens », telle qu'on peut la thématiser, au premier abord, sous forme de conflits (cette liste non exhaustive est à compléter par chacun au cours de sa réflexion personnelle) :
– Conflits entre le bien de l'individu et le bien de la collectivité : constitution des fichiers épidémiologiques ; épidémiologie génétique ; déclaration obligatoire et isolement des contagieux ; vaccinations ; dépistage du SIDA ; traitement des troubles psychiatriques (violence et criminalité) ; expérimentation des nouveaux traitements (sans bénéfice direct) ; maîtrise des dépenses de santé ; prélèvements d'organes (consentement présumé), etc.
– Conflits entre le bien d'un individu et le bien d'un autre individu : interruption volontaire de grossesse (IVG) ; procréation médicalement assistée (PMA) ; insémination artificielle ; prélèvements et greffes d'organes ; « choix tragique » du receveur, etc.
– Conflits du principe de justice et du progrès de la science : expérimentation sur les malades mentaux ; expérimentation sur les mineurs ; expérimentation sur l'embryon, etc.
– Conflits du progrès de la science et du bien de l'individu et/ou de la collectivité : expérimentation sans visée thérapeutique ; manipulations génétiques, etc.
– Conflits du principe de bienfaisance et du principe de la valeur sacrée de la vie : fin de vie, euthanasie ; acharnement thérapeutique ; interruption thérapeutique de grossesse (ITG) ; eugénisme négatif ; PMA (réductions embryonnaires, embryons congelés, expérimentations préalables...) ; refus de soin, etc.
– Conflits du principe d'efficacité et du principe de bienfaisance : greffes et choix du receveur ; médecine prédictive ; traitement sous condition, etc.
– Conflits du principe de bienfaisance et du principe de respect de l'autonomie de la personne : vérité sur le diagnostic ; vérité sur le traitement ; vérité sur le pronostic ; refus de soin ; demande d'euthanasie ; consentement aux soins ; toxicomanie ; suicide ; grève de la faim ; injonction thérapeutique ; soins psychiatriques ; secret médical (découverte de violences et sévices, connaissance de relations sexuelles non protégés chez un patient HIV+...), etc.
– Conflits du bien des générations présentes et du bien des générations futures : manipulations génétiques ; conseil génétique ; choix des politiques de santé publique, etc.

Position téléologique versus *position déontologique*

En fait, les travaux des comités d'éthique, comme la réflexion morale et philosophique, montrent que deux positions fondamentales se dégagent inévitablement sur chacun de ces conflits : une position téléologique et une position déontologique. Ces deux positions partagent aussi bien les personnes que notre propre conscience en son for intérieur.

Très schématiquement, pour **le téléologue** (de *télos*, en grec, le but, la finalité, la fin), l'action morale a **pour but la réalisation du Bien**. Devant la décision à prendre, il se demande : quel est le meilleur état du monde possible ? Il juge le résultat de son acte, et les **conséquences** prévisibles de l'acte entrent dans sa valeur morale. Ce qui définit la valeur morale d'une conduite c'est le bien qui est atteint par cette conduite : il s'agit donc de maximiser le bien (le bonheur) et/ou de minimiser le mal (le malheur). Le téléologue établit donc une évaluation, **au cas par cas**, du bien attendu et/ou du mal évité, et peut considérer un moindre mal comme un bien, au nom du principe de bienfaisance. La version moderne extrême serait l'utilitarisme : rechercher le Bien maximum possible pour un maximum d'individus ; l'avantage global (ou utilité) est la somme des avantages individuels. Le champ de la pensée est ici celui de la réalisation effective, de l'évaluation, de l'efficacité, du qualitatif, du bonheur, en un mot, du bien.

Mais pour atteindre le Bien, tout est-il permis ? Une fin bonne justifie-t-elle tous les moyens ? Qu'avons-nous le droit de faire ?

Ainsi, à l'opposé, **le déontologue** (de *déontos*, en grec, ce qui doit être, par opposition à *ontos*, ce qui est) considère-t-il comme morale l'action qui est faite **par devoir**, par respect de principes qui sont indérogeables, sans considération des conséquences, prévisibles ou non, de l'action. Celles-ci n'entrent pas dans la valeur morale de l'acte, une fin bonne ne justifie pas tous les moyens pour l'atteindre. La question fondamentale est : où est mon devoir ? Il y a des choses qu'un homme se doit de faire ou de ne pas faire parce qu'il est un homme. Le déontologue s'appuie sur **certains grands principes fermes, définis, universels et intemporels**, et qui tirent précisément leur valeur de leur intemporalité, de leur universalité et de leur « formulabilité ». Pour le déontologue, une décision qui enfreint un des principes moraux est un mal, et rien ne peut la transformer en un bien ; le moindre mal ne peut jamais être un bien. En effet, la valeur fondatrice du principe s'effondre si l'on fait des exceptions dans les cas difficiles : un principe qui ne serait appliqué que quand il n'y a pas de problème perd sa valeur de principe ! Le champ de la pensée est ici celui de l'intention droite, de l'absolu, de l'universel, du droit, en un mot, du juste. (Cf. TEXTE n° 15.)

EXEMPLES MÉDICAUX

1. *Diagnostic prénatal d'une maladie grave et incurable et interruption thérapeutique de grossesse*

Par exemple, devant le diagnostic prénatal (DPN), d'une malformation grave et incurable dans l'état actuel de la science, un raisonnement téléologique consistera à maximiser le bien et/ou à minimiser le mal, en évaluant le handicap et la souffrance de l'enfant à naître, en envisageant son avenir, en évaluant la souffrance de ses parents, de sa fratrie et de ses proches avec toutes leurs conséquences, le coût économique et social du handicap..., ce qui pourrait conduire à une décision d'avortement, à une interruption thérapeutique de grossesse (ITG), autorisée par la législation française dans des conditions très précises, depuis la Loi n° 75-17 du 10 janvier 1975, dite « Loi Veil » [119]. Mais ce raisonnement prendra aussi en compte la valeur fondatrice de l'interdit de tuer, le danger moral, psychologique et social de la discrimination entre les individus et de l'eugénisme, la valeur morale, psychologique et sociale de l'acceptation de la différence, la souffrance de l'avortement et ses conséquences pour la femme et le couple, la mise en question de la finalité de la médecine... L'examen de toutes ces conséquences prévisibles déterminera la valeur morale de la décision à prendre.

En revanche, le raisonnement déontologique s'appuiera sur des principes dont la valeur est liée à l'universalité, et qui, par conséquent, ne peuvent donner lieu à exception : principe de la valeur sacrée de la vie et interdit fondateur du meurtre de l'innocent, et principe d'égalité des hommes et, donc, d'égale valeur et dignité de tous les hommes et de toutes les vies humaines, quelles qu'elles soient. Ces principes conduisent à considérer l'avortement comme moralement condamnable puisqu'il enfreindrait l'interdit de tuer et ruinerait le principe d'égalité de tous les êtres humains. Aucune vie humaine ne peut valoir plus ou moins qu'une autre ; l'idée même d'une évaluation comparative est irrecevable ; chaque être humain est un absolu.

Comment savoir ce qui est ici moralement bon, devant cette « malformation grave et incurable, dans l'état actuel de la science », source de souffrances prévisibles pour l'enfant à naître ? Notre conscience morale est déchirée.

Les 4 principes nord-américains : bienfaisance, autonomie, justice, non-malfaisance

Les Anglo-Saxons — en particulier, dans la réflexion bioéthique nord-américaine — traduisent ces conflits moraux sous forme d'opposition de quatre principes : bienfaisance, autonomie, justice, non-malfaisance. La thématisation éthique par principes apparaît, aux États-

Unis, en 1978, dans un texte fondamental, *Le Rapport Belmont* [144], qui est l'exposé de synthèse de la Commission Nationale pour la protection des sujets humains dans la recherche biomédicale et comportementale. Ce rapport insiste sur un triple impératif : le respect des personnes (principe d'autonomie), la bienfaisance (principe de bienfaisance) et l'équité (principe de justice). Une majeure partie de la littérature bioéthique nord-américaine est construite sur ce système des principes, leur distinction, leurs oppositions, leur nécessaire mais difficile et/ou impossible conciliation, leur hiérarchisation ou subordination, en particulier l'ouvrage de T. Beauchamp et J. Childress [55] qui est une référence constante.

EXEMPLES MÉDICAUX

Dans l'exemple n° 1, le *principe de bienfaisance* pourrait conduire, devant la gravité et l'incurabilité de la maladie du fœtus, à un avortement, à une interruption thérapeutique de grossesse (ITG), alors que le *principe de justice* impose la non-discrimination entre les individus et le droit de chacun à la vie et aux soins appropriés, et, par conséquent, à l'interdiction de l'avortement.
Voyons les deux autres principes qui entrent en jeu dans ces dilemmes éthiques : le *principe d'autonomie* et le *principe de non-malfaisance.*

2. *Vérité au patient sur sa maladie mortelle*

Supposons le diagnostic d'une maladie très grave, voire mortelle, chez un adulte : faut-il dire la vérité au malade ? Le principe de non-malfaisance conduit à ne pas dire tout de suite toute la vérité, qui va causer une souffrance et une angoisse intenses, affaiblir le malade, diminuer la qualité de sa survie, peut-être compromettre sa guérison, voire même le conduire au suicide. « D'abord ne pas nuire » dit le serment d'Hippocrate, et de nombreux codes de déontologie laissent au médecin l'appréciation de l'extension de la vérité à dire. Par exemple, l'article 35 du nouveau code de déontologie médicale français stipule que : « Pour des raisons légitimes que le médecin apprécie en conscience, un malade peut être tenu dans l'ignorance d'un diagnostic ou d'un pronostic graves »[1]. Au contraire, le principe d'autonomie interdit, au nom du respect de la dignité et de la liberté du malade, que le médecin mente en cachant une partie — si infime soit-elle — de la vérité. Le mensonge « infantilise » le malade et le prive arbitrairement d'une information — et éventuellement d'un pouvoir de décision — qui lui appartiennent (cf. ANNEXE I).

Les oppositions peuvent jouer de façons très variées.

3. *Principes de bienfaisance et de non-malfaisance en réanimation*

Par exemple, les principes de bienfaisance et de non-malfaisance s'opposent l'un à l'autre dans les si difficiles questions « d'acharnement thérapeutique » : à partir de quel moment des soins intensifs, invasifs, douloureux et/ou disproportionnés et/ou très handicapants, deviennent-ils un mal pour le malade et doivent-ils être interrompus ou ne pas être entrepris ?

4. *Principes d'autonomie et de bienfaisance devant le refus de soin*

Autre exemple, dans le cas d'un refus de soin par un malade, c'est le principe d'autonomie et celui de bienfaisance qui entrent en contradiction. Que l'on se reporte à propos de cette opposition à l'ANNEXE I qui lui est consacrée.

Téléologie et hétéronomie ; déontologie et autonomie

Bref, sous les diverses oppositions de ces principes, c'est bien le même déchirement de la conscience qui se manifeste, que nous soyons en débat avec nous-mêmes, hésitant entre deux positions, ou en débat avec les autres. Pour nous, en France, les dilemmes se formulent plus explicitement dans l'opposition du déontologique et du téléologique. Pourquoi ?

Ces deux positions trouvent leur origine dans une double tradition philosophique occidentale, qui a façonné toute notre culture et, donc, notre conscience morale, et que nous pouvons présenter schématiquement ainsi :

Soit l'homme est conçu comme **hétéronome** (du grec, *hétéros*, autre, différent, et *nomos*, la loi), c'est-à-dire recevant d'un autre que lui-même — la Nature, par exemple — les règles de son action, dans un univers finalisé. Dès lors, l'action morale est logiquement conçue comme **téléologique** : elle s'inscrit dans cette finalité déjà présente et définie ; l'action morale doit « réaliser » le bien — au sens propre — c'est-à-dire le rendre réel, effectif, présent.

Soit l'homme est conçu comme **autonome** (du grec, *autos*, soi-même, et *nomos*, la loi), c'est-à-dire construisant lui-même les lois auxquelles il se plie, dans un univers mécanique, non finalisé, qui ne lui donne aucune indication. Dès lors, l'action morale consiste à faire « son » devoir, en fonction de principes indérogeables posés par l'homme, qui ne tirent valeur que de leur rationalité et de leur universalité. Une conception autonomique de l'homme conduit donc à une morale **déontologique**.

Nous sommes ainsi amenés, en réfléchissant sur le jugement moral, à nous poser une question plus radicale : « Qu'est-ce que l'homme ? » Nous verrons que la réponse à cette question conditionne nos jugements et nos choix éthiques. Toute réflexion éthique qui ferait l'économie de cette question — et éventuellement de ses apories — ne pourrait se construire. Quelles sont donc les conceptions de l'homme qui ont modelé notre représentation de nous-mêmes, et, donc, nos théories éthiques ?

---

1. [129] p. 13306. (Article 42 dans l'ancien Code, CONSEIL D'ÉTAT, Décret n° 79-506 du 28 juin 1979 portant code de déontologie médicale, *J.O.* 30 06 79 ; *in* : [131]).

I – L'ORIGINE DE NOS THÉORIES ÉTHIQUES

A. LA NORME MORALE EST EXTÉRIEURE À L'HOMME : HÉTÉRONOMIE

1. ANTIQUITÉ : ARISTOTE ET LA MORALE TÉLÉOLOGIQUE DU BIEN

L'homme comme partie de la Nature

Le monde grec, dans lequel naquirent la philosophie et la médecine, rapporte toujours l'homme à autre chose que lui-même. Fondamentalement, pour les Grecs, et ensuite les Latins, **l'homme n'est qu'une partie de la Nature**, de l'univers. L'essentiel pour l'homme, c'est de connaître cet univers harmonieux et hiérarchisé, le *cosmos*[1], qui l'englobe, pour en suivre les lois, et, d'autre part, d'établir des lois justes, c'est-à-dire harmonieuses et hiérarchiques, elles aussi, pour construire une cité politique juste. L'homme participe, c'est-à-dire prend part, appartient à la totalité de l'univers, par sa raison, qui lui permet de le connaître, et par son action politique, qui lui permet de le reproduire, en microcosme. L'homme est donc, toujours pensé par rapport à autre chose que lui-même, qui le fonde et lui donne sens et finalité : soit **le cosmos**, qu'il a à connaître, soit **la cité politique**, qu'il a à construire et dans laquelle il a à vivre. Nous sommes dans une conception hétéronomique de l'homme.

Cette conception — nous disons ceci de façon très schématique, bien sûr — est commune à tous les penseurs grecs. Quand Socrate, par exemple, reprenant l'inscription du temple de Delphes, dit : « Connais-toi toi-même », cela ne signifie pas — comme nous pourrions le comprendre aujourd'hui — : connais tes sentiments, tes désirs, tes projets..., découvre ton corps, tes idées, tes capacités, tes limites..., bref ce qui fait de toi un être unique, à nul autre pareil. Non ; cela signifie : retrouve en toi le Beau, le Vrai, le Bien..., qui sont l'essence du monde et qui sont inscrites dans ton âme immortelle depuis toujours, mais que la vie terrestre a rendues opaques. Quand son disciple, Platon, s'interroge, dans *Le Banquet* ou *Le Phédon*, sur l'amour et la mort, c'est pour nous conduire à l'existence des Idées, essences immatérielles et intelligibles du monde. On pourrait presque dire que, pour Platon, la destination de l'homme c'est de quitter l'humain, tel que nous le pensons aujourd'hui : dans l'amour, l'aimé n'est pas l'homme ou la femme, c'est l'Amour, le Beau, l'Éternité. Quant à la mort, elle nous délivre enfin du corps, du désir, de la matière et du temps.

Même les Stoïciens, qui semblent donner une place centrale à l'homme et à sa vie intérieure, s'inscrivent dans la même vision. Le courant philosophique du stoïcisme naît quand la Grèce traverse une terrible crise politique et devient une province de la Macédoine, puis de Rome. Il conduit, puisque la cité politique s'effondre, à revenir sur soi-même, sur la vie intérieure, mais c'est pour se perdre soi-même dans une Nature cosmique. La « tranquillité de l'âme » que cherche le sage, par la méditation, la lecture, le détachement est, en fait, une perte de soi, dans un Tout cosmique, englobant. *Le Manuel* d'Épictète ou les *Pensées pour moi-même* de Marc-Aurèle affirment, certes, le pouvoir de l'homme sur lui-même, sur ses passions, ses représentations, sur ses jugements : « La maladie est une entrave pour le corps mais non pour la volonté »[2], « Les choses qui dépendent de nous — jugements, tendances, désirs, aversions — sont par nature libres, sans empêchement et sans entrave »[3]. Mais l'homme reste assujetti à une Nature, conçue comme Tout englobant et fin ultime ; il doit être soumis et résigné à un ordre supérieur du Tout : « Ne demande pas que ce qui arrive arrive comme tu veux. Mais veuille que les choses arrivent comme elles arrivent, et tu seras heureux »[4] ; « Il faut toujours se souvenir de ceci : quelle est la nature du Tout ? Quelle est la mienne ? Quelle partie de quel Tout est-elle ? »[5]. De même les Épicuriens, qui rapportent tout à la sensation, dans une conception matérialiste atomistique, fondent-ils l'existence humaine sur le plaisir à rechercher et la douleur à éviter ; plaisir et douleur étant des normes de la nature[6]. Qu'en est-il de la morale dans une telle conception hétéronomique ?

Celui qui poussera le plus loin la réflexion éthique est, sans doute, **Aristote** (Macédoine et Athènes, 384-322 av. J.-C.), l'élève de Platon, qu'il faut connaître à un double titre : tout d'abord parce que sa pensée a joué un rôle considérable dans notre culture occidentale et que nous sommes tous imprégnés d'aristotélisme, sans le savoir, et, d'autre part, parce qu'il y a aujourd'hui chez des juristes, des philosophes et des éthiciens, un retour explicite aux thèses et aux textes d'Aristote.

Finalité et Bien dans le cosmos

La philosophie d'Aristote est dominée par l'idée de finalité. Dans le cosmos harmonieux, hiérarchisé et finalisé, tout a un *telos*, c'est-à-dire une fin, une **finalité**, « la nature ne fait rien en vain ». Cette finalité est inscrite dans chaque être et définit sa nature, elle est le bien que chaque être doit atteindre. La finalité ultime de l'univers est **le bien,** auquel concourent tous les êtres, par la réalisation de leur propre *telos*, de leur propre finalité, dans une hiérarchie et une harmonie fixées.

La contingence dans le cosmos et la vertu

On peut se demander alors si la question éthique a un sens : si le bien est déjà là, inscrit dans tous les êtres comme une potentialité à réaliser, l'homme peut-il faire autre chose que le bien, peut-il être injuste, méchant ? Oui. Pourquoi ? Après le refus de la théorie platonicienne des Idées, qui dédouble le réel en un monde sensible, passager, putrescible, illusoire, mauvais, et un monde intelligible des Idées éternelles, immuables, bonnes, Aristote conçoit la nature comme un mixte de matière et de forme. La forme, *eidos* (que l'on peut traduire par idée), est à la fois cause formelle et cause finale de la matière ; mais la matière est changeante et résistante ; ainsi, malgré la finalité inscrite en elle, la nature est inachevée et indéterminée : il y a donc de la **contingence** dans l'univers. C'est pourquoi l'homme, à la différence des dieux, peut être vertueux : « La nature aristotélicienne n'est jamais assurée de parvenir tout à fait à ses fins » [2] écrit un grand lecteur d'Aristote contemporain, P. Aubenque. C'est cette contingence qui ouvre la possibilité de la vertu pour l'homme.

Contemplation et vie politique : l'immuable et le contingent

Qu'est-ce que la vertu de l'homme ? C'est la réalisation du *telos* qui est en lui, c'est-à-dire la réalisation de son essence. Quelle est cette essence ? Elle est double, pourrait-on dire : l'homme est un animal doué du *logos* (pensée et langage), et un animal politique. Ainsi, l'homme a une âme, dont la finalité est double. La vie contemplative (connaissance) et la vie politico-morale (action raisonnée) appellent chacune à une perfection, la sagesse pour l'une et la vertu morale pour l'autre. Dans la vie contemplative (dans la connaissance théorique, dirions-nous) notre raison s'applique à ce qui ne change pas, au général, alors que dans la vie politique notre raison s'applique **à ce qui change**, au particulier. Ici, l'activité rationnelle fondamentale est la **prudence**, la *phronèsis*, comme capacité de déterminer la juste mesure, le juste milieu, l'équilibre le meilleur possible, instable et particulier à chaque cas. Il faut bien comprendre cette différence entre le savoir, la sagesse, qui portent sur l'immuable, le nécessaire et le général, et la prudence, qui est la capacité de délibérer sur les choses contingentes et particulières, qui pourraient être autrement qu'elles ne sont et qui dépendent de nous, c'est-à-dire qui relèvent de notre action. La prudence est le discernement sur les possibles, la recherche conjointe des fins bonnes et des moyens de les atteindre, car il n'est pas moralement licite d'être maladroit quand on veut le bien. Dans la vie morale et politique, la perfection de l'homme, sa finalité, c'est donc la vertu comme juste milieu[7]. Par exemple, le courage est un juste milieu entre la lâcheté et l'audace irraisonnée.

La vertu de justice comme juste mesure : la proportionnalité

Au-delà des vertus premières personnelles comme le courage, la tempérance et la libéralité, la vertu supérieure est la justice, car elle nous engage dans nos relations à autrui. Le texte fondamental ici est le Livre V de *L'éthique à Nicomaque* [1], sur la justice. La justice, comme toute vertu, est bien un juste milieu entre le trop et le pas assez, entre l'égalité et l'inégalité. En effet, appliquée au divers et au multiple (cf. TEXTE n° 2), la justice, dont l'essence est l'égalité, prend la forme d'une égalité de proportion : A/B = C/D. Aristote est ainsi conduit à distinguer l'égalité arithmétique et l'égalité géométrique, c'est-à-dire l'égalité non pas de quantités mais de rapports.

En effet, pour l'attribution des biens, la justice ne peut être **qu'une moyenne proportionnelle** entre deux biens — qui ne sont jamais identiques, par définition, sinon il n'y aurait pas d'échange — et deux personnes — différentes aussi, pour la même raison : deux médecins ou deux cordonniers, dit Aristote, n'échangent pas. Ce que le destinataire A est au destinataire B, le bien C doit l'être au bien D, si bien que l'on a également A/C = B/D : ce que le bien C est pour A, le bien D doit l'être pour B. Pour la justice corrective ou commutative, qui est égalitaire, par exemple, la justice pénale, la stricte égalité peut également être injuste, et le bon juge est celui qui juge en **équité**. Ainsi, le juste selon la loi c'est l'égalité, mais le réel est complexe et la règle de la loi, générale par définition, ne s'y applique pas. Le bon juge, le juge d'équité, est celui qui juge selon l'égalité proportionnelle, au plus près des inégalités des personnes, des choses et du principe d'égalité (cf. TEXTE n° 1).

Mais, attention, comprenons bien qu'une telle conception de la vertu comme juste milieu, déterminé par la raison prudentielle au cas par cas, et de la justice comme approximation jamais achevée, se justifie dans le cadre d'une **nature finalisée, hiérarchisée et englobante, qui est bonne et qui indique à l'homme où est le bien**.

Ainsi, une ontologie, c'est-à-dire une théorie de l'Être, forte permet de fonder une morale :

– **de la variabilité et du possible** (c'est parce qu'il y a de la contingence que l'homme peut faire ou ne pas faire le bien, mais cette contingence entraîne la variabilité) ;

– **de la juste mesure** (optimisation du bien et minimisation du mal ; le moindre mal est un bien[8]) ;

– **de la proportionnalité** (la justice distributive proportionnelle, qui égalise des rapports, A/B = C/D, est différente de la simple justice arithmétique égalitaire) ;

– **de la circonstance** (le *kairos,* terme médical grec, est le moment favorable pour intervenir sur le malade, ni trop tôt, ni trop tard ; le bon médecin est celui qui connaît le *kairos*[9]. L'homme vertueux tient compte lui aussi des circonstances) ;

– **de la prudence contre le savoir** (l'équité est juste, elle est la justice, et pourtant elle se distingue de l'idée générale de la justice. Les exemples d'Aristote sont souvent empruntés à la médecine, à la stratégie ou à la navigation, qui précisément ne sont pas objets de science) ;

– **de l'habitude et de la formation de soi** (pour agir vertueusement il faut être vertueux, et l'individu n'a jamais fini de se constituer comme tel par la formation de son caractère ; il en va de même pour la société à travers ses mœurs).

Résumons : Aristote propose une éthique du Bien comme a-juste-ment, si l'on peut dire, c'est-à-dire une approximation toujours inachevée, guidée par l'idée de justice et de justesse, et qui est toujours en acte ; il ne s'agit pas de penser l'éthique, il faut vivre bien. Cette éthique du Bien est fondée sur **une finalité normative extérieure à l'homme**, et suppose **un accord possible de la vertu et du bonheur**, accord fondé lui-même sur cette finalité universelle de la nature. Celui qui est vertueux est heureux et, réciproquement, l'homme heureux est vertueux. Le Bien nous conduit au bonheur, et le bonheur nous conduit au Bien. Les cas contraires — les fameux cas problématiques du méchant heureux ou du vertueux malheureux, tant discutés dans la philosophie morale grecque[10] — sont des exceptions, qui ne remettent pas en cause l'ordre de la nature et la destinée de l'homme, inscrit dans cette nature.

Nous voyons bien comment une position morale téléologique s'inscrit dans une conception hétéronomique de l'homme.

EXEMPLES MÉDICAUX

Dans l'exemple n° 1, le téléologue conduit un raisonnement de type aristotélicien. Il cherche au cas par cas, à propos de cet enfant-là et de ce diagnostic prénatal (prise en compte du singulier et du divers), un ajustement de la décision par une évaluation la plus complète possible du moindre mal : il s'agit bien d'un exercice de la raison prudentielle, cherchant une justice de proportionnalité dans une situation d'inégalité (le DPN est celui d'une malformation grave et incurable) et visant le bien.
Prenons un autre exemple de raisonnement aristotélicien.

5. *Interruption et abstention de soin en réanimation*

Soit une situation de réanimation difficile, où les soins intensifs de réanimation paraissent maintenant — en fonction d'un score de gravité très mauvais, par exemple — de l'acharnement thérapeutique, des soins « futiles », selon l'expression anglo-saxonne. Le réanimateur peut se dire « laissons faire la nature », ce qui va conduire à interrompre les soins intensifs ou à ne pas en initier de supplémentaires devant une complication qui survient. Que signifie cette expression ? La conscience morale déchirée s'en remet à quelque chose d'extérieur, la Nature, dont on suppose à la fois qu'elle est finalisée (elle « fait » quelque chose), et qu'elle est bonne, puisqu'on se propose de la laisser faire : il est mieux pour cet être humain de mourir maintenant. L'interruption de soins ou l'abstention de soins n'est pas une transgression de l'interdit humain de tuer ou de l'obligation de porter secours, mais c'est le respect d'une nécessité bonne de la Nature qui fixe un terme à cette vie. La conscience morale est alors hétéronomique : elle suit la loi de la nature, elle respecte la finalité inscrite dans les êtres naturels. Ce raisonnement peut jouer également dans des situations de néonatalogie où la réanimation cherche des points de repère. Telle ou telle réanimation n'est-elle pas acharnement thérapeutique contre un ordre naturel — tragique — des choses ? Est-il bon que l'homme maintienne artificiellement la survie d'un être que la nature a privé des moyens de cette survie ?

6. *Procréation artificielle : une norme naturelle ?*

Prenons un dernier exemple : le législateur français, sollicité sur les procréations médicalement assistées (PMA), établit, dans la Loi n° 94-654 du 29 juillet 1994 [128], Art. 8 sur le code de la santé publique, que : « Art. L.152-2 : L'assistance médicale à la procréation est destinée à répondre à la demande parentale d'un couple... L'homme et la femme formant le couple doivent être vivants, en âge de procréer, mariés ou en mesure d'apporter la preuve d'une vie commune... » Ne peuvent, donc, recourir à l'assistance médicale à la procréation (AMP), ni un couple de femmes homosexuelles, ni une veuve, ni une femme ménopausée, ni une vierge (cas qui se sont présentés, ou se présentent dans d'autres pays). Pourquoi ? Le législateur n'énonce pas la justification de la loi, mais cherchons-la. Il nous semble que la justification implicite fondamentale, c'est qu'il est bon pour l'enfant à naître que sa conception soit la plus proche possible de la conception naturelle : hors AMP, un enfant est conçu par l'union sexuelle d'un homme et d'une femme, vivants, en âge de procréer. S'ajoute, bien sûr, une dimension sociale culturelle : l'AMP ne peut être accordée à une femme célibataire, par exemple, qui pourrait avoir un enfant naturellement ; ici, la nature ne joue aucun rôle normatif. Mais les situations citées plus haut sont, nous semble-t-il, implicitement normées par l'hypothèse d'une nature finalisée et bonne, qui « fait les choses au mieux », si l'on peut dire, en donnant aux enfants deux parents, de sexe différent, vivants et relativement jeunes. Ainsi, tout se passe comme si, pour l'usage éthique de l'artificiel, ici la procréation artificielle, la norme était cherchée dans le naturel. L'artificiel pourrait, au contraire, être pensé pour s'opposer à la nature ou pour la dépasser. Ici le choix est fait d'une norme hétéronomique naturaliste (cf. ANNEXE III).

2. CHRISTIANISME : SAINT AUGUSTIN ET LA PERSONNE

La pensée chrétienne, qui prendra le relais de la philosophie grecque — la christianisation du monde romain est achevée au IVe siècle — s'inscrira dans le même cadre de pensée **hétéronomique**, avec cette différence fondamentale que l'extériorité pour l'homme n'est plus la Nature, mais **Dieu**, et que l'homme, « créé à l'image de Dieu », est **une personne**.

L'ignorance de la personne dans l'Antiquité

En effet, la théologie chrétienne introduit dans la philosophie la notion de personne, qui n'existait pas dans la pensée gréco-romaine. Les Grecs ne désignent même pas la personne[11], quant au mot *persona*, en latin, il signifie primitivement le masque de théâtre, puis le rôle représenté par ce masque ; nous sommes loin de la personne au sens philosophique. Quant à la *persona* juridique du droit romain, qui subsiste dans la « personne morale » de notre droit actuel, elle est une construction fictive, support des droits, très éloignée de la personne de « chair et de sang ». De fait, les Anciens ne pensent pas l'homme, au sens où nous le définissons intuitivement, comme un sujet, singularisé, unique et insubstituable, doué de conscience et de volonté. Ils s'accommodent d'ailleurs de deux pratiques, qui nous semblent aujourd'hui inhumaines : l'infanticide et l'esclavage, que personne ne remet en question. Les enfants malformés sont tués ou exposés aux bêtes sauvages. L'infanticide est fréquent ; Œdipe, c'est-à-dire mot à mot « pied-enflé », avait été suspendu à un arbre par les chevilles pour être dévoré par les bêtes, à la suite de l'oracle qui le condamnait à mort. Même un auteur comme Aristote, qui affranchit tous ses esclaves au jour de sa mort par son testament, considère, dès le Livre premier de *La Politique*, que l'esclavage est naturel. Seul le théâtre antique — à travers les trois grands auteurs tragiques : Eschyle, Sophocle et Euripide (Ve s. av. J.-C.) — traduit un pressentiment de la singularité, de l'autonomie et de la valeur de l'homme. Ainsi *Les Troyennes* et *Antigone*, deux tragédies, introduisent-elles l'idée d'une responsabilité de l'homme dans la guerre, contre l'idée de Destin — dans *Les Troyennes* d'Euripide — et l'idée de droit de l'individu, contre la cité — dans *Antigone* de Sophocle.

On peut dire de façon rapide, mais exacte, que c'est la pensée chrétienne — préparée par la pensée judaïque — qui introduit, en Occident, l'idée d'homme, au sens contemporain d'un sujet unique, singularisé, libre et conscient.

Construction théologique d'un concept en trois dimensions : Incarnation, Trinité, Historicité

On mesure mal aujourd'hui le scandale qu'a été le christianisme pour la pensée et la sensibilité gréco-romaines ; en particulier, à cause de l'affirmation de la valeur fondamentale de tout individu, de tout homme, qui se traduira par la condamnation de l'infanticide et de l'esclavage. Chaque homme, parce qu'il est créature de Dieu et aimé de Dieu, est unique et irremplaçable. Pour résumer ces nouvelles idées que le christianisme introduit, nous pouvons reprendre, par exemple, l'analyse qu'en a fait le philosophe contemporain, E. Mounier, dans *Le personnalisme*[12]. Voici, selon lui, les idées fondamentales qui sont liées à la conception chrétienne de l'homme comme « personne » humaine :

- l'idée d'une multiplicité des âmes, dans une création *ex nihilo* de chaque personne ;
- l'idée d'une unité propre à l'individu (qui n'est pas participation multiple à plusieurs réalités) ;
- l'idée d'une intériorité inviolable de l'homme, qui n'a pas à s'assimiler à la Nature ;
- l'idée d'une liberté de l'homme qui peut choisir de faire le mal ;
- l'idée d'un Dieu lui-même personnel, qui a une relation singulière à chaque homme ;
- l'idée d'unité du genre humain, liée à celle d'un Dieu unique en plusieurs personnes.

Ces différents points susciteront un long débat et une complexe élaboration conceptuelle, dont nous rendent compte les actes des premiers conciles, du IVe au VIIe siècle[13]. En effet, la réflexion théologique sur les dogmes chrétiens de l'Incarnation et de la Trinité et leur défense contre les hérésies vont conduire les théologiens et philosophes à élaborer un nouveau concept : **la personne**. Pour le dogme de **l'Incarnation**, il s'agit d'essayer de penser le mystère d'un être unitaire — unissant pourtant deux natures — l'une divine, l'autre humaine : le Christ, Fils de Dieu, fait homme. Le Christ, en effet, est à la fois pleinement Dieu et pleinement homme, et pourtant il n'y a qu'un Christ : il est une seule personne en deux natures. Quant au dogme de **la Trinité**, il pose un problème inverse : il s'agit de penser un seul Dieu en trois êtres — le Père, le Fils et l'Esprit : il y a un seul Dieu en trois personnes. Cette réflexion théologique introduit, donc, dans la pensée occidentale une nouvelle notion : celle d'une identité singulière, constitutive d'une unité de conscience dans la connaissance et d'une unité de volonté dans l'action, c'est-à-dire l'idée de personne. Dieu est personnel, et l'homme, créé à l'image de Dieu, est lui aussi une personne.

Liberté, temporalité et responsabilité

Le meilleur représentant de cette nouvelle conception est peut-être Saint Augustin (Afrique du Nord, 354-430), qui écrit un ouvrage surprenant pour son époque : *Les Confessions* [3]. Dans ce texte écrit à la première personne du singulier[14], Augustin scrute son passé, son enfance, ses doutes, ses joies, l'écoulement du temps, ses remords, sa conscience..., bref, l'homme qu'il est. En particulier, en s'interrogeant sur le mal que nous pouvons faire volontairement, Augustin fait de **la responsabilité** un thème essentiel et nouveau de la philosophie, de même qu'il introduit la réflexion sur **le temps** : la constitution du moi comme unité d'une conscience suppose une mémoire, de même que l'exercice d'une volonté suppose une projection dans le futur. Dès lors, le temps n'est plus un moindre être, cyclique et répétitif, comme pour les Grecs[15] ; il est linéaire, il produit de l'irréversible et de l'unique, il est ce par quoi je me singularise comme un être unique : grâce à ma mémoire, j'ai une histoire singulière qui est celle de ma vie, et grâce à ma prévision, j'ai des projets qui sont les miens. Le christianisme ouvre ainsi la voie à de nouvelles questions sur la liberté, la responsabilité, le mal, la finitude, le sens de l'Histoire : toutes questions qui sont constitutives d'une pensée de l'homme comme personne.

Saint Augustin développe également — et ceci est lié à sa conception de la personne — l'idée d'Humanité, de totalité du genre humain, dans sa magistrale théorie de l'Histoire. Alors que, pour Platon, le temps est « l'image mobile de l'éternité », temps cyclique dans lequel tout passe et se répète, qui ne produit rien et ne construit rien, *La Cité de Dieu* d'Augustin développe une vision linéaire du temps : dans toute la suite des événements, il y a un « avant » et un « après » irréversibles, un début (la création du monde) et une fin (le retour du Christ). L'Humanité constitue un tout qui produit cette Histoire et il appartient aux hommes qu'elle soit Histoire du Salut et non pas éloignement de Dieu. C'est d'eux, et d'eux seuls — aidés par la grâce de Dieu — que dépend l'achèvement de la Cité de Dieu, fin de l'histoire. L'homme n'est plus le jouet impuissant et inconscient d'un temps cyclique, soumis au Destin ou à la Nature : tous les hommes, dans l'humanité passée, présente et future, sont **solidairement responsables de l'Histoire**.

EXEMPLES MÉDICAUX

Le christianisme place la personne au centre de toute réflexion morale et, en particulier, de toute réflexion sur l'éthique médicale (cf., par exemple, le TEXTE n° 3).
De fait, aucune réflexion bioéthique ne peut faire l'économie d'une réflexion sur la **personne**, par exemple, sur les redoutables questions de début de vie et de fin de vie.

7. *L'embryon est-il une personne ?*

L'embryon est-il une personne ? ou un amas de cellules ? une « potentialité de personne » ou une « personne humaine potentielle », comme le définit le Comité Consultatif National d'Éthique dans ses avis n° 1, 8, 24 ?[16] Quelle forme de respect lui doit-on ? Que l'on se reporte au texte *Recherche biomédicale et respect de la personne humaine* du Comité Consultatif

National d'Éthique [139]. Nous ne développerons pas cet exemple ici. Il convient de se reporter au TEXTE n° 4, et au questionnaire à réponses ouvertes courtes (QROC), qui portent sur ce problème (cf. p. 118-124 et p. 144).

8. *Statut des patients en état végétatif chronique*

À l'autre extrémité de la vie, quelle est la forme de vie personnelle d'un malade en état végétatif chronique (EVC), sans conscience ni langage, ni relation aux autres et à son environnement ? Certains posent la question : est-il encore une personne ? Doit-on prolonger sa survie artificielle ? Quelle forme de soins lui doit-on ? On peut se reporter à deux cas importants de la jurisprudence nord-américaine, souvent cités et discutés dans la littérature bioéthique. Le premier est le cas Karen Quinlan *versus* New Jersey en 1975, et l'avis contraire dans Karen Quinlan *versus* Court Suprême New Jersey en 1976, qui autorisa l'arrêt de la respiration artificielle sur cette jeune femme en EVC. Le second est le cas Nancy Cruzan, en 1988, et l'autorisation de la Cour Suprême des États-Unis en juin 1990 d'interrompre la nutrition artificielle s'il était avéré que la jeune femme avait, antérieurement à son coma, refusé une telle survie artificielle, c'est-à-dire la reconnaissance d'un droit à la mort pour des patients maintenus artificiellement en vie, s'ils en ont exprimé antérieurement la volonté. Pour la France, on peut se reporter à « l'affaire Milhaud », du nom d'un médecin français qui expérimenta un traitement sans bénéfice direct sur un malade en EVC, considérant que de tels malades sont « des modèles humains presque parfaits... intermédiaires entre l'animal et l'homme » pour l'expérimentation. Le Comité Consultatif National d'Éthique prononcera un avis défavorable sur ces expérimentations le 24 février 1986[17]. Les malades en état végétatif chronique « sont des êtres humains, écrit le CCNE, qui ont d'autant plus droit au respect dû à la personne humaine qu'ils se trouvent en état de grande fragilité. Ils ne sauraient être traités comme un moyen de progrès scientifique, quel que soit l'intérêt ou l'importance de l'expérience qui n'a pas pour objet l'amélioration de leur état »[18].

Il nous semble important, dans la réflexion contemporaine sur la personne, de ne pas oublier l'origine historique théologique de ce concept. Nous verrons plus loin que le concept de personne sera au centre de la morale kantienne et de la théorie des Droits de l'Homme invoquées en éthique médicale. Le concept de personne sera alors déterminé par la liberté, la dignité et l'égalité. Les trois dimensions constitutives originelles d'incarnation, de trinité et d'histoire, nous semblent cependant essentielles. La personne est un **corps**, avec ses pouvoirs, de communication, de création, de tendresse, par exemple, mais aussi avec toute sa finitude, limite bienfaisante à notre volonté de toute-puissance. La personne est une **histoire**, unique, une œuvre singulière à laquelle chaque jour ajoute mystérieusement quelque chose, une totalité insubstituable à toute autre et jamais achevée. La personne, enfin, est un être de relation trinitaire. L'homme et la femme engendrent l'enfant, et l'enfant engendre son père et sa mère, d'une certaine façon. L'homme est également pris dans le **cycle ternaire** du don, c'est-à-dire du « donner – recevoir – rendre » ; le moment du rendre, suspendu à la liberté de l'autre, crée le temps social, comme le montre très bien le sociologue J. Godbout [44]. Alors que le marché rend l'acheteur et le vendeur quittes l'un de l'autre, le don entraîne le troisième temps indéterminé du rendre, qui lui-même sera un donner, et la ronde donner-recevoir-rendre recommencera : c'est par le don que nous sommes dans la temporalité les uns par les autres. Robinson Crusoë, sur son île déserte, ne peut rien attendre de personne, ni rien donner, il sombre dans une éternité effrayante où tous les jours deviennent le même.

Revenons au christianisme. Il introduit la notion de personne. Est-on, cependant, sorti du cadre hétéronomique ? Il nous semble que non. L'homme est une créature de Dieu, créature singularisée, précieuse, intelligente, libre et responsable, certes, mais créature quand même, dont la vie n'a de sens et l'existence de valeur que par référence à un Autre. Toute la philosophie médiévale s'inscrira dans ce cadre. Il est vrai que certains auteurs accorderont une place centrale à l'homme. Pour Saint Anselme (1034-1109), Dieu est atteint comme une exigence intérieure de la pensée de l'homme, qui peut construire des démonstrations de son existence. Ainsi, ce n'est pas Dieu qui se révèle à l'homme par l'expérience de la foi et dans les textes d'une religion révélée ; c'est l'homme qui, par la seule puissance de sa raison, atteint Dieu. Chez Saint Thomas (1225-1274), il y a aussi une riche réflexion sur l'homme, car il restaure la valeur du particulier, du sensible, de l'individuel, sous l'influence de la redécouverte des textes d'Aristote, contre les idées universelles et abstraites du platonisme. Enfin, certains auteurs comme Duns Scott (1274-1308), et surtout Guillaume d'Occam (1295-1350) définissent l'homme comme *ultima solitudo* et se font les défenseurs d'un libre arbitre absolu de l'homme. Pourtant, l'homme est bien quand même toujours pensé par référence à un autre que lui, et la question première n'est pas « Qu'est-ce que l'homme ? », mais « Qui est Dieu ? ».

Christianisme et philosophie

Sur le plan de la morale, le christianisme représente une singularité pour notre problématique : nous avons associé une position morale téléologique, conséquentialiste, du moindre mal, à une vision hétéronomique de l'homme, et, en revanche, nous avons associé une position déontologique, du devoir, définie par des principes fermes, définis, universels et intemporels, à une vision autonomique de l'homme. Or, le christianisme associe une vision fondamentalement **hétéronomique** de l'homme et une morale **déontologique**, non conséquentialiste, définie par des principes fermes, absolus, universels, intemporels. Qu'en penser ? **Le christianisme est une religion** et non une philosophie. Pour le croyant, il y a cohérence absolue entre l'affirmation que l'homme reçoit son existence, sa finalité et son sens d'un Autre —, c'est-à-dire une conception hétéronomique de l'homme — et la proclamation de principes universels et intemporels — c'est-à-dire une morale déontologique. En effet, ces principes ne sont pas produits par l'homme, mais par Dieu lui-même, parlant aux hommes, à travers les prophètes[19] de l'Ancien Testament et par la personne du Christ, Fils de Dieu[20]. La valeur universelle, intemporelle et absolue des principes découle de leur origine divine. Si l'on admet le postulat de la foi, hétéronomie et déontologie sont conciliables.

Déontologie et casuistique

Cependant, au nom de la compassion, au nom de la nécessité factuelle pour l'homme de vivre dans un monde perturbé par le péché, la souffrance et la mort, et au nom de la miséricorde de Dieu, qui seul « sonde les reins et les cœurs », la théologie chrétienne réintroduira des démarches de type téléologique au cas par cas ; ce sera la « casuistique », c'est-à-dire l'étude et la résolution de cas de conscience, en apparence insolubles, sur lesquels la raison pousse à l'extrême ses capacités de conceptualisation et d'argumentation. La casuistique naît aux XIIe et XIIIe siècles, mais ce sont surtout les Jésuites des XVIe et XVIIe siècles qui lui donneront ses lettres de noblesse. Très violemment critiquée par Pascal, dans *Les Provinciales,* elle renaîtra au XVIIIe. Elle jouera un rôle important au Concile Vatican II et est, actuellement, aussi bien étudiée par les théologiens et moralistes, que par les logiciens et les théoriciens de la décision. Elle se révèle un outil précieux sur des questions difficiles.

EXEMPLES MÉDICAUX

9. *La réanimation entre euthanasie et acharnement thérapeutique : la casuistique*

Par exemple, sur les questions morales de la réanimation et de l'acharnement thérapeutique, la déclaration pontificale de Pie XII aux réanimateurs, le 24 novembre 1957[21], alors que la réanimation est naissante, utilise les ressources de la casuistique pour chercher à déterminer des conduites qui ne soient ni acharnement thérapeutique, ni euthanasie, tous deux moralement condamnés. L'intervention du Pape a recours à des arguments de la casuistique théologique.
Le premier grand argument — encore aujourd'hui très présent et très précieux dans les questions difficiles de réanimation — est la distinction des moyens « ordinaires » et des moyens « extraordinaires » que le réanimateur doit moralement mettre en œuvre ou ne pas utiliser. La barrière s'est déplacée et ce qui était « extraordinaire » en 1957 est « ordinaire » en 1995

dans un service de réanimation, mais le problème reste le même : y a-t-il des moyens thérapeutiques qu'il faut interrompre ou dont on doit s'abstenir (ce que les Nord-Américains nomment des soins « futiles », c'est-à-dire disproportionnés, inutiles, privés de sens) ? « Le devoir (de l'homme) qu'il a envers lui-même, envers Dieu, envers la communauté humaine... n'oblige habituellement qu'à l'emploi des moyens ordinaires, c'est-à-dire des moyens qui n'imposent aucune charge extraordinaire pour soi-même ou pour un autre. Une obligation plus sévère serait trop lourde pour la plupart des hommes et rendrait trop difficile l'acquisition de biens supérieurs plus importants. La vie, la santé, toute l'activité temporelle, sont en effet subordonnées à des fins spirituelles » écrit le Souverain Pontife. Cet argument est complété par une reprise de la doctrine casuistique classique du « double effet ». Celle-ci considère qu'un acte peut avoir un double effet, l'un moralement acceptable, que l'on recherche (ne pas imposer une réanimation dont la charge est insupportable au patient et/ou à la famille), et l'autre mauvais, mais non voulu et qui n'est que la conséquence indirecte (avancement du moment de la mort). D'autre part, dans la chaîne causale, la mort est due fondamentalement à la maladie et indirectement seulement à l'arrêt du traitement. Enfin, il convient d'analyser le « *voluntarium in causa* », c'est-à-dire l'intention : dans l'interruption ou l'abstention d'une tentative de réanimation, l'intention est subordonnée à une fin qui est bonne : le réanimateur ne prend pas cette décision par volonté de tuer le patient, mais par volonté de ne pas poursuivre l'usage d'une technique qui ne fait que repousser l'instant inéluctable de la mort, sans aucun espoir et au prix d'une intense souffrance physique et/ou morale du patient et/ou de ses proches[22].

10. *Traitements analgésiques : privation de conscience et moment de la mort*

Quelques mois plus tôt, le 24 février 1957, une autre déclaration de Pie XII sur l'analgésie[23] avait traité, en utilisant les mêmes ressources casuistiques, des questions de l'acceptation ou du refus de la douleur, de la licéité de plonger un patient dans l'inconscience et, enfin, de l'administration des narcotiques (analgésiques puissants) en fin de vie.

« L'acceptation de la souffrance sans adoucissement ne représente aucune obligation et ne répond pas à une norme de perfection... On peut éviter la douleur sans se mettre aucunement en contradiction avec l'Évangile » conclut la première partie du texte. (La douleur du martyr ou du résistant torturé ou du croyant qui l'utilise comme un moyen de renoncement prend sens par une **finalité extérieure à la douleur elle-même**, librement choisie par l'homme. Dans une déclaration sur l'accouchement sans douleur[24], le Pape avait montré qu'il n'y a aucune obligation « d'enfanter dans la douleur ».) La seconde partie de la déclaration permet de conclure à la licéité morale de priver un homme de sa conscience — ce qui est un acte d'une immense portée — dans certaines circonstances et en observant certaines conditions. Enfin, l'administration d'analgésiques puissants à un agonisant, même s'ils hâtent sa mort, ne sont pas la cause de sa mort. On peut ajouter une analyse de l'intention : l'administration de narcotiques à l'agonisant n'est pas faite dans l'intention de le tuer, mais de le soulager de douleurs insupportables et attentatoires même à sa dignité, ce qui établit une différence morale fondamentale avec l'administration d'une substance — un cocktail lytique, dirions-nous aujourd'hui — donné dans l'intention de mettre fin à la vie. « Toute forme d'euthanasie directe, c'est-à-dire l'administration de narcotique afin de provoquer ou de hâter la mort est illicite, parce qu'on prétend alors disposer directement de la vie... Si entre la narcose et l'abrègement de la vie n'existe aucun lien causal direct posé par la volonté des intéressés..., si au contraire, l'administration de narcotiques entraîne par elle-même deux effets distincts, le soulagement des douleurs et l'abrègement de la vie, elle est licite ; encore faut-il voir s'il y a entre ces deux effets une proportion raisonnable ». Et le texte affirmera : « La suppression de la douleur procure une détente organique et psychique, facilite la prière et rend possible un don de soi plus généreux ». Ainsi, non seulement l'usage des narcotiques n'est pas illicite, mais il est même un bienfait en permettant à l'homme de vivre humainement sa mort[25].

La distinction des moyens ordinaires et extraordinaires, la doctrine du double effet, la distinction des chaînes causales, l'analyse de l'intention, la recherche de la proportionnalité, aident la conscience médicale — comme celle des patients et de leur proches — à prendre des décisions moralement bonnes.

11. *Soins palliatifs et limitation des soins curatifs*

Toute cette réflexion est fondamentale pour penser l'accompagnement des mourants et la pratique des « soins palliatifs », nés en 1967 avec la création, par Cecily Saunders, du St Christopher Hospice de Londres pour les patients cancéreux en phase terminale. Ils sont étendus, aujourd'hui, à toutes les personnes en fin de vie (par maladie, vieillesse ou accident) et en tous lieux (à domicile ou en institutions). Il s'agit de « tout ce qu'il reste à faire quand il n'y a plus rien à faire », selon une définition intuitive trop simpliste mais éclairante. Devant l'inutilité et la disproportion des soins curatifs et devant l'imminence de la mort, les soins curatifs cèdent la place aux soins palliatifs. Il s'agit d'accompagner celui qui meurt jusqu'au bout de sa vie[26], **sans acharnement thérapeutique, d'une part, ni euthanasie, d'autre part**. « Ce sont, selon la définition de la Société française de soins palliatifs, des soins actifs dans une approche globale de la personne au cours de la phase évoluée ou terminale d'une maladie potentiellement mortelle »[27]. Ces soins seront centrés, d'abord et fondamentalement, sur le traitement de la douleur et sur la vie relationnelle et symbolique du patient et de ses proches ; tout sera mis en œuvre pour les traitements de confort, l'image de soi, la valorisation de tout « ce qui fait sens » pour la personne accompagnée[28].

Nous reviendrons sur la morale ultérieurement. Ici, nous voulions montrer que sur le plan de la conception de l'homme, la philosophie médiévale chrétienne est hétéronomique, même si elle a fait émerger une notion qui sera au cœur de l'autonomie : la personne.

Ainsi, si nous voulons dégager une grande ligne de force dans la philosophie occidentale, nous pouvons dire qu'il faudra attendre le XVIIe siècle pour poser la question « Qu'est-ce que l'homme ? » comme la question fondamentale, et mettre en question l'hétéronomie.

B. DÉCOUVERTE DE L'HOMME

1. RENAISSANCE ET HUMANISME

Galilée : du monde clos à l'univers infini

En effet, avec Galilée (Italie, 1564-1642), fondateur de la physique moderne [4] et défenseur de l'héliocentrisme[29], les hommes du XVIIe siècle passent du **monde clos**, ordonné, hiérarchisé, de la cosmologie antique, puis de la théologie médiévale, dans lequel chaque chose a sa place, à **l'univers infini** de la science moderne, sans haut ni bas, sans gauche ni droite : la Terre n'est plus le centre immobile et stable du monde, le monde n'a peut-être même pas de centre. L'harmonie immuable, circulaire, centrée, hiérarchisée de l'Univers s'effondre. L'univers infini est comme « une sphère dont la circonférence est partout et le centre nulle part ». « Le silence de ces espaces infinis m'effraie » écrira Pascal (1623-1662). Laissons son contemporain, le poète anglais J. Donne, dire cette perte des repères :

> « La philosophie nouvelle rend tout incertain
> L'élément du feu est tout à fait éteint
> Le soleil est perdu et la Terre : et personne aujourd'hui
> Ne peut plus nous dire où chercher celle-ci.
> Les hommes confessent franchement que ce monde est fini
> Lorsque dans les planètes et le firmament
> Ils cherchent tant de nouveau, puis voient que celui-ci
> Est dissous à nouveau dans les Atomies.
> Tout est en morceaux, toute cohérence disparue.
> Plus de rapports justes, rien ne s'accorde plus ».

Anatomy of the World (1611), cité par A. Koyré
in : Du monde clos à l'univers infini, dont le titre est si évocateur[30].

Si l'homme n'a plus de repère, de point fixe dans le cosmos, en a-t-il dans la cité des hommes ? Pas plus ! Après la chute des cités grecques, celle de l'immense empire romain, les grandes invasions qui déferlent sur l'Europe pendant plusieurs siècles — du Ve au IXe siècle —, enfin la constitution de royaumes et d'États en guerre perpétuelle les uns contre les autres, déchirés intérieurement par les fratricides guerres de religion : il ne reste rien. Si ! une seule chose : l'homme lui-même. C'est ce que découvre Descartes.

Les grandes découvertes et l'exaltation de la raison

La Renaissance, déjà, avait amorcé une certaine découverte de l'homme. En effet, les XVe et XVIe siècles sont ceux des « grandes découvertes » (Antilles, Amérique du Nord, Tour du monde) et des inventions techniques (par exemple, les « machines » de Léonard de Vinci ou l'imprimerie) qui magnifient l'ingéniosité de l'homme. Ce sont aussi les siècles du retour à l'individu dans les pratiques et croyances religieuses, à travers la Réforme protestante et la Contre-Réforme catholique. La raison humaine est exaltée dans son pouvoir de découverte, de création technique et artistique, de connaissance, mais aussi de responsabilité morale, de relation intime à Dieu. Cette valorisation de la raison avait été préparée par la théologie rationnelle du Moyen Âge, qui se proposait d'accéder au surnaturel par le moyen de la raison. Mais ce qui est nouveau, avec la Renaissance, c'est que l'objet de cette raison ce n'est plus Dieu, mais l'homme. Ce n'est plus la Nature, comme manifestation du pouvoir créateur de Dieu et indicatrice de Sa volonté, mais la Nature comme matière **donnée à la maîtrise scientifique** et à la disposition technique de l'homme. C'est à Descartes qu'il appartiendra d'effectuer cette double révolution de pensée, qui place l'homme, à la fois, à l'origine de la connaissance, et au centre de l'univers mécanique, infini et homogène qu'est devenue la Nature. Mais en cela, il exprime cette nouvelle conception de l'homme qui traverse toute la société occidentale à partir de la Renaissance.

Une nouvelle conception de l'homme

Par exemple, c'est au XVe siècle que le portrait apparaît dans la peinture, en Flandre, en Allemagne, à Florence et à Venise. Jusque-là, les seules figurations d'individus réels sont celles des donateurs, intégrées dans des tableaux religieux, ou celles des représentants de Dieu, rois, empereurs, évêques. Le portrait détaché d'une scène religieuse apparaît vers 1430 [46]. Autre exemple, la signature des documents, telle que nous la pratiquons aujourd'hui — apposition manuscrite de notre nom, en un paraphe fixé, individualisé et identitaire, engageant notre personne et notre responsabilité — apparaît au XVIe siècle. L'on peut prendre ici comme point de repère l'année 1554, date à laquelle, en France, une ordonnance royale enjoint aux notaires de faire apposer aux contractants leur nom écrit de leur main au bas des actes[31]. Ainsi l'émergence de l'homme se dessine-t-elle à partir de la Renaissance, pour trouver sa formulation achevée au XVIIe siècle.

2. DESCARTES : LE SUJET ET LE « DÉSENCHANTEMENT DU MONDE »

La découverte du sujet, fondement de toute connaissance, dans les Méditations

Dans ce « désenchantement du monde »[32], ce silence de Dieu et de l'univers, sur quoi s'appuyer ? Pouvons-nous connaître quelque chose ? Pouvons-nous même dire vraiment quelque chose ? Après le doute de la première *Méditation* (1641) [5], qui invalide toutes les phrases les plus simples que nous croyons vraies, Descartes découvrira, enfin, dans la seconde *Méditation*, une phrase vraie : « je suis », qui est vraie au moment où je la pense. Voilà enfin, un point de départ « ferme et assuré », une vérité indubitable à partir de laquelle Descartes va pouvoir reconstruire toute la connaissance, par déduction : les *Méditations* III, IV, V et VI, vont nous conduire de la pensée se pensant elle-même à ses idées, des idées à l'idée d'infini positif, de l'idée d'infini positif à l'existence nécessaire de Dieu, de Dieu à sa bonté, de la bonté de Dieu à la validité de la raison humaine et aux moyens d'éviter l'erreur, de là à la permanence du monde dans le temps, à la validité de la mémoire et à celle des idées sensibles, enfin, à la connaissance des corps et du corps propre. Ainsi, la connaissance se trouve fondée, la volonté fiabilisée, la sensation validée, le monde retrouvé, le corps réapproprié. Mais le point de départ et le centre de tout cela, c'est bien **le sujet, le moi pensant**.

La nature comme matière sans finalité et sans qualité

Le centre du monde c'est désormais l'homme[33], le sujet, comme conscience et comme volonté, armé d'un instrument prodigieux : la raison, qui lui permet de se rendre « comme maître et possesseur de la nature », selon la formule du *Discours de la méthode* (1637). La Nature n'est plus celle des Anciens, dont il suffit de suivre les lois pour faire le bien (comme nous disons encore aujourd'hui « laissons faire la nature », « respectons l'ordre naturel des choses »). La nature est désormais un univers de corps, entièrement réglé comme une machine ; réduite à « l'étendue » observable et mesurable. « L'Univers est écrit dans la langue mathématique et ses caractères sont des triangles, des cercles et autres figures géométriques, sans le moyen desquels il est humainement impossible d'en comprendre un mot », selon la surprenante formule de Galilée dans *L'Essayeur* (1623)[34]. Le quantitatif remplace le qualitatif, les mouvements sont de simples déplacements sans finalité, l'explication remplace l'interprétation. La nature est objet de science ; elle n'est, en aucun cas, indicatrice de normes ou de sens pour l'homme. Il s'agit bien avec Descartes d'une véritable révolution de pensée : désormais, le critère de la vérité est cherché non dans l'objet à connaître, mais dans **l'acte de l'esprit** qui l'appréhende. La raison humaine est **le centre de toutes les interrogations et de tous les pouvoirs**, pendant que le corps de l'homme devient simple mécanisme parmi tous les mécanismes, « machine » parmi les machines, livré aux grands anatomistes, comme A. Vésale dans *La fabrique du corps humain* (1543)[35] et Descartes lui-même dans *De l'homme* (1633). C'est la même année, en 1543, que sont publiés le traité d'astronomie de Copernic, *De revolutionibus orbium cœlestium* (*Des révolutions des orbes célestes*), et le traité d'anatomie de Vésale. L'héliocentrisme et le mécanisme inaugurent une conception radicalement nouvelle du monde et de l'homme.

EXEMPLES MÉDICAUX

12. *Le droit à la recherche scientifique*

C'est sans doute au XVIIe siècle et au cartésianisme qu'il faut faire remonter l'idéal de la recherche scientifique et la valeur supérieure donnée à la connaissance, qui sont, aujourd'hui, au cœur de certains problèmes bioéthiques. Par exemple, le « droit de la recherche scientifique » est invoqué dans l'exposé des motifs des projets de lois sur la bioéthique de mars 1992 — lois votées en Juillet 1994 — pour légitimer des atteintes aux principes de l'inviolabilité et de l'indisponibilité du corps humain. La question d'un droit à la recherche, d'une recherche en elle-même moralement bonne, est très complexe. Si l'on peut s'accorder, en matière de recherche — par exemple, expérimentation sur l'homme, utilisation d'organes, de cellules, de tissus ou de produit du corps humains —, sur l'idée que « ce qui n'est pas scientifique n'est pas éthique », il y aurait un sophisme à en conclure que « ce qui est scientifique est éthique » : cette déduction est logiquement invalide. Il faut donc s'interroger sur **le sens et la validité d'un droit à la connaissance**. J. Bernard, lui-même chercheur, pionnier du traitement de la leucémie, ancien Président du Comité Consultatif National d'Éthique (CCNE), le rappelle : « Deux principes : ce qui n'est pas scientifique n'est pas éthique..., et tout ce qui est scientifique n'est pas nécessairement éthique » [57].

13. *Les critères de la mort*

Par ailleurs, il nous semble — mais c'est une hypothèse à travailler — que c'est également au cartésianisme que l'on peut rattacher l'adoption très rapide par la France de la mort cérébrale comme critère de la mort, par la circulaire n° 7 du Ministère des Affaires Sociales du 24 avril

1968 — par éléctro-encéphalogramme isoélectrique (ou « plat »). Les Danois, par exemple, n'ont adopté ce critère qu'en 1990.
Jusqu'aux travaux des réanimateurs P. Mollaret et M. Goulon (1959), les critères de la mort sont cardiorespiratoires : l'arrêt de la circulation et de la respiration définit la mort. Le maintien artificiel, par des techniques de réanimation, des fonctions cardiovasculaire et respiratoire en l'absence de toute activité cérébrale, et la découverte *post mortem* de la destruction du cerveau, conduiront à adopter **l'arrêt de toutes les fonctions cérébrales** comme critère de la mort[36] (Si certaines fonctions cérébrales seulement subsistent, comme les fonctions végétatives, le patient peut être en état végétatif chronique (EVC) ; il est inconscient mais il n'est pas mort). La prééminence du cerveau sera la justification des différents pays qui adopteront le critère de la mort cérébrale, même si la justification de cette prééminence varie selon les pays. Le cerveau peut être conçu soit comme régulateur des fonctions vitales, soit comme organe de coordination des fonctions et de constitution de l'organisme comme un tout, soit enfin, comme siège de la vie mentale et psychologique. En Grande-Bretagne, par exemple, c'est la destruction du tronc cérébral qui est un critère de la mort, sans vérification d'absence d'activité du cerveau supérieur : la personne est conçue comme union d'un corps et d'un esprit capable d'activités mentales ; si cette union est rompue, il n'y a plus de personne.
La suprématie donnée au cerveau nous semble inspirée du dualisme et du mécanisme cartésiens. La définition de la mort par la mort cérébrale peut être problématique, par exemple, pour les proches d'un mort, sollicités pour un prélèvement d'organe(s) sur un éventuel refus du défunt, et confrontés à un corps qui ne leur semble pas mort, à cause du maintien des fonctions cardiovasculaire et respiratoire[37]. Les Japonais, par exemple, ne prélèvent pas d'organes sur leurs morts ; pour des raisons philosophiques et religieuses, ils ne considèrent pas la mort cérébrale comme un critère de la mort. Ils ne pratiquent que les greffes entre vifs, comme les greffes de rein. Plus proches de nous, et parmi nous, les orthodoxes — qui ne s'inscrivent ni dans ce schéma dualiste, ni dans cette thèse de la prééminence du cerveau — supposent que la mort est une lente séparation de l'âme et du corps qui dure trois jours. D'où leur réticences devant les prélèvements d'organes et même les autopsies[38].
Sans doute faudrait-il remonter plus loin dans le temps, jusqu'à l'idéal grec de la connaissance, tel qu'il a été inauguré par Socrate et jusqu'au dualisme platonicien[39], mais le cartésianisme marque indéniablement une réactivation très forte de ces deux thèses.

14. *Connaissance du cerveau et interventions sur le cerveau*

La réflexion sur les critères de la mort et le cerveau, conduit à aborder — succinctement — un immense champ de la réflexion éthique, qui sera l'un des plus important dans le années à venir : la connaissance du cerveau et les interventions sur le cerveau. L'une et les autres posent de nombreuses questions éthiques. Exposons-en quelques unes.
– La connaissance du cerveau, par ce qu'on appelle les neurosciences, nous confronte au danger d'un **réductionnisme biologique** de l'homme. Si les fonctions dites supérieures, de langage, de pensée, de sentiment, de décision, voire même de comportement social et moral — si l'on se réfère aux derniers travaux d'A. R. Damasio [42] ou aux recherches sur les fondements naturels de l'éthique [95] (cf. ANNEXE III) — si ces fonctions supérieures, donc, sont ramenées à des déterminismes organiques, qu'en est-il de la liberté de l'homme, de sa morale, de sa spiritualité ? Les notions mêmes de fondements du droit ou de la morale, et même de droit et de morale perdent peut-être tout sens. En fait, le réductionnisme neurobiologique des chercheurs est actuellement simplement méthodologique et non pas théorique. On peut se référer, par exemple, aux travaux de J.-P. Changeux[40] ou de J.D. Vincent[41]. Une attitude inverse d'antiscientisme spiritualiste semble tout aussi infondée qu'un réductionnisme biologique, et non éthique, puisqu'elle priverait les hommes de connaissances neurobiologiques qui peuvent conduire à des thérapeutiques.
– Les interventions sur le cerveau recouvrent la neuropharmacologie (utilisation des psychotropes), la thérapie génique (travaux sur la chorée de Huntington), la psychochirurgie (lobotomie, coagulation des noyaux hypothalamiques ou amygdaliens, cingulectomie), les greffes cérébrales (autogreffes de médullo-surrénales, greffes de cellules cérébrales fœtales) et toutes les formes de psychothérapies à incidence sur le fonctionnement cérébral. Toutes ces techniques mettent en jeu la relation entre **l'identité et la dignité de la personne et sa personnalité** affective, intellectuelle, comportementale, personnalité qui peut être affectée par ces interventions.

Les neuroleptiques ont, par exemple, des effets d'inertie, de passivité, d'incapacité relationnelle, mais la non-médication renvoie le malade à son affreuse souffrance mentale. La lobotomie (Allemagne, Suède, Royaume-Uni) ou la coagulation des noyaux amygdaliens (Thaïlande, Japon) réduisent l'agressivité et la libido et sont proposées aux criminels sexuels. Elles ne sont pas pratiquées en France, mais l'incarcération à vie respecte-t-elle davantage la personne ? (On peut aussi poser une question sous-jacente : la pulsion sexuelle criminelle fait-elle partie de la personnalité ?) Le refus de la psychochirurgie en France interdit le traitement par cingulectomie de très graves névroses obsessionnelles extrêmement dangereuses pour le malade (automutilations).
Les autogreffes cérébrales posent actuellement le problème de leur efficacité, qui rend négative la balance risque-bénéfice, d'où l'avis négatif du CCNE du 16 octobre 1989 [92]. Les greffes de tissus fœtaux, prélevés sur fœtus morts spontanés ou par ITG, posent le problème difficile du statut du fœtus, dont le cadavre est assimilé à tout autre cadavre de mineur. La question en jeu dans le prélèvement est alors, en France, celle du consentement des parents, demandé pour les morts spontanés, mais problématique pour les fœtus décédés par ITG : la mère peut-elle alors encore être considérée comme représentant de l'enfant ? Toutes les législations insistent sur la séparation absolue des équipes d'avortement et de prélèvement. (La question de la licéité morale de l'avortement reste entière.) (Cf. l'avis du CCNE du 13 décembre 1990 relatif au traitement de malades parkinsonniens [92].)
Au-delà de ces questions éthiques ponctuelles, les interventions sur le cerveau mettent en jeu la représentation de l'homme, comme le montre le choix difficile d'une psychothérapie relationnelle ou chimique, ou l'utilisation des psychotropes hors nécessité thérapeutique, comme « pilules du bonheur ». Jusqu'où l'homme peut-il, moralement, régler par des actions chimiques sur son corps des questions de sens ? Une certaine angoisse, un certain désir toujours nouveau et inassouvi ne constituent-ils pas l'essence de l'homme ? Sont en jeu également les relations entre la personne et la société : toute action sur le comportement des personnes a des incidences politiques et sociales. Le débat sur la psychochirurgie des criminels le montre, comme la difficile question de la prescription d'inhibiteurs de la libido à des délinquants sexuels. (Cf. l'avis favorable du CCNE, n° 39 du 7 décembre 1993, *sur la prescription de substances antiandrogéniques à des détenus condamnés pour infractions à caractère sexuel.*) Jusqu'où l'éthique collective peut-elle s'exprimer par rapport à l'éthique individuelle, en protégeant les tiers, proches ou lointains ? Jusqu'où l'intégration sociale, hors-prison ou hors hôpital psychiatrique, est-elle une dimension essentielle de la personne, prévalent sur l'exercice de telle ou telle capacité, que le patient accepte de réguler pour prix du rétablissement de sa vie sociale et relationnelle ?

En tout état de cause, une rupture radicale est maintenant consommée : la connaissance de **ce qui est** ne dit rien sur **ce qui doit être**, l'être ne fonde plus le devoir-être. Comment penser alors l'éthique ? Comment penser alors le Bien ? La Nature comme le Ciel sont muets : solitude et finitude effrayantes de l'homme dans un univers infini et non finalisé. Il ne reste plus qu'un seul référent : la raison humaine. Comment fonder alors la morale ? Où est le Bien ? Il ne reste que le devoir : que dois-je faire ? Ce qu'un homme se doit de faire parce qu'il est un homme. L'homme est fondateur de lui-même et de ses normes. Il appartiendra à Kant, sur le plan moral, et à Rousseau, sur le plan politique, de formuler cette autonomie de l'homme et du citoyen.

Le passage de Descartes à Kant n'est pas immédiat, et un long débat traverse le XVIIe siècle en sa seconde moitié. Spinoza, en particulier, développe contre Descartes, dans *L'Éthique*[42], une conception moniste de l'homme — corps et âme ne font qu'un — et une conception immanentiste de Dieu identifié à la Nature[43]. Contre le dualisme cartésien, corps/âme, étendue/pensée, monde créé/Dieu transcendant, et, si l'on peut dire anachroniquement, faits/valeurs, Spinoza cherche inlassablement à penser l'unité du réel. C'est le *conatus* — comme appétit, comme force affirmative de soi — qui définit à la fois l'unité de l'homme comme être de désir, psychophysiologique, et l'unité de la Nature : tout être de la Nature — et il n'y a rien d'autre que la Nature, c'est-à-dire les êtres de la Nature — « s'efforce de persévérer dans son être ». Ce *conatus* — effort pour persévérer dans son être, appétit qui prend chez l'homme la forme consciente du désir — fait que nous ne désirons pas une chose parce que nous pensons qu'elle est bonne, mais que nous pensons qu'une chose est bonne parce que nous la désirons[44]. Ainsi la liberté et la finalité sont-elles des illusions des hommes, nées de l'ignorance des vraies causes de leurs actions[45]. La vraie liberté de l'homme c'est la connaissance de la Nécessité, c'est-à-dire « des lois et règles universelles de la Nature », connaissance qui nous rend joyeux. Nous sommes alors adéquats au réel, sans crainte ni espoir, dans la positivité joyeuse d'un acquiescement au réel dans son ordre. Ce qui est et ce qui doit être sont confondus.

Mais cette vision spinoziste ne prévaudra pas, et la dichotomie de « ce qui est » et de « ce qui doit être » marquera l'entrée dans la modernité.

C. LA NORME MORALE EST POSÉE PAR L'HOMME : AUTONOMIE

L'homme des XVIIe et XVIIIe siècle se présente comme un homme conquérant, optimiste, avide de savoir, curieux de tout, confiant dans sa raison et conscient de ses pouvoirs, de son pouvoir de connaissance, de son pouvoir sur la société, de son pouvoir sur lui-même : il se conçoit comme le producteur des lois. Il se conçoit comme **autonome.**

1. KANT : LA MORALE DÉONTOLOGIQUE DU DEVOIR

Cette révolution de pensée trouve sa forme la plus achevée, sans doute, chez **Kant** (1724-1804). La prudence, le *kairos*, c'est-à-dire le bon moment, l'occasion optimale, la juste mesure, le moindre mal d'Aristote sont désormais, pour les rationalistes, philosophiquement impensables. Les conséquences de l'acte ne peuvent plus être intégrées à sa valeur morale : aucune **finalité externe** ne peut être normative ; on ne peut partir que de l'homme.

Le sujet de la connaissance

Déjà, au niveau de la connaissance, *La Critique de la Raison Pure* (1781) a effectué ce que Kant a appelé sa « révolution copernicienne » : ce n'est pas notre connaissance qui tourne autour des objets et se plie à eux pour les connaître, ce sont les objets, saisis par notre perception sensorielle, qui se plient aux structures *a priori* de notre sensibilité (l'espace et le temps) et de notre entendement (les concepts, les catégories, les jugements). En effet, les connaissances scientifiques produites par l'homme sont des jugements synthétiques *a priori*, c'est-à-dire universels et nécessaires — alors que dans le monde observé, il n'y a que du particulier et du contingent, c'est-à-dire matière à des jugements synthétiques particuliers *a posteriori*. Comment de tels énoncés synthétiques universels *a priori* sont-ils possibles ? Or, ils le sont, telles les lois scientifiques, et en particulier, la loi newtonienne [6] de l'attraction universelle[46]. En cherchant la réponse à cette question, Kant placera la raison humaine au centre de la connaissance. Même s'il importe de bien circonscrire les limites de validité des processus cognitifs mis en œuvre, ce que fait la démarche critique de la *Critique de la Raison Pure*, la formulation des lois scientifiques par la raison humaine montre sa prodigieuse capacité.

Le sujet de l'action

Qu'en est-il, non plus pour les vérités de connaissance, mais pour les normes morales ? Il faut partir ici aussi du pouvoir de la raison humaine. Voici l'analyse de **Kant** que nous allons exposer de façon détaillée, pour les mêmes raisons qui nous ont fait exposer celle d'Aristote : notre culture occidentale, en particulier notre droit, est imprégnée de kantisme, et, par ailleurs, la référence à Kant et à ses textes mêmes est très fréquente en bioéthique, pour ne pas dire omniprésente.

La bonne volonté et l'action faite par devoir

Dans les *Fondements de la Métaphysique des Mœurs* (1785) [7], Kant cherche comment nous pouvons être moraux. La première Section part des jugements moraux de la conscience commune. Ce qui est bon, pour celle-ci, c'est une **bonne volonté**. En effet, tous les autres talents et qualités ne sont pas bons en eux-mêmes ; ils peuvent même être mauvais s'ils sont au service d'une volonté mauvaise. Qu'est-ce qu'une bonne volonté ? C'est une volonté d'agir **par devoir**, et non pas conformément au devoir. En effet, le commerçant qui est honnête pour conserver une bonne clientèle agit conformément au devoir, mais non moralement. Son honnêteté est dictée par son intérêt. Son honnêteté est conforme au devoir, mais elle n'est pas morale. La valeur morale de l'action ne peut donc venir que de règles formelles que la volonté s'est imposées, et qui ne peuvent être définies ni par un objet, ni par un but.

Règles formelles de la volonté et loi : l'universalisable

Par conséquent, la loi que nous respectons quand nous agissons par devoir ne peut se définir que par sa forme, c'est-à-dire par sa conformité à **l'idée même de loi**, c'est-à-dire par sa conformité à l'idée d'universalité. « Puis-je vouloir que la maxime[47] de mon action devienne une loi universelle ? ». Par ce critère, tout être rationnel peut être moral, même l'enfant.

Penchants naturels et contrainte du devoir : l'impératif catégorique

Cependant, notre raison, par une dialectique qui lui est naturelle, fait constamment des compromis avec nos inclinations, nos désirs, notre recherche du bonheur ; il faut donc fonder la moralité. C'est ce que fait la seconde Section. Toute analyse empirique du devoir est vouée à l'échec, car dans toute action réelle on peut toujours soupçonner un autre mobile ; il faut, donc, faire une analyse de la raison humaine pratique en elle-même. Elle est une faculté de **se déterminer par des lois,** c'est-à-dire une volonté. Mais cette volonté est soumise à la sensibilité, à des mobiles subjectifs, aux inclinations et penchants ; la loi qu'elle s'impose lui apparaît dès lors comme une contrainte : c'est un devoir, un impératif. Cet impératif ne peut être hypothétique, c'est-à-dire déterminé par une condition extérieure, comme les règles de l'habileté ou les conseils de la prudence, sinon on sort de nouveau de la moralité ; en effet, l'obligation, dans ce cas, n'est pas bonne en elle-même, mais seulement si l'on veut atteindre tel ou tel but. L'impératif moral est donc « catégorique », c'est-à-dire qu'il détermine immédiatement ce qu'il ordonne parce qu'il n'énonce que l'idée d'une loi universelle en général et la nécessité pour la volonté de s'y plier. Il n'y a donc qu'un seul et unique impératif catégorique : **« Agis uniquement d'après la maxime qui fait que tu peux vouloir en même temps qu'elle devienne une loi universelle »**[48].

L'homme comme fin : dignité des personnes et prix des choses

Nous avons déterminé le contenu de l'impératif moral. Mais comment notre volonté est-elle liée pratiquement à cet impératif qu'elle construit ? Pourquoi s'y plierait-elle ? Il faut **un mobile** qui la détermine ; quel est-il ? Ce ne peut être qu'**une fin** en soi. Existe-t-il dans la nature une fin en soi ? Oui, l'homme. Les choses ont un prix, l'homme a une dignité ; les choses sont des moyens, les personnes sont des fins. La formule de l'impératif devient alors : « Agis de telle sorte que tu traites l'humanité aussi bien dans ta personne que dans la personne de tout autre toujours en même temps comme une fin et jamais seulement comme un moyen ». Mais pourquoi l'homme a-t-il une dignité, pourquoi est-il une fin en soi ? C'est parce qu'il est lui-même l'auteur de la loi à laquelle il obéit. En effet, si l'homme était soumis à une législation extérieure à sa propre volonté, il ne serait pas une fin, mais un instrument, telles les choses soumises à la causalité naturelle. La volonté se plie donc à la loi — qui est une contrainte — par respect pour la loi, et elle respecte la loi parce que c'est elle-même qui la pose : il y **autonomie de la volonté**. Comment celle-ci est-elle possible ? **Comment l'homme pourrait-il être lui-même l'auteur de la loi à laquelle il obéit ?**

Autonomie et liberté

Pour répondre à cette question, dans la troisième Section, Kant part d'une analyse de la causalité. Toute causalité implique la loi. Une causalité qui se donne à elle-même sa propre loi est une liberté. La liberté — dont la définition, négative mais vide, est l'absence de déterminations — ne peut se définir positivement que comme autonomie de la volonté. Or, nous venons de voir, dans la Section II, que la moralité c'est aussi l'autonomie de la volonté. Il faut donc en déduire cette conclusion, paradoxale en apparence, qu'une volonté **libre** et une volonté **soumise à la loi morale** sont une seule et même chose. Être libre c'est agir moralement, agir moralement c'est être libre (cf. TEXTE n° 7).

Mais comment une telle liberté de l'homme est-elle possible ? Kant montre qu'il faut supposer — mais c'est un postulat indémontrable, dans l'ordre déductif — une fracture dans l'homme : il appartient à deux mondes, le monde de la nature et le monde de la liberté. Tout homme, toute action humaine a deux caractères : un caractère sensible, un caractère intelligible. Tout acte humain peut se lire comme déterminé par une causalité empirique, c'est-à-dire des raisons sociologiques, historiques, psychologiques, physiologiques... mais il peut se lire aussi comme déterminé par une volonté libre. C'est ce que nous faisons dès que **nous considérons quelqu'un comme responsable ou coupable** d'un acte.

Ordre de la nature (ce qui est) et ordre de la liberté (ce qui doit être)

Dans *La Critique de la Raison Pure*, étudiant l'idée de liberté et son statut, Kant prend l'exemple d'un mensonge pernicieux : il énumère les mille et une raisons qu'avait son auteur de mentir, et pourtant, dit-il, nous ne pouvons nous empêcher de penser que le menteur est coupable, qu'il aurait dû ne pas faire ce mensonge, et donc — sous peine de contradiction logique — qu'il pouvait ne pas le faire, malgré toutes les raisons empiriques. La liberté est donc une **idée nécessaire de la raison**, mais nous ne pouvons pas la démontrer, pas plus que la distinction des deux mondes, le « nouménal », celui de la liberté, et le « phénoménal », celui de la causalité empirique, pas plus que l'appartenance de l'homme à ces deux mondes, mais nous devons vivre « comme si » nous étions libres. C'est une exigence absolue de la raison, qui nous conduit à vouloir et à construire un « règne des fins », c'est-à-dire un monde dans lequel les hommes — tous les hommes — seront des fins en soi et non pas des moyens (cf. TEXTE n° 6).

Ainsi Kant fonde-t-il une morale de l'autonomie de la volonté, pour laquelle le seul référent est l'universalisabilité de la loi posée par la raison. L'autonomie de la volonté est fondée sur l'idée régulatrice, postulée mais non démontrable, de la liberté des hommes :

– **Le déontologique** — la recherche de ce qui doit être — remplace l'ontologie, la connaissance de ce qui est.

– **L'autonomie** — poser soi-même la loi à laquelle on obéit — remplace l'hétéronomie, recevoir la loi de quelque chose d'autre que soi-même.

– **Les problèmes de fondement et de justification** des normes morales prennent le pas sur les problèmes d'application.

– **Le formalisme** est essentiel à l'éthique kantienne : seule la forme peut être universelle.

– **Rejet absolu de tout conséquentialisme** et de tout contextualisme.

– **Danger de nos inclinations**, de nos penchants, de notre sensibilité contre eudémonisme (morale du bonheur, du bien-vivre) aristotélicien.

– **Distinction fondamentale des choses et des personnes**, du prix et de la dignité, du déterminisme et de la liberté.

Résumons : l'homme échappe aux lois de la nature et aux lois divines, il est un être libre qui substitue sa propre législation à toute autre causalité. Être différent de tous les autres être, il a une autonomie qui lui confère une dignité absolue. Mais le « prix à payer », si l'on peut dire, est double. Le premier est l'antinaturalisme : la morale s'inscrit contre la nature. Ce qui est naturel en nous, les inclinations, les penchants, comme la pitié, la sympathie, le désir de ne pas souffrir ou de ne pas voir souffrir..., tout ceci n'est pas indicatif pour l'action morale. L'accord de la vertu et du bonheur de la philosophie aristotélicienne est impensable : faire quelque chose qui rend heureux, c'est tomber dans l'hétéronomie de la volonté. Le second est le rigorisme : toute exception, si infime soit-elle, à l'universalisabilité d'un principe d'action, au nom du réel et de sa complexité, est un compromis irrecevable. L'on comprend, dans un tel système, la valeur de l'intention et la dévalorisation *a contrario* des conséquences, si importantes dans une théorie téléologique.

EXEMPLES MÉDICAUX

L'analyse et les concepts kantiens sont omniprésents en bioéthique.

15. *Le statut « personnel » du corps humain*

Par exemple, la commercialisation des produits et cellules du corps humain ou leur brevétisation se heurtent à la distinction **des choses et des personnes** : le corps n'est pas une chose ; il est constitutif de la personne ; il est, donc, inviolable et non patrimonial. Que l'on se reporte au Rapport du Conseil d'État de 1988, *Sciences de la vie. De l'éthique au droit*, dit « Rapport Braibant », préparatoire au lois de juillet 1994[49]. Ce **statut personnel du corps** interdit toute commercialisation et toute brevétisation du corps, de ses organes, de ses éléments ou produits, de ses cellules. Elles seront interdites par la Loi n° 94-653 du 29 Juillet 1994 [127] : « Le corps humain est inviolable. Le corps humain, ses éléments et ses produits ne peuvent faire l'objet d'un droit patrimonial » ... « Art. 16-6 : Aucune rémunération ne peut être allouée à celui qui se prête à une expérimentation sur sa personne, au prélèvement d'éléments de son corps ou à la collecte de produits de celui-ci ». (On ne peut vendre ni son sang, ni son sperme, ni sa moelle, ni..., pas plus qu'on ne peut être rémunéré pour participer à une expérimentation.)
C'est ce même statut personnel du corps qui interdit la pratique des « mères de substitution » ou « prêts d''utérus » dans l'aide médicale à la procréation (AMP) : le droit français interdit tout contrat — de vente ou de location — sur les personnes ; les contrats sont passés entre des personnes, mais ne peuvent porter que sur des biens. Le Code Civil stipule expressément : « Art. 1128 : Il n'y a que les choses qui sont dans le commerce qui puissent être l'objet de conventions ». Le Code du Travail précise bien que le contrat entre employé et employeur porte sur les services et non les personnes, et dans des conditions déterminées : « Art. L.121.4 : On ne peut engager ses services que pour un temps et une entreprise déterminée ». La loi n° 94-953 du 29 juillet 1994 précise ainsi le Code Civil : « Art. 16.7 — Toute convention portant sur la procréation ou la gestation pour le compte d'autrui est nulle ».

16. *L'embryon comme moyen dans les procréations médicalement assistées*

Autre exemple : l'homme doit être considéré comme une fin, et **jamais comme un moyen**. Les embryons surnuméraires, produits par les techniques de procréation médicalement assistée (PMA), conservés par congélation, posent un problème moral difficile. L'embryon congelé n'est-il pas une personne ? S'il l'est, peut-il être un **moyen** pour réaliser la « demande parentale » de ses parents, à laquelle il est soumis ; peut-il être un moyen de satisfaire leur désir ; peut-il être un moyen thérapeutique palliatif à la stérilité de sa mère ? La loi n° 94-654 du 29 juillet 1994 [128], à l'Art. 8, pose ici un problème lorsqu'elle stipule que « les deux membres du couple peuvent décider que sera tentée la fécondation d'un nombre d'ovocytes pouvant rendre nécessaire la conservation d'embryons dans l'intention de réaliser leur demande parentale dans un délai de cinq ans. Les deux membres du couple sont consultés chaque année pendant cinq ans sur le point de savoir s'ils maintiennent leur demande parentale ». Si non, ils peuvent consentir à ce que les embryons soient accueillis par un autre couple infertile, ou bien il est « mis fin à la conservation » (*Ibidem*, Art. 9). Voici donc un être qui n'est pas une fin en soi, et dont l'existence est suspendue à une « demande parentale » ou à un projet parental. La législation allemande, pour ne pas prendre ce risque d'une transformation de l'embryon en moyen, interdit la production d'embryons surnuméraires : on ne peut produire *in vitro* que le nombre d'embryons réimplantés *in utero*.

17. *Consentement à l'expérimentation et principe d'autonomie*

L'autonomie, concept central de la morale kantienne, fonde le consentement. Prenons l'exemple du consentement à l'expérimentation. Toute la législation sur l'expérimentation biomédicale découle du *Code de Nuremberg* (TEXTE n° 18), et le Code lui-même commence par le mot même de consentement « 1 – Le consentement volontaire du sujet humain est absolument essentiel ». Les déclarations internationales ultérieures (Helsinki, 1964 ; Tokyo, 1975) reprennent cette obligation : « 9 – ... Le médecin devra obtenir le consentement libre et éclairé du sujet, de préférence par écrit ». En France, aujourd'hui, la recherche est encadrée par la loi, dite Huriet-Sérusclat, du 20 décembre 1988 [122], qui stipule : « Titre II, Du Consentement : Préalablement à la réalisation d'une recherche biomédicale sur une personne, le consentement libre, éclairé et exprès de celle-ci doit être recueilli ». Mais, le consentement n'est pas fondamental dans le seul domaine de l'expérimentation, il l'est pour toute recherche. Cf., par exemple, la Loi n° 94-653, du 29 juillet 1994 [127], Art. 5 : « Art. 16.10 – L'étude génétique des caractéristiques d'une personne ne peut être entreprise qu'à des fins médicales ou de recherche scientifique. Le consentement de la personne doit être recueilli préalablement ».

L'analyse de l'universalisabilité de la décision moralement bonne — ce qu'on appelle parfois le « test d'universalisation de Kant » — est constamment utilisée dans la réflexion bioéthique, qu'il s'agisse du tri d'embryons, de l'euthanasie...

Fondamentalement, toute cette analyse de la moralité nous renvoie à la liberté. Qu'est-ce que l'homme ? L'homme est un être libre, c'est-à-dire autonome, c'est-à-dire qui se donne à lui-même sa loi et ne la reçoit de rien ni de personne. Il existait un domaine où des hommes avaient déjà revendiqué d'être eux-mêmes les auteurs de la loi à laquelle ils obéiraient : la scène politique, celle de la Révolution américaine et de la Révolution française.

2. ROUSSEAU : AUTONOMIE DU POLITIQUE ET LIBERTÉ

De fait, cette thèse de la liberté comme autonomie, c'est-à-dire comme faculté de se donner à soi-même sa propre loi, était apparue quelques années auparavant **dans la réflexion politique**, dans *Du contrat social* (1762) [9] de J.-J. Rousseau, théorie que nous avons aussi à voir de près car elle sous-tend toute réflexion sur les rapports du citoyen à l'État, de l'éthique au droit, du juridique au politique. Cette théorie est issue d'une lente conceptualisation de l'autonomie du politique, inaugurée par Machiavel.

Changement de modèle avec Machiavel et Bodin : le politique n'est ni naturel, ni divin

De quoi s'agit-il ? Dans la vision théologico-politique de la chrétienté médiévale, le pouvoir, la *potestas*, appartient à Dieu seul, qui la délègue à son représentant sur la Terre, le Pape, qui a donc tout pouvoir spirituel et temporel. Les rois et les empereurs s'efforceront de se faire reconnaître par cette autorité, *auctoritas*, afin de légitimer leur pouvoir politique : c'est la thèse du pouvoir de droit divin, c'est-à-dire délégué par Dieu, signifié par le sacre et le pouvoir thaumaturgique du roi. Le droit de grâce présidentiel en France en est la survivance aujourd'hui. Mais progressivement, en particulier à l'occasion des conflits entre papes et empereurs, lors de la « querelle des Investitures » à propos de la nomination des évêques, au XIe siècle, s'effectue une séparation du pouvoir spirituel et du pouvoir temporel. Apparaît alors progressivement l'idée d'un corps politique laïque — royaume ou empire, qui deviendra l'État — dont le roi est la tête, par opposition mimétique à l'Église, corps mystique du Christ, dont le Pape est la tête[50].

C'est Machiavel, dans *Le Prince* (1513), qui, le premier, affirmera explicitement cette rupture du divin et du politique : la société n'est ni naturelle, comme le pensait Aristote, ni constituée par une autorité de droit divin : elle résulte de la volonté des hommes et ne peut durer que par leur volonté. Machiavel en cherchera les moyens. La rupture de pensée inaugurée par Machiavel ira si loin, qu'il soutiendra même que la réalisation de l'idéal, la constitution de la République — c'est-à-dire le fait de vivre bien tous ensemble — loin d'être la réalisation d'une finalité, d'un Bien inscrit dans la nature ou dans la volonté de Dieu, est le fruit des passions et de l'égoïsme des hommes. Ainsi, le Bien (l'État, le droit, la justice) se réalise par son contraire : la méchanceté des hommes.

Quelques années plus tard, Bodin, dans *La République* (1576) crée le concept de souveraineté de la république, au sens de puissance publique de l'État : être souverain c'est être tel qu'il n'y a rien au-dessus (ni Nature, ni Dieu). C'est ainsi que, lorsque Hobbes formule la première théorie du contrat social, il donne à son ouvrage un titre étrange : *Le Léviathan* (1651), nom d'un monstre biblique. L'État est un dieu artificiel, terrestre, créé **par la puissance souveraine de l'homme** uniquement. L'homme est le créateur du politique, qui n'est ni naturel, ni divin.

La formulation la plus explicite en revient à J.-J. Rousseau (1712-1778) dans *Du contrat social* (1762) [9].

L'autorité politique peut-elle être légitime ?

En effet, dans cette œuvre, Rousseau cherche s'il peut y avoir des relations d'autorité légitimes entre des hommes qui ont à vivre ensemble. C'est un fait, les relations d'autorité existent partout entre les hommes, mais peut-il y en avoir qui soit acceptables, c'est-à-dire qui ne soient pas simplement une domination de fait, un écrasement des faibles par les forts ? Rousseau analyse donc, dans les premiers chapitres, l'origine de l'autorité et ses prétendues formes de légitimation : l'autorité naturelle de la paternité, l'inégalité de nature, le droit du premier occupant, le droit du plus fort, le droit divin, le droit de conquête, le droit du vainqueur sur le vaincu..., pour montrer qu'aucune de ces théories ne légitime l'autorité, et ne peut donc fonder le politique.

Le contrat de chacun et de tous avec tous

Finalement, Rousseau montre qu'il n'y a qu'une forme de légitimation de l'autorité politique : la légitimité de l'autorité ne peut provenir que d'un **contrat**. Quel contrat ? Ses clauses se définissent par sa nature même de contrat passé entre des individus capables de contracter : elles ne peuvent donc être que **nécessaires et universelles**, et elles doivent respecter **la liberté** de chacun des contractants, sinon le contrat, qui serait alors passé entre des individus non libres, perdrait à l'instant même sa valeur de contrat. Sa formule ne peut donc qu'être la suivante : « *Chacun de nous met en commun sa personne et toute sa puissance sous la suprême direction de la volonté générale ; et nous recevons en corps chaque membre comme partie indivisible du tout.* » Ainsi, dit Rousseau, en poursuivant ce chapitre VI du premier Livre : « chacun se donnant tout entier, la condition est égale pour tous, et la condition étant égale pour tous, nul n'a intérêt de la rendre onéreuse pour les autres... enfin, chacun se donnant à tous ne se donne à personne, et comme il n'y a pas un associé sur lequel on n'acquière le même droit qu'on lui cède sur soi, on gagne l'équivalent de ce qu'on perd, et plus de force pour conserver ce qu'on a ». Il y a donc un contrat de tous avec tous qui crée « un corps moral et collectif composé d'autant de membres que l'assemblée a de voix..., qui prend le nom de corps politique ».

La loi et la volonté générale : la liberté c'est l'autonomie

Il importe de bien voir que ce qui est fondamental dans le contrat c'est la préservation de la liberté des contractants. D'ailleurs, Rousseau la met au premier rang des bienfaits produits immédiatement par le contrat — qui est une idée, non pas un événement : l'homme est transformé par le passage à la société civile : il perd sa liberté naturelle, qui est une fausse liberté, et gagne la liberté civile, la vraie, et la liberté morale, qui « seule rend l'homme vraiment maître de lui ; car, l'impulsion du seul appétit est esclavage, et l'obéissance à loi qu'on s'est prescrite est liberté ». Formule paradoxale, car quoi de plus contraire à la liberté que l'obéissance, et, qui plus est, l'obéissance à la loi ? Or c'est précisément la loi qui est à la fois l'expression et le garant de la liberté des contractants, puisqu'elle est l'expression de la volonté générale. Volonté générale qui n'est ni la somme des volontés particulières, ni la volonté de tous, mais la volonté de tous les citoyens en corps, qui, se dépassant eux-mêmes, poursuivent l'intérêt général et se préoccupent d'objets généraux. Le citoyen du contrat social, qui obéit à la loi, est un être **vraiment libre**, car il échappe aux lois de la nature, pour obéir à une loi, dont il est lui-même l'auteur.

EXEMPLES MÉDICAUX

18. *État et législation biomédicale*

Cette théorie française du contrat social joue un rôle considérable dans la réflexion bioéthique. En effet, de la thèse de Rousseau découle une **prééminence de l'État**, « corps politique » composé de tous les contractants, sur les individus, qui n'acquièrent leur véritable liberté qu'en son sein. Les citoyens sont autonomes, certes, mais dans le cadre de l'État auquel ils appartiennent et par leur participation à la législation. Par opposition, les Anglo-saxons voient dans l'État un simple régulateur des contrats privés passés entre les individus ou les communautés à l'intérieur de la société civile ; ils supposent une autorégulation du social par lui-même sans la nécessité d'une instance dirigeante et laissent au juridique et au judiciaire l'arbitrage des conflits. La tradition contractualiste constructiviste française voit, au contraire, dans l'État une extériorité transcendante, émanant des citoyens pour arbitrer leurs divergences et leurs conflits dans le pluralisme inhérent à la démocratie. La voie choisie est la **voie législative**. Ainsi le Parlement français vient-il d'adopter trois lois sur le corps humain, les procréations médicalement assistées et les données informatiques [126], [127], [128]. La voie législative, c'est-à-dire l'expression collective des citoyens en corps politique, par l'intermédiaire de leurs représentants au Parlement, détermine les pratiques biomédicales. Par comparaison, les Nord-Américains règlent une grande partie de ces questions par la voie jurisprudentielle. (Cf. ANNEXE I.)

19. *Statut de la pratique médicale*

Autre conséquence de la prééminence de l'État : en France, les médecins eux-mêmes exercent leur activité dans un cadre très strictement défini et contrôlé par l'État[51], déterminé pour la médecine de ville par l'arrêt Mercier de la Cour de Cassation du 20 mai 1936 et pour la médecine hospitalière par le décret du 14 janvier 1974 (auxquels s'ajoutent de nombreux autres textes), alors que les Nord-Américains, par exemple, voient la relation médecin-malade comme un contrat privé et le médecin comme un prestataire de services de santé, médecins et patients réglant leurs éventuels conflits par la voie jurisprudentielle. En France, par exemple, le Code de déontologie médicale est un décret du Premier Ministre en Conseil d'État : nous voyons que le politique encadre la pratique médicale. Citons simplement un juriste : « Ce qui autorise un médecin à intervenir sur le corps du malade ce n'est donc nullement le consentement de ce dernier, mais **l'autorisation de la loi** qu'il tire de l'exercice normal de la médecine »[52] (cf. ANNEXE I).

20. *Prélèvement d'organes et de tissus et consentement présumé*

Cette théorie politique de l'État explique aussi, par exemple, la thèse française du **« consentement présumé »** en matière de prélèvement d'organes : l'État est, d'une certaine façon, comme « propriétaire » des corps, et la Loi, dite Caillavet, du 22 décembre 1976 [120], stipule que : « Article 2 : Des prélèvements peuvent être effectués à des fins thérapeutiques ou scientifiques sur le cadavre d'une personne n'ayant pas fait connaître de son vivant son refus d'un tel prélèvement ». Cette loi est mal connue de la société française, qui pense que les proches sont consultés sur la volonté de don du mort, alors qu'ils sont consultés sur un éventuel refus de don de sa part : **la solidarité nationale est présupposée**. La Loi n° 94-654 du 29 juillet 1994, qui abroge la Loi dite Caillavet, mais en reprend les dispositions, précise même à l'Art. 5 : « Code de la santé publique, Art.L.671-7 : ... ce refus peut être exprimé par l'indication de sa volonté sur un registre national automatisé ». Un Français ne peut pas donner ses organes, il ne peut que refuser de les donner[53]. Le consentement est présumé également dans certaines situations de recherche : si le malade est incapable de consentir, dans une recherche en urgence, l'expérimentation peut être mené si le comité consultatif pour la protection des personnes qui se prêtent à une recherche biomédicale (CCPPRB) a donné son aval dans l'examen du protocole de recherche.

Nous voyons qu'ici aussi, dans l'ordre politique, l'homme devient l'origine et la fin. L'ordre social ne se fonde ni sur la nature, ni sur Dieu, mais sur l'homme comme **volonté autonome.** L'homme se sent alors capable d'écrire sa propre histoire, qui est celle de la raison. La fin du XVIIIe et le début du XIXe siècle auront effectivement la préoccupation de penser le cours de l'Histoire, de conceptualiser l'avenir. Apparaissent les thèmes de « destination de l'homme » (Fichte), de « projet de paix perpétuelle » (Kant), en même temps qu'une intense réflexion sur l'éducation (Rousseau, Kant, Condillac, Condorcet) et des réalisations qui se rattachent à ces thèses de l'homme auteur de lui-même, de sa propre rationalisation et de son avenir : en France, par exemple, création de l'École Centrale, de l'École Normale, du Conservatoire des Arts et Métiers... L'idée apparaît que **la raison** n'est pas un donné ; elle se forme, **se construit, a une histoire**, aussi bien au niveau individuel (éducation) qu'au niveau collectif (histoire de l'humanité), et l'homme lui-même appartient à cette histoire de la raison et y participe. L'homme, qui s'était rendu « maître et possesseur de la nature » par la connaissance scientifique, et de l'autorité politique par le contrat social, se rend maître et possesseur de l'avenir en le pensant et en participant au progrès de la raison à l'œuvre dans le monde. La forme la plus achevée de cette vision totalisante est sans doute le système hégélien.

Hegel : les passions, une « ruse de la Raison » dans l'Histoire ?

Mais commence à sourdre un soupçon. La confiance en l'homme rationnel est ébranlée : 1793 et la Terreur ne sont pas très éloignés de 1789 et de la Déclaration des Droits de l'Homme et du Citoyen. Même Hegel introduit le doute : certes, le philosophe peut lire dans l'Histoire la grandiose réalisation de la Raison et la marche du monde vers la liberté[54], mais pourquoi la « ruse de la raison », c'est-à-dire l'antagonisme des passions des hommes, est-elle nécessaire ? Qu'est-ce que l'homme, livré aux passions à travers lesquelles il écrit l'Histoire ? Est-il ce sujet de la philosophie du XVIIIe siècle, dont la raison se développe dans l'immense progrès des sciences, et dont la volonté s'exerce et mûrit dans la construction d'un monde libre et démocratique ? Ou est-il l'instrument, inconscient et involontaire, d'une rationalisation du monde par « l'Esprit », en marche dialectique et conflictuelle dans l'histoire ? L'homme des Droits de l'Homme et du Citoyen existe-t-il ?

D. L'HOMME EN QUESTION

Nous sommes entrés, depuis la seconde moitié du XIXe siècle, dans « l'ère du soupçon » sur la conscience de l'homme et sur sa volonté. L'homme qui était sujet, au sens fort, c'est-à-dire auteur de ses idées et de ses actes, devient un objet, il est manipulé par des réalités qui lui échappent, dont il ne peut se rendre maître, et que, parfois, il ne peut pas même connaître : il est déterminé par la lutte des classes, par le sens de l'Histoire, par la volonté de puissance, par l'inconscient, par les relations de pouvoir, par les « effets de structure », etc. Nous sommes, depuis le XIXe siècle, dans la « mort de l'homme ». La question « Qu'est-ce que l'homme ? » n'a plus de sens. Désormais, il s'agit de s'interroger sur les mécanismes économiques et sociaux, sur l'inconscient ou sur l'Être.

Présentons schématiquement cette mise en question de l'homme en cinq moments successifs, qui nous conduisent de la deuxième moitié du XIXe siècle aux années 1960 :

1. MARX ET LE MATÉRIALISME DIALECTIQUE

La conscience est déterminée par l'existence sociale

Le renversement de perspective commence avec Marx (1818-1883), qui « renverse » littéralement, selon ses propres mots dans la Postface du *Capital* (2e éd.), la théorie hégélienne : ce ne sont pas les idées qui mènent le monde, mais la matière, ou plus exactement la réalité économique, c'est-à-dire les modes de production. Dans cette interprétation matérialiste,

« les formes de la conscience sociale, juridiques, politiques, religieuses, artistiques, philosophiques, bref, les formes idéologiques » sont une superstructure, déterminée par les rapports de production, qui « sont déterminés, nécessaires, indépendants de la volonté des hommes... et le mode de production de la vie matérielle domine en général le développement de la vie sociale, politique et intellectuelle », comme le suppose Marx dans l'avant-propos de *La Critique de l'Économie Politique* (1859)[55]. C'est bien un renversement de toute la pensée hégélienne et du rationalisme du XVIIIe. Marx poursuit : « Ce n'est pas la conscience des hommes qui détermine leur existence, c'est au contraire **leur existence sociale qui détermine leur conscience** »[56]. Dans une telle conception, la conscience et la volonté de l'homme lui échappent : il est déterminé par sa place dans les rapports de production, sur lesquels il n'a pas de prise et qui suivent des lois, que Marx s'est efforcé de dégager, en particulier les lois du mode de production capitaliste, comme la terrible loi de la concurrence, la « loi d'airain ».

Critique du droit de la philosophie du XVIIIe siècle

La question de la valeur du droit et de la morale devient très problématique. Le droit, comme la morale, que la philosophie des Lumières pensait être le fruit de la liberté de l'homme, de sa conscience et de l'autonomie de sa volonté, ne sont qu'idéologie, « formes de la conscience sociale ». Or, Marx montre que les rapports de production — c'est-à-dire tous les rapports que les hommes nouent entre eux à l'occasion de la production — sont conflictuels : il y a des dominants et des dominés, il y a une « lutte des classes ». Dès lors, l'idéologie d'une société est celle de la classe dominante : le droit et la morale apparaissent alors comme idéologie de la classe dominante, mystification qui recouvre, par la fiction d'une loi égale pour tous, les réalités de la domination et de l'exploitation. Les Droits de l'Homme, en apparence universels et se proclamant comme tels, sont, en fait, les droits de la bourgeoisie, c'est-à-dire ceux de l'individu propriétaire libéral. La théorie des valeurs fondées sur l'autonomie du sujet se trouve ruinée. L'homme est bien dépossédé de lui-même, objet d'une dialectique des forces productives matérielles et des rapports de production, qui constituent une histoire dont il est le jouet plus que l'acteur.

Certes, il y a aussi, chez Marx, une vision de l'homme comme être de conscience et de volonté dans l'action politique et philosophique, comme s'il y avait une emprise possible de l'homme sur la vie économique et politique : « Jusqu'à aujourd'hui les philosophes n'ont fait qu'interpréter le monde de différentes manières, il importe maintenant de le transformer », écrit-il dans la XIe des *Thèses sur Feuerbach.* Et qu'est *Le Manifeste du Parti Communiste* de 1848 [10], si ce n'est un appel aux exploités pour qu'ils prennent conscience des rapports de production du mode de production dans lequel ils vivent — le capitalisme — et de ses contradictions, pour les mener « jusqu'au bout » et, en faisant la révolution, libérer l'homme de l'exploitation ? D'ailleurs, la possibilité pour Marx lui-même de penser le marxisme, dans la deuxième moitié du XIXe siècle, suppose que toute pensée n'est pas idéologique.

Cependant cette position critique — donc, non idéologique — du philosophe pose un problème dans l'interprétation de l'œuvre de Marx. Les rapports entre le déterminisme économique et la libre responsabilité politique des hommes, pris dans des rapports de classes inhérents à des modes de production, mais appelés à les renverser et à les dépasser pour construire une « société sans classe », sont extrêmement difficiles à analyser. Même si l'on admet chez Marx la thèse d'un droit et d'une morale non aliénés, produits par les hommes qui vivront dans le communisme, société dont le mot d'ordre sera « De chacun selon ses capacités, à chacun selon ses besoins », il reste que la morale et le droit du XIXe siècle, fondés soi-disant sur l'autonomie de l'homme, sont, en fait, au service des intérêts de classe.

2. NIETZSCHE ET LE NIHILISME

Nihilisme, négation des valeurs et de toute transcendance

Cette première dépossession de l'homme va se trouver renforcée par la violence des attaques de Nietzsche (1844-1900), que nous devons exposer de près, car il y a là une **mise en**

cause absolue de l'éthique : lucidité désespérante ou tentation perverse en chacun de nous ? Résumons ainsi la position de Nietzsche : il n'y a pas de transcendance. Toute transcendance est une invention des faibles, des dégénérés, des lâches. « Dieu est mort », l'Homme n'existe pas, les substituts collectifs à la transcendance, comme l'État, sont des « monstres froids » ; il n'y a ni Vrai, ni Beau, ni Bien : tout cela ce sont des inventions d'hommes « las de la vie », détachés de leur sol, « dénaturés », « dégénérescents et déclinants », qui construisent des arrière-mondes, fictifs et dangereux pour la vie. Philosophie, morale, religion, politique, sciences, sont les symptômes d'une vie affaiblie, déprimée, d'une dégénérescence de la volonté de puissance, d'un instinct déclinant, malade depuis dix-huit siècles. Dans *Par delà le Bien et le Mal* (1886), Nietzsche dénonce le christianisme comme un renversement de l'Antiquité grecque, dont il a la nostalgie : les valeurs des faibles se substituent à celles des forts, les « aristocrates » ; le christianisme est la révolte de l'esclave oriental contre les maîtres grecs et romains, il est la ré-action de ceux qui sont incapables d'agir, au nom de la souffrance, par instinct de vengeance, par peur de la puissance des maîtres, par ressentiment. Alors que la morale des maîtres est une morale de la distance et de la hiérarchie, celle de l'esclave est une morale de l'égalité et du nivellement. Cet ouvrage est complété, l'année suivante, par *La Généalogie de la Morale* [12], dont le titre même dit tout. En effet, généalogie signifie plus qu'histoire : il s'agit à la fois de retracer l'origine et l'évolution d'un concept, mais aussi de chercher sa légitimité, car toute généalogie est recherche de la légitimité d'un droit ou d'un titre. Ici, elle devient **question de la valeur des valeurs** : faire la généalogie des valeurs morales, montrer pourquoi elles sont apparues, qui avait intérêt à les faire apparaître, c'est les ruiner comme valeurs, c'est leur dénier toute prétention à l'absolu.

Généalogie de la morale et volonté de puissance

Nietzsche entreprend donc, dans cet ouvrage — en philologue du grec, du latin et de l'allemand — une généalogie des concepts de « bon », « mauvais », « méchant », « mauvaise conscience »... Tout d'abord, il montre que tout ce qui émerge est le symptôme d'un rapport de forces, le résultat du jeu antagonique des volontés de puissance, des prises de pouvoir et des rapports de domination. Son analyse généalogique montre comment les faibles, « les forces réactives inférieures », ont pris le pouvoir dans l'histoire — du judaïsme et du christianisme jusqu'aux idéologies démocratiques et socialistes. **Les faibles, par ressentiment et par lâcheté, inventent,** contre leurs anciens maîtres, les valeurs de « mauvais » et de « bon », alors que dans la langue des maîtres, « bon » et « malheureux » n'avaient pas de signification morale : la morale est née de la haine et du ressentiment et non de « l'esprit ». La deuxième Dissertation montre que la conscience morale, loin d'être la « voix de Dieu en l'homme », est un retournement de l'instinct de cruauté contre soi-même. La mauvaise conscience et le sentiment de la faute sont une intériorisation et une perversion des instincts : quand des hommes sont trop faibles pour exercer leur volonté de puissance sur l'extérieur, ils la retournent contre eux-mêmes. Le sacrifice de soi est de la même essence que la cruauté. Enfin, la troisième Dissertation montre que l'idéal ascétique prôné par les prêtres, bien qu'il soit « nuisible par excellence », décadent et monstrueux, se fonde quand même sur l'instinct vital : il permet aux faibles de vivre et protège les forts de leur contagion ; vouloir le néant, c'est quand même vouloir quelque chose, c'est mieux que de ne rien vouloir ; c'est une forme minimale et dégradée, mais une forme de la vie, puisque la vie est volonté, et volonté de puissance.

Cette volonté de puissance nous introduit au versant contraire de l'œuvre de Nietzsche, le versant du « oui », selon son expression : la philosophie du « Surhomme », de la volonté de dépassement, de l'éternité du temps dans « l'éternel retour », c'est-à-dire l'acquiescement à la vie de celui qui sait qu'il n'y a pas de transcendance, qui vit à « l'heure de midi ». C'est le versant de Zarathoustra. Tout ceci est matière à écriture prophétique, dans la forme des grands textes anciens de l'humanité, écriture imprécatoire, poétique, incantatoire, aphoristique, biographique, qui est séduisante et difficile, car elle se prête à une pluralité d'interprétations.

Revenons à sa critique de toute morale : elle est la poursuite de la ruine de l'homme du XVIIIe siècle, dont l'humanisme a été inauguré par Socrate déjà. La connaissance, scientifique ou philosophique, est une fuite, un reniement de la vie, et **la morale, née de la haine et du ressentiment**, est fondée sur la **cruauté**. Dans tous nos comportements, comme dans nos croyances et théories, ce qui est à l'œuvre c'est uniquement notre **état psycho-physiologique et notre volonté de puissance**.

Freud allait, partant d'un tout autre horizon, poursuivre cette mise en question de l'homme, de sa conscience et de sa volonté.

3. FREUD ET L'INCONSCIENT PSYCHIQUE

L'hypothèse d'une causalité psychique inconsciente

Freud (1856-1939) est celui qui introduit dans la pensée contemporaine la notion d'inconscient psychique. Attention, l'idée d'un inconscient dans l'homme appartenait depuis longtemps à la philosophie, et Descartes ou Leibniz, par exemple, en parlent longuement. Mais, il s'agit pour eux d'un inconscient physiologique : les phénomènes inconscients, « passions » ou « petites » perceptions — c'est-à-dire trop faibles pour être perçues par la pensée — sont corporelles. L'originalité de Freud est, d'une part, de supposer un inconscient mental, **psychique**, et, d'autre part, de le considérer non comme un moindre être, un degré insuffisant de conscience, mais comme **une réalité** à part entière. C'est sur l'observation de ses malades (Freud est médecin, chercheur en neurophysiologie et neuropathologie) que Freud construira ses premières hypothèses : les troubles hystériques sont les **symptômes symboliques d'événements passés** qui n'ont pas été abréagis, qui sont mal refoulés. « Les symptômes disparurent lorsque, sous hypnose, la malade se rappela avec extériorisation affective, à quelle occasion les symptômes s'étaient produits pour la première fois » [13], écrit-il à propos du premier cas d'hystérie qu'il traita avec Breuer, par hypnose, et qui le mit sur la voie de l'hypothèse d'un inconscient psychique. Il étendra cette hypothèse à l'homme sain, dans le rêve (*La science des rêves*, 1900), dont le « contenu manifeste » procède, selon lui, d'un « contenu latent » par un triple mécanisme de transformation : condensation, déplacement et symbolisation. Freud verra également dans les actes manqués de la vie quotidienne, oublis, lapsus, pertes et bris d'objet…, d'autres manifestations déguisées de cet inconscient psychique (*Psychopathologie de la vie quotidienne*, 1901). Mais qu'est-ce qui est à l'œuvre dans cet inconscient ?

La libido et son histoire : développement, régression, fixation

À partir de l'interprétation des rêves, mais aussi des troubles sexuels de certains névrosés ou de pervers, qui viennent consulter en neurologie (*Trois essais sur la théorie de la sexualité*, 1905), Freud élabore l'hypothèse d'une **sexualité infantile.** Ce qu'il avait d'abord interprété comme le traumatisme d'une séduction précoce de l'enfant par un adulte, lui apparaît clairement : c'est l'enfant lui-même qui séduit, qui aime son père ou sa mère, qui veut faire disparaître l'autre parent tout en s'identifiant à lui. L'enfant vit inconsciemment le complexe d'Œdipe. **Ainsi l'inconscient est dynamique : il est constitué de pulsions**, qui cherchent à être satisfaites et qui se fixent sur des objets variables. La seconde hypothèse de Freud est que ces pulsions se développent selon une histoire. La sexualité s'exprime et se constitue selon différents stades nécessaires, et les perversions sexuelles seraient compréhensibles : elles seraient soit la régression, soit la fixation à un stade infantile de la sexualité chez un individu qui a un corps d'adulte. L'enfant est un « pervers polymorphe » selon la formule, souvent mal comprise, de l'*Introduction à la psychanalyse* (1916-17). Prenons des exemples, un enfant qui joue avec un animal, des enfants qui « se bagarrent » ou un nourrisson qui tête sa mère ne sont pas pervers ; mais la zoophilie, le sadisme et l'inceste sont des perversions.

Ainsi est éclairée la nature de l'inconscient comme libido.

Topique du psychisme : le Ça, le Moi et le Sur-Moi

La première « topique », représentation du psychisme, organisera un conscient, dominé par le principe de réalité, un préconscient accessible, et un inconscient inaccessible, dominé par le principe de plaisir. Mais ses travaux ultérieurs (*Essais de psychanalyse*, 1909-15, *Abrégé de psychanalyse*, 1938) conduiront Freud a une deuxième topique : l'inconscient se scinde en un **« ça »** natif, pulsionnel, amoral, contradictoire, régi par le principe de plaisir, et un **« sur-moi »** acquis par intériorisation des interdits sociaux et familiaux (propreté, pudeur, prohibition de l'inceste...) ; le sur-moi est civilisateur, mais infantile et rigide, il ne peut évoluer. Quant au **« moi »**, il est la couche extérieure du « ça » modifiée par le monde extérieur, régi par le principe de réalité ; il cherche à assurer la sécurité et la réussite, mais n'est pas totalement conscient ; une partie est préconsciente. Si la névrose naît d'un conflit entre ces trois instances de la vie psychique, elle naît surtout des conflits entre le ça et le sur-moi, tous deux inconscients : la connaissance du conflit, et *a fortiori* sa résolution, échappent donc à la conscience. La cure psychanalytique, malgré la résistance, et à travers le transfert, doit conduire à cet inconscient complexe, soumis à Éros, pulsion de vie, et Thanatos, pulsion de mort[57].

L'homme est ainsi divisé contre lui-même et c'est ce morcellement qui donnera lieu à une **interprétation et à une vulgarisation anti-humanistes** de Freud. En effet, Freud lui-même est rationaliste : ses hypothèses ont pour but de rendre compréhensible ce qui ne l'est pas ; le postulat discutable est celui de la primauté du déterminisme psychique sur le déterminisme physiologique. Et Freud est **humaniste** : par la psychanalyse, il prétend guérir des malades, des névrosés : « Une psychanalyse n'est pas une recherche scientifique impartiale, mais un acte thérapeutique, elle ne cherche pas par essence à prouver, mais à modifier quelque chose », écrit-il dans *Cinq psychanalyses* (1905-18). « Le mieux que nous puissions faire pour lui, écrit-il dans *L'Abrégé de Psychanalyse* (1938) à propos d'un patient, est de transformer ce qui est devenu inconscient, ce qui a été refoulé, pour le rendre au Moi ».

Mais dans les années 1950-1980 a prévalu, en France particulièrement, une interprétation anti-humaniste de Freud. Il est utilisé pour ruiner l'idée de l'homme comme sujet conscient et libre : l'homme n'est ni transparent à lui-même, ni responsable de ses actes, il est le jouet de son inconscient. Ainsi, par exemple, J. Lacan écrira-t-il, dans le *Séminaire I* (1978) : « Tout ce qu'a écrit Freud avait pour but de rétablir la perspective exacte de l'excentricité du sujet par rapport au moi. Je prétends que c'est là l'essentiel ». L'homme n'est plus au centre de lui-même, ni comme conscience, ni comme volonté libre. L'idée de sujet est un leurre. Et certaines œuvres de Freud sur la religion comme « névrose obsessionnelle de l'humanité » ou la culpabilité « morale » et le Sur-moi (*Totem et tabou*, 1912 ; *L'avenir d'une illusion*, 1927 ; *Malaise dans la civilisation*, 1929) permettent cette lecture : les constructions collectives symboliques — et les règles morales en sont — sont lues comme des symptômes névrotiques.

Le sujet ébranlé par Marx, Nietzsche et Freud allait être violemment mis en question par un autre penseur de langue allemande, qui a eu une immense influence sur les philosophies française et allemande contemporaines : Heidegger. Pour lui, la question « Qu'est-ce que l'homme ? », non seulement est secondaire, mais elle est précisément la question qu'il ne faut pas poser, la question qui a perdu et égaré la philosophie pendant des siècles.

4. HEIDDEGGER ET LA CRITIQUE DE LA SUBJECTIVITÉ

« L'oubli de l'Être » et l'illusion du sujet

La philosophie de M. Heidegger (1889-1976) est une pensée dans laquelle il est très difficile d'entrer puisque précisément elle pense tout autrement que nous ne pensons. En effet, nous sommes, d'après lui, imprégnés de la philosophie occidentale, telle qu'elle a marqué notre sensibilité, notre culture, notre langue même, depuis Platon. Or, Heidegger prétend déconstruire toute cette philosophie et les représentations de l'Être, de l'homme et du monde qui en sont issues : il faut donc essayer de penser autrement. Effort difficile, et, peut-être même impossible, à cause des limites du langage dans lequel nous pensons. Heidegger ne pourra jamais achever son œuvre maîtresse *L'Être et le temps* (1927). Pour lui, toute la philosophie occidentale est un oubli de la question de l'Être et, par là-même, une méconnaissance de l'homme, « l'être-là », dont l'être même est précisément de s'interroger sur l'Être. Ainsi, l'idée d'homme comme sujet, comme identité à soi, comme volonté autonome est une illusion. **Ce qui est c'est l'Être, l'homme n'est que « l'être-là de l'Être »,** une forme de sa présence, mais une forme qui le cache. « L'homme est le berger de l'Être », et « le langage est la maison de l'Être », voici les deux formules centrales de *La Lettre sur l'Humanisme* (écrite au philosophe français J. Beaufret, en réponse à ses questions, en 1946) [14]. L'homme n'est pas l'Être, pas plus qu'il ne le maîtrise ou ne le produit ou ne le connaît : il n'en est que le berger — image nécessaire, car toutes nos langues sont prisonnières de la philosophie classique, qui ramène l'Être à nos idées, ou à l'homme, ou à l'Histoire. L'homme joue certes un rôle privilégié, il est un intermédiaire entre l'Être et les étants ; c'est dans la compréhension propre à l'être humain que l'Être devient « lumière de soi et lumière sur soi » : c'est par le langage de l'homme que l'Être se dit. Ainsi, la révélation de l'Être commencera-t-elle en Grèce, avec Parménide et Héraclite. Malheureusement, selon Heidegger, la philosophie, avec Platon et Aristote, remplace la méditation par la volonté d'élaborer un savoir et une doctrine. Commence alors un immense « oubli de l'Être », qui va durer jusqu'à nos jours. Les hommes oublient la « différence ontologique » — concept fondamental de la philosophie heideggerienne : c'est-à-dire la différence entre l'Être et les étants : les étants ne sont que par l'Être, l'Être n'est que par les étants, pourtant ils diffèrent. Or, la philosophie, sous une forme ou une autre identifiera l'Être et l'étant, et expliquera l'étant par l'étant. La rupture avec les présocratiques est totalement consommée dans le cartésianisme : désormais, l'homme se prend pour une conscience transparente à elle-même pour qui la vérité se réduit à la certitude de ses représentations. L'homme se pense alors, selon la formule du *Discours de la méthode*, « comme maître et possesseur de la nature ». Dès lors, selon Heidegger, le monde est perdu pour l'homme, il n'est plus qu'une image ou une construction mathématique, sur laquelle l'homme déploie sa monstrueuse emprise technique, que Heidegger ne cessera de dénoncer : nous sommes dans l'ère de la technique, nous avons perdu tout rapport au réel, et l'homme lui-même, au lieu d'être « le berger de l'Être », est devenu pur vouloir, pouvoir absolu, et même chez Nietzsche, point ultime de la philosophie, volonté de puissance, c'est-à-dire volonté de volonté, dira Heidegger.

« Être-pour-la-mort », angoisse et ouverture à l'Être

Dans *L'Être et le Temps*, Heidegger part de l'homme comme « l'être-là de l'Être », dont l'essence est de s'interroger sur l'Être. Sa structure est triple :

– la « déréliction » : nous sommes toujours-déjà-là, jetés dans l'existence sans l'avoir choisi ;

– « l'ek-sistence » : sortir de soi-même pour être le gardien de ce qui est réellement, c'est-à-dire l'Être : le pro-jet n'est pas de se réaliser, comme homme, en étant sa propre fin[58] ; il est d'être « l'être-là de l'Être », c'est-à-dire cet étant par qui l'Être a le pouvoir d'être là, de se produire, de se dévoiler ;

– « l'être-auprès-de » : l'ouverture à la présence d'un autre étant, fondamentalement, présence à l'Être.

L'unité de ces trois moments est ce que Heidegger appelle **« le souci »** : l'homme n'est plus défini par sa conscience, mais par une sorte de présence active et préoccupée dans le monde, qui peut soit dériver vers le mode d'être du « on », soucieux de ce qu'« on » dit, de ce qu'« on » fait, de ce qu'« on » pense, soit devenir le mode d'être authentique qu'est l'acceptation lucide de **l'être-pour-la-mort**. Dans ce deuxième cas, l'être humain conquiert l'authenticité, par l'angoisse comme aperception que tout ce qui est pourrait ne pas être, et, donc, comme ouverture à l'Être. Cette analytique de l'homme donnera lieu à des interprétations existentialistes ou chrétiennes, qui sont des malentendus : Heidegger l'écrira lui-même clairement à J. Beaufret : « La pensée qui s'exprime dans *L'Être et le Temps* est contre l'humanisme [...] Ce qui est essentiel, ce n'est pas l'homme, mais l'Être [...]. Humanisme signifie que l'essence de l'homme est essentielle pour la vérité de l'Être, et l'est au point que désormais ce n'est précisément plus l'homme pris uniquement comme tel qui importe. Nous pensons ainsi un "humanisme" d'une étrange sorte ». On peut dire que toute l'œuvre ultérieure de Heidegger, loin d'être un humanisme, sera une **déconstruction de l'idée d'homme** comme sujet, conscience et volonté. Cette « déconstruction » du sujet va exercer une influence considérable sur la pensée française, sur des philosophes comme M. Foucault ou J. Derrida, mais aussi dans d'autres domaines, par exemple, dans l'écriture du roman avec la critique de l'idée d'auteur, de narrateur, de héros.

Il reste à voir, enfin, une dernière mise en question de l'homme, qui traverse tout le vingtième siècle : **la mort du sujet dans les sciences humaines**. La théorie qui a joué ici un rôle déterminant est le structuralisme, issu de la linguistique, mais transféré à l'anthropologie par son plus grand représentant : C. Lévi-Strauss.

5. LÉVI-STRAUSS ET LE STRUCTURALISME

Sens et place dans la structure

Quoique le mot n'apparaisse pas dans son œuvre, le structuralisme est né des travaux du linguiste F. de Saussure, publiés dans son *Cours de linguistique générale* en 1916 (après sa mort en 1913). Le linguiste suisse y opère une révolution de pensée : contrairement à l'idée commune que nous en avons, et à la thèse admise par la linguistique jusque-là, une langue n'est pas un ensemble d'éléments premiers — des sons et des mots — que nous combinons ensuite pour parler en faisant des phrases ; une langue est d'abord **un système de relations, de différences et d'oppositions**, et ce sont ces relations qui déterminent les éléments. Ainsi, la langue est un système de signes tel que la modification d'un élément entraîne celle de l'ensemble et que la valeur de chacun est fonction de celle de tous les autres. Chaque élément — un son ou un mot — tire son identité des relations qui l'opposent aux autres : « sa plus exacte caractéristique est d'être ce que les autres ne sont pas », écrit Saussure. Par exemple, considérons le son /b/ en français : il n'y a pas de son /b/ absolu, qui serait la façon de prononcer /b/ en français ; la seule chose qui définisse /b/ c'est que nous puissions continuer notre conversation parce que je comprends que vous me parler d'un « billard » et non d'un « pillard » ; autrement dit, ce qui définit /b/ c'est sa différence — et sa proximité — par rapport au son /p/, et par rapport aux 34 autres phonèmes de la langue française. Il en irait de même pour un mot, si l'on considère que le sens d'un mot est l'ensemble de toutes les phrases, dans lesquelles ce mot peut occuper une place de façon cohérente. Un élément — qu'il s'agisse d'un son ou d'un mot — se définit donc uniquement par ses relations aux autres éléments dans le système. L'ensemble formalisé, ou « modélisé », de toutes ces relations constitue la structure, et c'est en mettant au jour cette structure que le linguiste donne « sens » aux éléments du système. Le sens d'un élément c'est son réseau de relations dans le système, c'est **sa place** dans le système. En lui-même, il n'a pas de sens. Les éléments — sons et mots — n'ont aucun rapport, physique, naturel, avec ce qu'ils désignent : ils sont **arbitraires**, mais ils sont, aussi, précisément déterminés par leurs oppositions à tous les autres éléments : ils sont **différentiels**.

Anthropologie structurale

Cette méthode de recherche du sens des éléments par leur place dans la structure, Lévi-Strauss va l'appliquer — avec une grande fécondité — à l'ethnologie, en particulier à des données ethnologiques qui paraissaient incompréhensibles prises en elles-mêmes : certains interdits dans les systèmes de parenté, des « incohérences » dans des mythes amérindiens ou dans des pratiques alimentaires.

Dans sa thèse, *Les structures élémentaires de la parenté* (1949), l'auteur s'efforce de dégager des modèles fondamentaux d'organisation de la parenté pour expliquer des éléments jusque-là incompréhensibles. Par exemple, certaines sociétés autorisent le mariage entre cousins croisés (avec la fille du frère de la mère ou avec la fille de la sœur du père), mais l'interdisent entre cousins parallèles (avec la fille de la sœur de la mère ou avec la fille du frère du père). Plus inexplicable encore : certaines sociétés interdisent des mariages entre certains cousins croisés mais pas tous. Si — comme on le pensait jusque-là — l'interdiction était fondée sur un risque de consanguinité, ces distinctions seraient absurdes, puisque le degré de consanguinité est le même chez les croisés et les parallèles, et chez tous les croisés. D'une façon plus générale, on peut s'interroger sur **la prohibition de l'inceste**, c'est-à-dire l'interdiction du mariage avec certaines femmes, interdiction universelle — ce qui en fait une caractéristique naturelle de l'homme — et pourtant interdiction extrêmement variable dans son contenu — ce qui en fait un trait éminemment culturel. Il y a une multitude de systèmes de parenté dans le monde, selon que le mariage est interdit, toléré ou obligatoire avec certaines femmes. Or, les systèmes de parenté comportent des « incohérences » en interdisant, par exemple, le mariage avec des femmes sans aucune consanguinité et en tolérant — voire même en imposant — le mariage avec des femmes proches. Le structuralisme montre ici sa fécondité ([15] et [16]). En effet, Lévi-Strauss intègre ces éléments incompréhensibles dans des modèles qui font apparaître la cohérence des interdits dans une société donnée : l'interdiction d'épouser certaines femmes est en fait **une obligation d'échange** entre les différents segments de la société (les familles, les clans, les tribus…) : si un homme X ne peut épouser sa sœur, alors nécessairement, il y a, dans un autre groupe de la société, un homme Y qui deviendra son beau-frère en épousant cette femme, et il y a aussi quelque part un autre homme Z qui renonce à épouser sa propre sœur qui deviendra l'épouse de X, et Z sera alors beau-frère de X. X aura ainsi deux beaux-frères, qui, dans une organisation de pêche collective, par exemple, sont des partenaires indispensables. Ainsi, par exemple, si dans telle société, la cousine croisée maternelle est interdite, ce n'est pas parce qu'elle est disqualifiée individuellement, c'est parce qu'elle doit occuper une autre place dans le système de parenté pour créer des échanges : la délimitation de l'interdit, qui paraît incompréhensible en elle-même (pourquoi la cousine croisée maternelle ?), trouve son explication quand elle est située dans le système de toutes les relations de parenté. Si l'on met en relation la structure de l'habitat (patrilocal, matrilocal, néolocal…), de l'économie (pêche collective, agriculture par alternance, élevage avec ou sans transhumance…) et de la parenté, on s'aperçoit que la prohibition de l'inceste s'inscrit comme une obligation d'échange par le bien le plus précieux : les femmes, et leur fécondité, car les enfants à naître appartiendront aux deux segments sociaux alliés par le mariage.

Structures an-historiques, inconscientes, déterminantes

Lévi-Strauss procédera de même pour la compréhension des éléments des récits mythologiques : personnages, événements, lieux, situations, objets, qui apparaissent absurdes et incompréhensibles dans le mythe, prennent sens lorsqu'ils sont resitués dans la structure commune des mythes du type auquel ils se rattachent. Nous voyons ainsi se dégager la thèse centrale du structuralisme : aucun élément — un son, un mot, mais aussi bien une façon de cuire les aliments, une péripétie dans un mythe, le choix d'un conjoint, le dessin d'un tatouage… — n'a de sens en lui-même ; il n'a de sens que par rapport à tous les autres éléments du système, de façon circulaire et horizontale : il n'y a rien, à l'extérieur du système, qui puisse donner une signification ou un fondement à l'un des éléments du système. Ainsi, se dégage du structuralisme une négation du sujet, **un « anti-humanisme »**, selon le mot de G. Deleuze, dans *La philosophie du XXe siècle* (1973).

On peut, certes, considérer la démarche de Lévi-Strauss comme humaniste : l'ethnologue, qui s'efforce de donner sens à tous les comportements de « l'autre », en cherchant la cohérence du système de « l'autre », et non pas en projetant ses propres catégories, met en œuvre un humanisme pratique. Lévi-Strauss écrira, dans la revue *Demain* (n° 35, 1956) : « Après l'humanisme aristocratique de la Renaissance et l'humanisme bourgeois du XIXe siècle, l'ethnologie marque donc l'avènement d'un humanisme universel ». Dans l'expérience ethnographique, c'est grâce à l'autre totalement autre, le « primitif », que l'observateur se découvre lui-même comme homme. Mais, sur le plan théorique, le structuralisme nous apparaît anti-humaniste. D'une part, en effet, il n'y a **rien d'extérieur au système** qui donnerait sens aux éléments : par exemple, une Histoire que les hommes construiraient. Le structuralisme est **an-historique**, il n'étudie que des éléments synchrones. D'autre part, les structures sont **inconscientes** et radicalement distinctes des explications conscientes que donnent d'elles les individus à qui elles s'imposent. Ce sont, écrit Lévi-Strauss, « des objets indépendants de la conscience qu'en prennent les hommes dont elles règlent l'existence ». Pour le structuralisme, il n'y a, donc, pas d'auteur, pas de sujet, il n'y a que des objets, qui occupent des places dans une structure. Lacan dira même que dans le langage, il n'y a pas de locuteur ni d'interlocuteur : « je » ne parle pas, « ça » parle en moi, le langage parle par moi. « Nous ne prétendons pas montrer comment les hommes pensent dans les mythes, mais comment les mythes pensent dans les hommes et à leur insu », écrit Lévi-Strauss, dans *Le cru et le cuit* (1964). Ainsi, quand les hommes parlent, élaborent des mythes sur la vie, l'amour, la mort, quand ils produisent des biens, se marient, parent leur corps, se donnent des règles..., ils ne font qu'utiliser un code qui est « déjà là » avant eux, et qui les détermine, à l'avance. Penser qu'être un homme c'est comprendre le sens de ce que nous connaissons et agir en donnant un sens à ce que nous faisons, est une illusion.

6. VERS UN NOUVEL HUMANISME ?

Les théories de « la mort de l'homme »

Ainsi, à l'issue de ce XXe siècle, nous voyons s'effriter ce sujet que nous pensions être : la conscience, la liberté, la responsabilité, ne seraient-elles que des leurres, des illusions psychologiques ? Sommes-nous les jouets inconscients et impuissants de la lutte des classes, de la volonté de puissance, de l'inconscient, de l'oubli de l'Être, des structures ? C'est ce qu'affirmèrent en France, les penseurs des « années 68 » [17], comme L. Althusser (reprenant Marx), M. Foucault (reprenant Nietzsche), J. Lacan (reprenant Freud), J. Derrida (reprenant Heidegger). « L'homme s'effacerait, comme à la limite de la mer, un visage de sable », ainsi s'achève le fameux ouvrage *Les mots et les choses* (1966) de M. Foucault. La même année, il publie un article : « L'homme est-il mort ? » dans *Arts* (juin 1966), en faisant écho à L. Althusser, qui avait écrit, dans *Pour Marx* (1965) : « Nous avons réduit en cendres le mythe philosophique théorique de l'homme ».

De fait, nous pouvons nous demander si le XXe siècle n'a pas été le siècle de la mort de l'homme : qu'est-ce que l'homme après deux guerres mondiales ? après Auschwitz ? après le Goulag ? après les millions d'hommes qui meurent de faim aujourd'hui dans le monde ? ... Un sentiment de perte irrémédiable du sens et de dégradation inéluctable de l'humanité traversait déjà les « pensées du déclin ». Gobineau, dans *L'essai sur l'inégalité des races humaines* (1853), Spengler, dans *Le déclin de l'Occident* (1918-1922), Freud, dans *Malaise dans la civilisation* (1929), Husserl, dans *La crise des sciences européennes et la phénoménologie transcendantale* (1935), annoncent l'inévitable dégradation et l'anéantissement de l'Occident. Les deux derniers envisagent un salut possible dans un sursaut de rationalité, mais la décennie qui a suivi leurs ouvrages a apporté une réponse effroyable.

Devons nous conclure que l'homme n'est rien ? Que la question « Qu'est-ce que l'homme ? » n'a pas de sens ? Si tel est le cas, nous devons en conclure que **l'humanisme est aujourd'hui impossible**. Qu'en est-il alors de la morale ? Si « l'homme est mort », la liberté, la responsabilité, la conscience, l'autonomie de la volonté — qui fondaient la morale et la définissaient — ne sont que des leurres et des prétextes. Il faut en conclure que **nous ne pouvons plus fonder l'éthique**. Après le « désenchantement du monde », au XVIIe siècle, il ne restait que l'homme. Après « la mort de l'homme », au XXe siècle, que reste-t-il ? Sommes-nous condamnés à la relativité et à l'arbitraire des valeurs ? aux conflits inconscients et insolubles, autrement que dans la violence, des luttes de classes, des volontés de puissance, des pulsions inconscientes ? Sommes-nous condamnés à la perte de tout repère et de tout sens ?

L'homme n'est-il rien ?

L'homme n'est rien.

En 1946, lorsque Sartre prononce sa conférence : *L'existentialisme est un humanisme* [18], c'est ce qu'il soutient, dans un passage devenu célèbre. Les objets fabriqués ont une essence avant d'exister : ils sont conçus, selon leur utilité prévue et leur mode de fabrication, par l'artisan ou l'industriel qui les produira. Et l'homme ? Si Dieu existe — et, là, les chrétiens sont cohérents, selon Sartre — l'homme, lui aussi, a une nature qui précède son existence : Dieu pense l'homme et lui donne l'existence pour une fin bien déterminée. Mais si Dieu n'existe pas ? Rien, alors, ne pense, ni ne conçoit, ni ne détermine l'homme à l'avance : il n'y a pas de nature humaine. L'athéisme essentialiste des philosophes du XVIIIe siècle qui postulent une telle nature est « incohérent », dit Sartre : « l'homme tel que le conçoit l'existentialisme, s'il n'est pas définissable, c'est qu'il n'est d'abord rien [...] ainsi, **il n'y a pas de nature humaine** » [18].

Existentialisme et condition humaine

Et, pourtant, Sartre se veut humaniste. Contre l'inhumain, il proclame la possibilité de l'humanisme, la valeur éminente de l'homme, sa subjectivité, c'est-à-dire le fait d'être sujet de sa vie et auteur de ses actes (cf. TEXTE n° 8). Toutes les pièces de théâtre de Sartre traitent d'un problème de responsabilité. « La première démarche de l'existentialisme est de mettre tout homme en possession de ce qu'il est et de faire reposer sur lui la responsabilité totale de son existence... Si Dieu n'existe pas, nous ne trouverons pas en face de nous des valeurs ou des ordres qui légitimeront notre conduite. Ainsi, nous n'avons ni derrière nous, ni devant nous, dans le domaine lumineux des valeurs, des justifications ou des excuses. Nous sommes **seuls, sans excuses**. C'est ce que j'exprimerai en disant que l'homme est condamné à être libre. Condamné, parce qu'il ne s'est pas créé lui-même, et par ailleurs, cependant, libre, parce qu'une fois jeté dans le monde, il est responsable de tout ce qu'il fait »[59]. Ainsi l'absence de détermination est-elle, pour Sartre, la liberté même de l'homme, mais une liberté qui ne se conçoit que comme responsabilité : « Quand nous disons que l'homme est responsable de lui-même, nous ne voulons pas dire que l'homme est responsable de sa stricte individualité, mais qu'il est responsable de tous les hommes... Quand nous disons que l'homme se choisit, nous entendons que chacun d'entre nous se choisit, mais par là, nous voulons dire aussi qu'**en se choisissant il choisit tous les hommes**. En effet, il n'est pas un de nos actes qui, en créant l'homme que nous voulons être, ne crée en même temps une image de l'homme tel que nous estimons qu'il doit être. Choisir d'être ceci ou cela, c'est affirmer en même temps la valeur de ce que nous choisissons... Ainsi je suis responsable pour moi-même et pour tous, et je crée une certaine image de l'homme que je choisis ; en me choisissant, je choisis l'homme... en vérité, on doit toujours se demander : qu'arriverait-il si tout le monde en faisait autant ? »[60]. S'il n'y a donc pas de nature humaine, il y a pourtant bien quelque chose de commun à tous les hommes : il y a une **« condition humaine »**. « Il existe une universalité humaine de condition... Les situations historiques varient... ce qui ne varie pas, c'est la nécessité pour l'homme d'être dans le monde, d'y être au travail, d'y être au milieu des autres et d'y être mortel... En conséquence, tout projet, quelque individuel qu'il soit, a une **valeur universelle**[61], est compréhensible pour tout homme »[62].

La question de l'homme reprendrait-elle sens ?

Les philosophes du « soupçon », Marx, Nietzsche, Freud et les structuralistes, ont effectivement ébranlé la confiance de l'homme en lui-même. Nous savons maintenant que l'immédiateté cartésienne à soi-même est impossible, qu'il n'y a pas de transparence de soi à soi, ni dans la conscience, ni dans la volonté ; nous savons que toute volonté — même kantienne — est soumise à des déterminismes qui nous dépassent et nous échappent, dans notre vie personnelle singulière comme dans notre vie collective ; nous savons que les phénomènes sociaux ne sont pas la simple somme de nos choix et de nos décisions : la société est comme un ordre spontané qu'aucune volonté ni conscience n'a voulu ni conçu, elle est le résultat de nos actions mais pas de nos desseins. Les travaux contemporains en philosophie cognitive, qui étudient les mécanismes de la conscience, de la mémoire, de la perception, confirment cette obscurité à elles-mêmes, et de la conscience et de la décision. On découvre actuellement, dans les travaux sur l'intelligence artificielle ou sur la théorie des jeux (mathématisation des choix, stratégies, tactiques de plusieurs partenaires en situation de décisions dont le résultat les concerne) que la rationalité a des limites et des dangers. Les acteurs privés, économiques et sociaux que nous sommes produisent des équilibres de choix rationnel qui ne sont pas rationnels.

Nous ne pouvons donc plus partager la confiance en l'homme et en sa raison qui animait nos prédécesseurs du XVIIIe siècle et qui fondait les valeurs morales. Et, pourtant, ce texte de Sartre nous « parle », il n'est pas absurde de parler de « l'homme », en un singulier d'universalisation, il n'est pas absurde de parler de « Droits de l'Homme » et de se battre en leur nom. Mais de quel homme s'agit-il ?

L'homme, être de manque

Finalement, quel est cet homme qui a été mis en question par les « philosophies du soupçon » ? N'est-ce pas un homme construit de toutes pièces par la pensée du XVIIIe siècle, un sujet indépendant, autonome, isolé, séparé, se suffisant à lui-même, ne devant rien à personne, un homme conçu comme un atome, souverain, rationnel, détaché de toute influence, doté de droits qui sont des pouvoirs et des libertés ? Un tel homme a-t-il jamais existé ? Est-ce cela l'homme ? Les sciences humaines, et en particulier aujourd'hui la psychologie, la sociologie et l'économie, nous révèlent que l'homme est un être mimétique, c'est-à-dire qui imite, et **spéculaire**, qui se voit tel qu'il pense que les autres le voient. Mimétisme et spécularité qui jouent à des niveaux complexes : je veux que l'autre me voit de telle façon, il le sait, et je sais qu'il le sait, et il sait que je le sais ! et je sais qu'il sait que je le sais !... Ces jeux de miroirs et d'imitation constituent des « boucles » complexes, dans lesquelles nous sommes à l'infini acteurs et spectateurs, dans une **rivalité mimétique** incessante les uns à l'égard des autres. Étrange rivalité mimétique qui signifie à la fois **opposition, violence** et désir de **supériorité** dans la rivalité, et, en même temps, **fascination, fusion** et désir **d'égalité** dans l'imitation[63]. Même celui que l'on a cru longtemps sans passion, « l'individu libéral » de l'économie politique, ne recherchant que son intérêt, sans haine, ni passion, dans une économie ramenée aux impersonnelles lois d'équilibre du marché, même celui-là est un être mimétique, comme le montre bien J.-P. Dupuy [19]. Pourquoi veut-il posséder toujours plus, bien au-delà de son utilité ? Il veut, par sa richesse, capter le regard des autres : ce ne sont pas les biens qu'il veut, dans une recherche égoïste, indifférente aux autres ; ce sont les regards des autres. L'homme par cette rivalité mimétique, qui le constitue, est donc fondamentalement un être en relation à autre chose que lui-même, un être de manque. Ne faut-il pas penser l'homme d'une nouvelle façon, comme fondamentalement être de manque, être de relation ?

Est-ce que sur un tel homme nous pourrons de nouveau fonder et définir la morale ?

Notre hypothèse, au terme de ce long parcours philosophique, c'est que les années que nous vivons sont marquées, à la fois par :

– **une redécouverte de l'homme, un sentiment de l'urgence de le définir, d'affirmer sa valeur et sa dignité**, une urgence dramatique de la question de l'homme, et, en même temps, dès que la réponse à cette question est envisagée, l'idée que le simple retour à l'exaltation humaniste et rationaliste du XVIIIe siècle, est impossible et dangereux ;

– **l'homme qui se dessine est un être de finitude, qui pense et pose des limites et dont l'humanité se fonde sur l'altérité, c'est-à-dire la relation à ce qui est autre que lui**[64].

1. Le mot grec *cosmos* est à l'origine de *cosmétique*, en français, c'est-à-dire ce qui restaure ou accentue la beauté et l'harmonie du visage ou du corps. Le cosmos dans lequel vit le Grec est un monde organisé, hiérarchisé, harmonieux.
2. ÉPICTÈTE, *Manuel*, IX.
3. ÉPICTÈTE, *Manuel*, I.
4. ÉPICTÈTE, *Manuel*, VIII.
5. MARC-AURÈLE, *Pensées pour moi-même*, II, 9.
6. Se référer, par exemple, à ÉPICURE, *Lettre à Ménécée*, sur la distinction des désirs naturels et non naturels.
7. « La vertu est une disposition à agir d'une façon délibérée, consistant en une médiété relative à nous, laquelle est rationnellement déterminée et comme la déterminerait l'homme prudent. C'est une médiété entre deux vices, l'un par excès, l'autre part défaut » (ARISTOTE, *Ethique à Nicomaque*, II, 6).
8. « Le mal moindre comparé au mal plus grand fait figure de bien, puisque le mal moindre est préférable au mal plus grand ; or ce qui est préférable est un bien, et ce qui est préféré davantage, un plus grand bien » (ARISTOTE, *Ethique à Nicomaque*, V, 7).
9. Aristote est fils et petit-fils de médecins.
10. On peut se reporter, par exemple, au *Gorgias* de Platon. Le débat qui oppose Socrate aux sophistes, Gorgias, Polos et Calliclès, sur la question de la justice, est centré sur le problème de l'homme vertueux injustement condamné opposé à l'homme injuste comblé de biens et d'honneurs. Qui vaut-il mieux être, et pourquoi ?
11. Le mot *prosopon* désigne le visage, le masque de théâtre, le rôle, le caractère.
12. MOUNIER E., *Le personnalisme*, Paris, PUF, 1949 ; rééd. Paris, PUF, coll. « Que sais-je ? », 1969, 136 p.
13. Le Concile de Nicée (325) contre l'arianisme, qui voit dans le Christ une créature parfaite, ressemblant à Dieu sans être Dieu, affirme que le Christ est Dieu, de même nature que le Père, mais distinct du Père.
    Le concile de Constantinople (381) affirme que le Saint-Esprit est de même nature que le Père et le Fils, mais qu'il est une troisième personne distincte. Il y a bien monothéisme (un seul Dieu), mais aussi Trinité (trois êtres distincts).
    Le concile de Chalcédoine (451) affirme que le Christ est bien une seule personne qui a deux natures : une nature humaine et une nature divine, chacune pleinement assumée.
    Enfin, le concile de Constantinople II (553) définit « nature », « substance », « essence », « personne » et réaffirme que le Christ est bien Dieu, et non un homme parfait ; et, pourtant, il est aussi homme, il a assumé totalement notre condition humaine.
14. Il faudra attendre *Les Essais* de Montaigne, commencés en 1571, puis *Le Discours de la Méthode* de Descartes en 1637, et surtout *Les Méditations*, en 1641, pour retrouver cette écriture philosophique en première personne. Ce point mérite réflexion.
15. Cf., par exemple, cette définition du temps dans le *Timée* de Platon : le temps est « une certaine imitation mobile de l'éternité, ..., le temps qui imite l'éternité et se déroule en cercle suivant le nombre » (*Timée*, 37d-38a).
16. COMITÉ CONSULTATIF NATIONAL D'ÉTHIQUE, Avis n° 1 sur les prélèvements de tissus d'embryons et de fœtus humains morts, à des fins thérapeutiques, diagnostiques et scientifiques. Rapport. 22 mai 1984. Avis n° 8 relatif aux recherches et utilisation des embryons humains in vitro à des fins médicales et scientifiques. Rapport. 15 décembre 1986. Avis n° 24 sur les réductions embryonnaires et fœtales. 24 juin 1991. Cf. *in :* CCNE [92], p. 9-17, p. 113-161, p. 289-296. Cf. CCNE, préf. de Bernard J., *Avis de recheches sur l'embryon*, Arles, Actes Sud-INSERM, 1987.
17. COMITÉ CONSULTATIF NATIONAL D'ÉTHIQUE, Avis sur les expérimentations sur des malades en état végétatif chronique. Rapport. 24 février 1986. Cf. *in :* CCNE [92], p. 103-112. Cf. la réponse du Dr Milhaud dans *Le Quotidien du médecin* du 14 mars 1986. Le Dr Milhaud écrira par la suite un livre : MILHAUD A., *Testaments de vie*, Barrault, 1988, 220 p.
18. Cf. BOUCAND M.H., LEGALL J.R., *et alii*, *États végétatifs chroniques. Répercussions humaines, aspects médicaux, juridiques et éthiques*, Rennes, ENSP, 1991, 170 p. Cf. Revue LAENNEC, *Les États végétatifs chroniques*, 44, n° 2, déc. 1995, 1-17.
19. Du grec /*phèm*/ (parler), le mot pro-phète signifie précisément : celui qui parle à l'avance, celui qui parle à la place de.
20. Pour le catholicisme, se reporter, par exemple, à la récente encyclique du Pape Jean-Paul II, *Splendor Veritatis*, du 6 août 1993 (texte fr. *La splendeur de la vérité*, Paris, Mame-Plon, 1993, 215 p.) sur les fondements de la morale chrétienne : le texte est un commentaire des paroles du Christ, dans les Évangiles. De même la dernière encyclique, *Evangelium vitae*, du 30 mars 1995 (texte fr. *Évangile de la vie. Encyclique sur la valeur et l'inviolabilité de la vie humaine*, Desclées de Brouwer, 128 p.) est-elle également un commentaire des paroles de l'Ancien et du Nouveau Testament : chaque chapitre est entièrement construit à partir d'une citation principale et d'un jeu de citations qui lui sont rapportées.
21. PIE XII, « Problèmes religieux et moraux de la réanimation », *in :* [109], p. 365-371.
22. Cf. Conseil Permanent de la Conférence des évêques de France, *Respecter l'homme proche de sa mort*, Documentation catholique, 88, n° 2036, oct. 1991, p. 904-908.
23. PIE XII, « Problèmes religieux et moraux de l'analgésie », *in :* [109], p. 347-364.
24. PIE XII, « Discorsi e Radiomessagi », 8 janvier 1956, DC 1956, n° 1217, col. 87.
25. Les progrès considérables dans la connaissance de la douleur et des analgésiques, et l'élimination de certains effets secondaires néfastes de ces derniers, rendent caduques certaines des questions posées en 1957, et elles rendent d'autant plus incompréhensibles — et moralement inadmissibles — les limitations dans l'usage des analgésiques de la part des médecins français. Il y a là, dans le déni de la douleur des patients, un réel et dramatique problème éthique. Cf., par exemple, [138].
26. Nous condensons deux titres. SALAMAGNE M. et HIRSCH E., *Accompagner jusqu'au bout de la vie* [81] et VERSPIEREN P, *Face à celui qui meurt* [89].

27. Cf., par exemple, GOMAS J.-M., dir., « Soins palliatifs à domicile, Dossiers du praticien ». *In : Impact Médecin Hebdo*, n° 252, 14 octobre 1994, encart sans pagination.
28. SEBAG-LANOË R., *Mourir accompagné*, Paris, Desclée de Brouwer, 1986, 235 p. SAUNDERS C. et BAINES M., *Living with dying*, trad. Salamagne M., *La vie aidant la mort*, Medsi, 1986, Arnette, 1995, 80 p.
29. De *hélios*, en grec (le soleil), l'héliocentrisme est une théorie astronomique, proposée par Copernic (1473-1543), qui situe le soleil immobile au centre de l'univers, par opposition au géocentrisme — de *gè*, la Terre — qui situe la Terre immobile au centre du monde ; ce qui fut la conception de l'Antiquité et du Moyen Âge, dite « de Ptolémée », astronome grec (100-170).
30. KOYRE A., *From the closed World to the infinte Universe*, Baltimore, J. Hopkins, 1957 ; trad. Tarr R., *Du monde clos à l'univers infini*, Paris, Gallimard, 1973, 350 p.
31. Cf., par exemple : FRAENKEL B., *La signature. Genèse d'un acte*, Paris, Gallimard, 1992, 319 p.
32. Selon le titre du livre de GAUCHET M., *Le désenchantement du monde*, Paris, Gallimard, 1985, 306 p., reprenant l'expression du grand sociologue allemand M. Weber (1864-1920).
33. Cf. ALQUIE F., *La découverte métaphysique de l'homme chez Descartes*, Paris, PUF, 1950, rééd. 1966, 384 p.
34. GALILÉE, *Il Saggiatore* (1623), trad. Chauviré C., *L'Essayeur de Galilée*, Paris, Belles-Lettres, 1980, p. 141.
35. Les éditions Actes Sud-INSERM ont créé, en 1987, une collection intitulée précisément « La fabrique du corps humain », dont le premier titre publié est la Préface de la *Fabrica humani corporis* de Vésale, en édition bilingue. VESALE A., *La fabrique du corps humain*, Arles, Actes Sud, 1987, 62 p.
36. FAGOT-LARGEAULT A., *Les causes de la mort. Histoire naturelle et facteurs de risque*, Paris, Vrin, 1989, 448 p.
37. Ce désarroi devant un corps, qui semble « animé » par les techniques de réanimation, est renforcé par la réaction psychologique très forte de dénégation que suscite la brutalité de l'accident et la perte de l'être aimé.
38. ANDRONIKOF. M., *Éthique chrétienne et transplantation d'organes*, Thèse de médecine, Univ. de Clermont-Fd I, 1992. ANDRONIKOV M., *Transplantation d'organes et éthique chrétienne. L'éthique, la mort et le corps dans une perspective orthodoxe*, Suresnes, L'Ancre, 1993, 120 p.
39. Deux remarques très rapides ici : le dualisme âme/corps, assorti d'une prééminence de l'esprit sur le corps, est déjà présent dans la philosophie grecque, par exemple celle de Platon, et dans la tradition chrétienne occidentale, marquée par le platonisme précisément ; mais il atteint sans doute une intensité plus grande dans la conjonction historique de la naissance de l'**anatomie** (qui est celle d'un cadavre inerte et insensible) comme mode de connaissance de l'homme, et de la naissance de la **physique mécanique** de Galilée et Descartes, qui conduit aux théories du corps-machine. Dans les deux domaines, le paradigme de la pensée est la géométrie euclidienne, déjà si présente dans l'anatomie des artistes, peintres et sculpteurs, de la Renaissance. Le fameux croquis, *L'homme de Vitruve* de 1490, de Léonard de Vinci, d'un homme aux membres démultipliés inscrit dans un cercle et un carré, le montre bien.
    D'autre part, il conviendrait de nuancer le dualisme cartésien : si le dualisme est très présent dans certaines œuvres, le dépassement de ce dualisme sera la préoccupation constante de Descartes. *Les Méditations* et *Les Principes de la philosophie* ne cesseront de se heurter à cette mystérieuse « union de l'âme et du corps » que nous ne pouvons penser mais que « nous vivons et sentons ». Et la dernière œuvre de Descartes, *Le Traité des Passions de l'Âme*, construira une théorie originale de la passion et de l'émotion sur l'union de l'âme et du corps. Descartes cherchera même à localiser l'organe de cette union, dans le cerveau, dans ce qu'il appellera la glande « pinéale » — c'est-à-dire en forme de pomme de pin — (l'hypophyse) et à en isoler les mécanismes par des hypothèses ingénieuses sur le système nerveux. Mais qu'il s'agisse des textes dualistes ou non, le cerveau, pour Descartes, est l'organe principal, siège de la pensée et cause de la jonction des parties du corps en un tout.
40. CHANGEUX J.-P., *L'Homme neuronal*, Paris, Fayard, 1983, 380 p. et [95].
41. VINCENT J.D., *Biologie des passions*, Paris, Odile Jacob, 1986, 406 p.
42. SPINOZA B., *L'Éthique démontrée suivant l'ordre géométrique et divisée en cinq parties*, achevée en 1675, publication posthume en 1677, Amsterdam, sans nom d'auteur ni d'éditeur ; trad. Appuhn C., *in :* SPINOZA B, *Œuvres*, tome III, Paris, Garnier-Flammarion, 1965, 380 p.
43. « Dieu ou la Nature » dit Spinoza, *Deus sive Natura*. Cette expression signifie « Dieu, c'est-à-dire la Nature », seule et unique substance du réel, dont l'étendue et la pensée ne sont que des attributs.
44. « … nous n'appétons ni ne désirons aucune chose, parce que nous la jugeons bonne ; mais, au contraire, nous jugeons qu'une chose est bonne parce que nous nous efforçons vers elle, la voulons, appétons et désirons " (*op. cit.*, III, 9, Scolie).
45. *Op. cit.*, Appendice, et III, 2, scolie et V, 2, scolie.
46. Publiée 20 ans après sa découverte, dans *Les Principia Mathematica* de Newton en 1687, la loi de l'attraction universelle unifie le ciel et la Terre, la physique et l'astronomie, en rendant compte aussi bien de la chute des corps et de leurs trajectoires à la surface de la Terre, que du mouvement des planètes ou de l'amplitude des marées… Elle suscite logiquement une grande interrogation philosophique et épistémologique sur le pouvoir de connaître.
47. La maxime est le contenu particulier du jugement moral, par exemple : « Je dois tenir ma promesse », « Je dois honorer ma dette », « Je ne dois pas me suicider »…
48. Nous avons une idée intuitive de cet impératif catégorique formel lorsque nous disons à un enfant, que nous voulons conduire à une prise de conscience morale, au-delà du reproche sur tel ou tel comportement précis : « Que se passerait-il si tout le monde faisait comme toi ? ». Mais attention, cette formule n'est pas l'équivalent de l'impératif kantien ; elle est conséquentialiste, ce que n'est pas la morale kantienne. Selon Kant, je dois pouvoir *vouloir* que ma maxime *devienne* une loi universelle. Je n'ai pas à éliminer une maxime parce que son application par tous aurait des conséquences catastrophiques.
49. [132]. Cf. Introduction, p. 9-18.

50. KANTOROWICZ E., *The King's two Bodies. A Study in Mediaeval Political Theology*, Princeton Un. Pr, 1957, trad. Genet J.-P. et N., *Les deux corps du roi. Essai sur la théologie politique au Moyen Âge*, Paris, Gallimard, 1989, 638 p.
51. Cf., par exemple, THOUVENIN D., « Le consentement des patients dans le droit français », *in : Journées d'éthique médicale Maurice Rapin. Consentement éclairé et recherche clinique*, Paris, Flammarion, 1994, p. 11-16 ; et THOUVENIN D., « La référence au contrat de soin dans les expérimentations sur l'homme », *in : Éthique médicale et Droits de l'homme*, Collectif, Arles, Actes Sud-INSERM, 1988, p. 123-146.
52. THOUVENIN D., premier texte cité *supra*, p. 14.
53. Un Français peut donner son corps à la science ; ici, la finalité n'est pas thérapeutique, mais scientifique et le consentement n'est pas présumé.
54. HEGEL G.W., *Die Vernunft in der Geschichte*, pub. posthume à partir des cours de 1822 à 1831, par Hoffmeister J., Hamburg, F. Meiner, 5e éd., 1955 ; trad. Papaioannou K., *La Raison dans l'Histoire*, Paris, Plon, 1965, 312 p.
55. MARX K., *Zur Kritik der politischen Oekonomie*, Berlin, Duncker, 1859 ; trad. Rubel M., Evrard L., *Critique de l'économie politique*, Paris, Gallimard, coll. « Pléiade », 1965, p. 271-452.
56. *Ibidem*, p. 273.
57. Pour une première approche de Freud, on peut lire FREUD, *Psychanalyse, Textes choisis par Dreyfus D.*, Paris, PUF, 1963, rééd. 1969, 188 p. Signalons que les PUF entreprennent une édition des *Œuvres complètes* de FREUD [13].
58. Comme par exemple, chez Sartre, dans une conception de la liberté comme néant de déterminations.
59. Cf. [18], p. 36-37.
60. Cf. [18], p. 25-29.
61. Souligné par nous.
62. Cf. [18], p. 67-69
63. C'est R. Girard qui introduira en anthropologie et psychologie, à partir de premiers travaux sur la littérature (1961), la théorie du « désir mimétique » : l'homme est fondamentalement un être de désir, mais qui a besoin d'éprouver la menace d'un autre. Le désir est toujours désir de ce que désire aussi un autre. D'où la rivalité, mais aussi le mimétisme à l'égard de l'autre, pour s'emparer de ce qu'il veut. Les œuvres fondamentales, qui mettent à jour la structure mimétique de la « victime émissaire » en jeu dans la violence sociale, et le renversement incompris de cette structure dans les textes bibliques, sont GIRARD R., *La violence et le sacré*, Paris, Grasset, 1972, rééd. 1987, 454 p. et GIRARD R., *Des choses cachées depuis la fondation du monde*, Paris, Grasset, 1978, rééd. Livre de Poche, 1989, 638 p.
64. Sur l'altérité, voir, en particulier, E. Lévinas, en II D 2.

II – FONDEMENT DE L'ÉTHIQUE AUJOURD'HUI

C'est dans ce contexte, qu'il nous faut donc repenser l'éthique. Nous retrouvons dans le débat contemporain les deux grandes orientations déjà vues : l'hétéronomie et l'autonomie, le téléologique et le déontologique, mais sous des formes nouvelles. S'il faut penser l'homme comme un être de manque, l'hétéronomie s'impose avec évidence. Mais nous verrons ensuite que l'autonomie elle-même s'inscrit dans cette nouvelle vision de l'homme : la « théorie de la justice » ne définit pas la justice pour un individu, mais pour une société d'hommes qui veulent vivre tous ensemble, et « l'éthique de la communication » suppose, bien sûr, la pluralité et l'intersubjectivité. Quant au principe d'autonomie, qui est au centre de la philosophie de H.T. Engelhardt, il est repensé pour être conciliable avec le pluralisme de fait de nos sociétés réelles.

– **nouvelle hétéronomie** :
a) l'éco-éthique (téléologie transcendante naturelle ou biologique)
b) l'utilitarisme (téléologie du vivant social)
c) le contextualisme (téléologie immanente à l'histoire des cultures et des sociétés)

– **nouvelle autonomie** :
a) L'autonomie « pluraliste » (déontologie contractuelle)
b) la théorie procédurale de la justice (déontologie procédurale)
c) l'éthique de la communication (déontologie du langage)

A. LES ÉTHIQUES DE L'HÉTÉRONOMIE

1. ÉCO-ÉTHIQUE OU BIO-ÉTHIQUE : HANS JONAS

La nature retrouvée

L'écologie refuse la vision cartésienne d'un homme « maître et possesseur de la nature » et entend restaurer entre l'homme et la nature une relation mutuelle, qui a été brisée par des décennies d'exploitation, au risque de détruire et la nature et l'homme. Le débat est ouvert aujourd'hui de savoir si l'écologie est humaniste ou antihumaniste. C'est le problème que pose L. Ferry dans *Le nouvel ordre écologique*[1] en analysant la présence de deux courants écologiques distincts dans le monde : l'un est anthropocentrique et considère la nature comme l'environnement de l'homme, dont la sauvegarde est nécessaire pour sauver l'homme lui-même ; il est humaniste. L'autre, en revanche, est biocentrique, et considère l'homme comme un vivant parmi les autres vivants — et, indéniablement, l'un des plus destructeurs — dans une nature à sauver pour elle-même ; une telle tendance est antihumaniste et peut plaider pour la protection de certaines espèces animales ou végétales, ou même de certains espaces comme les parcs naturels, contre les hommes. Malgré la présence de cette deuxième tendance, il nous semble que la naissance du mouvement écologique au XXe siècle s'inscrit dans un souci de l'homme : les hommes s'aperçoivent que leur vie est fragile et menacée, et que la Terre est finie. Ses ressources ne sont pas infinies. Les hommes du XVIIe siècle s'étaient découverts seuls dans un univers infini, ouvert à leur pouvoir ; les hommes du XXe siècle se découvrent innombrables dans un espace vital fini, dégradé par leur pouvoir.

Écologie et extériorité : l'être fonde le devoir-être

Il y a une deuxième dimension de l'écologie : les hommes du XVIIe siècle, voyant dans la nature un pur système mécanique, sans finalité ni sens, avaient résolu de chercher en eux-mêmes des lois et des normes d'action : la nature est, dès lors, un ensemble de faits, qui ne peuvent en aucun cas nous donner la moindre indication pour savoir comment vivre : « ce qui est » ne peut pas nous indiquer « ce qui doit être » ; il appartient à l'homme seul de poser des valeurs, de déterminer ce qui est bien et ce qui est mal. Or nous avons vu comment cette confiance en l'homme a été ébranlée depuis le XIXe siècle, et nous pouvons effectivement, à la vision de l'Histoire des XIXe et XXe siècles, légitimement nous demander si l'homme peut, sans aucun référent extérieur, poser les valeurs de bien et de mal. L'écologie restaure cette **extériorité perdue** : la nature est indicatrice de valeurs pour l'homme. C'est cette position philosophique que défend, aujourd'hui, en Allemagne, le philosophe Hans Jonas, dont le livre est devenu un véritable best-seller de la réflexion écologique et morale.

Dans *Le Principe Responsabilité* [20], dont le sous-titre est indicatif, *Une éthique pour la civilisation technologique*, Hans Jonas expose une éthique fondée sur le principe de responsabilité à l'égard du plus fragile et du plus menacé, c'est-à-dire une éthique de l'**hétéronomie**, du **futur**, de la **non-simultanéité** et de la **non-réciprocité** (cf. TEXTE n° 9).

Transformation de l'agir humain en fin de XXe siècle

H. Jonas part d'une analyse de la transformation de l'essence de l'agir humain au XXe siècle pour montrer qu'une nouvelle éthique est nécessaire en raison de la **menace** sur la totalité de l'espace et du temps. En effet, la transformation des actions des hommes en actions technologiques au XXe siècle n'est pas un changement de degré par rapport à celle des siècles précédents, mais un changement de nature. Désormais, l'espace — c'est-à-dire la biosphère — et le temps — par les effets irréversibles de nos technologies — sont eux-mêmes menacés. Pour les décisions à prendre nous ne pouvons plus nous en remettre aux éthiques traditionnelles de la simultanéité et de la réciprocité, construites sur l'égalité de droits et de devoirs entre sujets libres et égaux, vivant au même moment dans un espace délimité. Il s'agit de penser une éthique de la non-simultanéité et de la non-réciprocité. Qu'est-ce qui peut la fonder ?

Le nouvel impératif catégorique

H. Jonas se fonde sur la biologie pour soutenir que l'être — ce qui est — fonde le devoir-être — ce qui doit-être. En effet, **la vie** est un système de résistance à la mort. La vie comporterait donc, en elle-même, comme une pré-morale, en quelque sorte, en ce sens que la vie s'évalue elle-même comme bonne. Reprenant la question de Leibniz : « Pourquoi y a-t-il quelque chose plutôt que rien ? », H. Jonas pose la question : « Pourquoi y a-t-il quelque chose qui vaut plutôt que rien ? ». Et ce qui vaut plutôt que rien **la nature nous l'indique : c'est la vie**. Or, que découvrons nous aujourd'hui ? C'est qu'il n'est pas évident que l'humanité survive. Dès lors, l'éthique ne peut que prendre la forme d'un impératif catégorique qui s'impose à nous : « Agis de telle sorte qu'une humanité soit », que H. Jonas développera jusqu'à sa formulation ultime, logiquement nécessaire : « Agis de telle sorte que les effets de ton action soient compatibles avec la permanence d'une vie authentiquement humaine sur Terre le plus longtemps possible ».

Parier sur l'improbable comme possible : « l'heuristique de la peur »

Cet impératif — naissant de la menace spatio-temporelle universelle que nous faisons peser sur la nature — implique l'obligation éthique de l'évaluation non seulement des dangers probables, mais même des dangers possibles. Autrement dit, non seulement il est immoral de ne pas prendre en compte les conséquences dangereuses probables de nos actes, mais il est de notre devoir d'anticiper les dangers possibles. Jonas propose ce qu'il appelle une « **heuristique de la peur** », qui doit nous faire considérer la possibilité des dangers improbables. Il y a ici comme un pari pascalien : il faut parier sur l'improbable comme possible, et éviter tout ce qui peut y conduire.

Le Principe Responsabilité

Le principe de cette éthique est donc la responsabilité, non pas au sens classique et juridique de l'imputation causale des actes commis dans le passé, mais au sens d'une mission, sans réciprocité assignable, à l'égard du plus fragile et du plus menacé, dans le futur. Il s'agit d'une responsabilité *pour ce qui est à faire*, à l'égard du plus fragile, par exemple les générations futures. Les deux formes paradigmatiques en sont la responsabilité des parents à l'égard de leurs enfants et celle de l'homme politique à l'égard de ses concitoyens.

L'homme est cet être que la préservation du plus fragile et du plus menacé appelle à la responsabilité.

EXEMPLES MÉDICAUX

21. *Moratoire sur les manipulations génétiques et thérapies géniques*

La philosophie de H. Jonas est la toile de fond des questions relatives aux interventions sur le patrimoine génétique des espèces vivantes en relation avec l'homme et sur celui de l'être humain : génie génétique, thérapie génique somatique, thérapie génique germinale, manipulation du génome humain.

Elle fonde, par exemple, l'idée de moratoire de la recherche. Le débat sur les manipulations génétiques est marqué par l'année 1974. En effet, cette année-là, en juillet précisément, 11 grands spécialistes nord-américains de génétique moléculaire signent et publient la « Lettre de Berg » — du nom de l'un d'entre eux, Paul Berg — demandant que soient suspendues les recombinaisons génétiques *in vitro*, par crainte d'épidémies, cancéreuses entre autres, déclenchées par les bactéries manipulées (alors Escherichia coli). En février 1975, après sept mois de moratoire, les chercheurs réunis à la Conférence d'Asilomar décident de reprendre leurs travaux, mais suivant des recommandations strictes ; suit la création du Recombinant DNA Advisory Committee aux États-Unis. En 1986, la France créera la Commission nationale de classement des recombinaisons génétiques. Effectivement, la philosophie de H. Jonas invite à penser en termes de **calcul du pire dans les risques potentiels**, **de globalité hommes-environnement, d'humanité dans son ensemble, de droits des générations futures**.

Revenons sur les thérapies géniques. Il importe de distinguer les thérapies géniques somatiques, qui modifient génétiquement les cellules différenciées d'un individu et de lui seul, des thérapies géniques germinales qui interviennent sur des gamètes ou sur l'œuf fécondé ou aux tout premiers stades de la division embryonnaire. La modification, transmise aux descendants, concerne les générations futures et le patrimoine génétique de l'humanité comme espèce, dont la diversité génétique est une richesse à protéger.

Les thérapies géniques somatiques à visée thérapeutique posent les problèmes éthiques de tout traitement. Mais s'y ajoutent deux difficultés éthiques : ces thérapies concernent pour beaucoup les enfants, souvent très jeunes, chez qui sont repérées précocement les maladies monogéniques, et d'autre part, dans ce type de thérapie, la tentation eugéniste est très forte. Quant aux thérapies géniques germinales, nous pouvons dire schématiquement qu'elles posent quatre problèmes éthiques d'une difficulté extrême. La balance risque-bénéfice est inconnue (par exemple, sur les effets mutagènes dans le développement embryonnaire). Le problème du consentement est insoluble. Ensuite, comment définir notre responsabilité à l'égard des générations futures : devons-nous leur transmettre un patrimoine collectif « naturel », ou, au contraire, délivré du fardeau des anomalies létales ou gravement handicapantes ? Enfin, ces thérapies entraînent une médicalisation de l'acte procréatif et, du fait même « d'être au monde ». Elles induisent, par suite, des modifications, non maîtrisables, de leur représentation, dont nous savons qu'elle est fondatrice pour les individus comme pour les sociétés.

Dans la plupart des législations, le principe jonassien de responsabilité à l'égard des générations futures et l'heuristique de la peur jouent un rôle central.

22. *Moratoire des recherches sur l'embryon*

Il nous semble que l'heuristique de la peur a également joué dans le moratoire, en France, à propos de certaines recherches sur l'embryon. Ce moratoire fut proposé par certains biologistes français, comme J. Testart, en novembre 1986 (*in : Le Concours Médical*), prônant « la non-prolifération des exploits », et il fut recommandé par le Comité Consultatif National d'Éthique, dans son Avis n° 8 du 15 décembre 1986, *relatif aux recherches et utilisation des embryons in vitro à des fins médicales et scientifiques*[2]. « Il faut s'efforcer de **prévoir l'imprévisible pour prévenir l'irréversible** » dira le Rapport *Recherche biomédicale et respect de la personne humaine* [139] du CCNE, en 1987. Voilà une formule très jonassienne, si l'on peut dire[3].

2. UTILITARISME

Fonder la morale sur des données externes, objectives, universelles, évidentes, avait déjà été le souhait d'une école de pensée : l'utilitarisme. En effet, cette théorie part du fait objectif, incontestable, que la vie est une résistance à la mort, que le vivant évite tout ce qui peut le détruire, et recherche tout ce qui peut le conserver. Les vivants supérieurs, pourvus d'un système nerveux, parmi lesquels l'homme, agissent toujours pour **éviter une douleur**, signe négatif d'une menace et d'un danger vitaux, et/ou pour **rechercher un plaisir**, signe positif de la satisfaction des besoins et de la conservation de soi et de l'espèce. Cette théorie sera élaborée en système philosophique dans les pays anglo-saxons au XVIIIe siècle, et reste très présente dans les convictions morales, explicites ou implicites, occidentales, surtout dans les pays anglo-saxons.

L'utilitarisme apparaît avec J. St. Mill — qui crée le mot[4] — reprenant et modifiant les thèses de J. Bentham, et avec H. Sidgwick [22]. Il est important de mettre son apparition en parallèle avec les grands changements culturels du XIXe siècle : théories de l'évolution, industrialisation, problème de la justice et des inégalités, idéologie du progrès, en particulier du progrès scientifique. Après ce que les philosophes anglo-saxons ont appelé le « tournant linguistique », « *linguistic turn* » du début du XXe siècle, c'est-à-dire la critique du langage inaugurée par les travaux du logicien allemand G. Frege[5], l'utilitarisme prend la forme actuelle du prescriptivisme de Richard Hare [23] [24] et de l'utilitarisme des préférences de Peter Singer.

Fondement hétéronomique naturaliste : éviter la douleur et/ou rechercher le plaisir

L'utilitarisme se construit contre l'intuitionnisme, de Shaftesbury et Hutcheson, pour lequel la moralité est objet d'un « sens moral », chacun sachant bien par un discernement direct de sa conscience ce qui est bien et ce qui est mal. L'utilitarisme, au contraire, est à la recherche d'un critère externe, unique, objectif, de la moralité de nos actions. Ainsi se définit-il comme une doctrine normative morale — pour les choix personnels — ou politique — pour les choix collectifs — qui fonde la moralité d'une action ou d'une règle d'action sur une aptitude à conduire au **plus grand bonheur** du **plus grand nombre** de personnes concernées. Le bonheur étant défini en termes de **plaisir** ou d'absence de souffrance. « La croyance qui accepte l'utilité (ou le principe du plus grand bonheur) comme la fondation de la morale, soutient que les actions sont justes selon le degré auquel elles tendent à promouvoir le bonheur, et mauvaises selon qu'elles tendent à promouvoir le contraire du bonheur. Par bonheur on entend le plaisir et l'absence de peine. Par absence de bonheur, on entend la peine et la privation du plaisir » écrit J. S. Mill[6]. Le principe d'**utilité** détermine une conduite de prudence — au sens aristotélicien — visant à atteindre le plus grand bien possible ; on mesure, donc, la qualité d'une action à ses conséquences proches ou lointaines sur l'ensemble de la vie individuelle et de la vie en société. L'utilitarisme est — on le voit — une théorie morale purement conséquentialiste : l'action est évaluée par ses conséquences sur la maximisation du bonheur global.

Théorie universaliste et holiste : considérer la maximisation du bien de la totalité des êtres sentants

Le critère naturaliste du plaisir et de la douleur permet une prétention à l'égalité — « Chacun doit compter pour un, personne pour plus d'un » sera la fameuse maxime de

J. Bentham. Ce critère permet également une prétention à l'universalité, de même que le formalisme espéré des utilitaristes : J. Bentham croyait possible une arithmétique des plaisirs, un « *felcific calculus* » des plaisirs et des peines. L'utilitarisme est donc une théorie universaliste et holiste : tous les êtres — et il faut ici englober tous les êtres sentants, donc certains animaux — existent et se développent les uns par les autres. Il existe un bien collectif, un souverain bien, un état optimal du monde, le plus grand bonheur de tous, qui dépasse les individus et leurs intérêts singuliers. L'utilitarisme — contrairement à un préjugé très répandu dans la pensée continentale — est donc une position morale extrêmement exigeante. Une tension peut s'exercer entre le maximum de plaisir désirable et accessible et l'optimum de bonheur compatible avec celui de chacun, mais elle se règle spontanément, par le laisser-faire, et systématiquement, par les lois et les coutumes. Ajoutons que l'utilitarisme est logiquement une théorie sociale réformiste : les évaluations doivent permettre des ajustements successifs.

L'utilitarisme pense donc globalement le bien et les questions de justice, et — sans difficulté à cause de son naturalisme — intègre à la moralité les évaluations de besoins et de ressources, les calculs d'utilité et d'optimisation, puisque, encore une fois, il s'agit de maximiser le bien-être total.

EXEMPLES MÉDICAUX

23. *Santé publique et évaluation : maximiser les QALYs*

L'utilitarisme anglo-saxon — fondé sur la légitimité et même la nécessité morales de l'évaluation du bien-être de tous — a permis d'élaborer des outils précieux, par exemple les scores de gravité ou les échelles de qualité de vie[7] ou les QALYs (« Quality-Ajusted Life Years », c'est-à-dire « années de vie gagnées pondérées par la qualité ») comme instrument de décision médicale. Nous reprenons une analyse d'Anne Fagot-Largeault[8]. La méthode des QALYs utilisée en santé publique a montré, par exemple, qu'il vaut mieux créer des unités de transplantation rénale plutôt que des unités de dialyse, ou qu'il vaut mieux faire prendre des œstrogènes aux femmes ménauposées plutôt que d'avoir à leur poser des prothèses de hanche quand l'ostéoporose entraîne des fractures. Ainsi un critique de l'utilitarisme, comme M. Lockwood, écrit-il « toute théorie morale sensée comporte nécessairement un élément de welfarisme : **toutes choses égales par ailleurs, on doit tenir pour moralement préférable de produire un avantage global plus grand** » et il reconnaît que l'utilitarisme, dans son analyse des choix médicaux, est lucide et courageux dans son principe, et solide dans ses réalisations. « Une répartition des ressources de santé, efficace et intelligente, ordonnée selon le principe du meilleur, étayée par une réflexion prospective et par des indices de qualité précis est préférable à une répartition aléatoire et arbitraire » poursuit-il[9].

Dans l'exemple n° 1, d'un raisonnement de type téléologique à propos d'un dilemme devant un diagnostic prénatal d'une maladie « grave et incurable en l'état actuel de la science », nous avons exposé une approche utilitariste par recherche du bien global maximum, englobant celui de l'enfant, des parents et proches, de la collectivité...

24. *Balance risque-bénéfice dans l'expérimentation*

L'utilitarisme permet également dans des situations difficiles d'introduire la notion de calcul « coût-bénéfice » ou « risque-bénéfice » qui offre une issue acceptable à certains dilemmes. Par exemple, pour évaluer la licéité d'une expérimentation sur l'homme. La loi du 20 décembre 1988, dite « Loi Huriet » [122], s'y réfère dès le Titre 1er, Dispositions générales — c'est-à-dire avant même le Titre II sur le consentement, comme si le principe d'utilité primait celui du respect de l'autonomie des personnes — : « Aucune recherche biomédicale ne peut être effectuée sur l'être humain :

– si elle ne se fonde pas sur le dernier état des connaissances scientifiques et sur une expérimentation préclinique suffisante ;

– si le risque prévisible encouru par les personnes qui se prêtent à la recherche est hors de proportion avec le bénéfice escompté pour ces personnes ou l'intérêt de cette recherche ;

– si elle ne vise pas à étendre la connaissance scientifique de l'être humain et les moyens susceptibles d'améliorer sa condition ». Un travail important des comités de protection des personnes dans la recherche biomédicale (CCPPRB), institués par cette même loi et contrôlant tous les protocoles de recherche biomédicale sur l'homme, est, en particulier, que soit définie très clairement cette balance des « risques-bénéfices ». Si elle n'est pas assurée, la question même du consentement ne se pose pas : un avis négatif est rendu. Il serait immoral de demander son consentement à un être humain sur un risque (souffrance) disproportionné par rapport à un bénéfice (plaisir) attendu ; inversement, un mal (l'expérimentation d'un nouveau traitement peut aller d'un simple désagrément à des souffrances réelles, voire même à une dramatique « perte de chance » pour les malades appartenant au groupe placebo) est moralement justifié par un bien attendu qui le compense (bien individuel, présent, thérapeutique, si l'expérimentation est avec bénéfice direct ; bien collectif, futur, si l'expérimentation est sans bénéfice direct). La justification même de la recherche biomédicale sans bénéfice direct, donc à l'avantage du reste de la collectivité, mais au détriment de celui qui se prête à l'expérimentation — s'il n'est pas malade, aucun bénéfice ne compense le mal subi — est utilitariste ; à plus forte raison, dans un système de droit comme le nôtre qui interdit toute rétribution personnelle des volontaires. Seule la maximisation de l'avantage global peut justifier une atteinte individuelle — si faible soit-elle — à l'intégrité corporelle d'une personne, sans nécessité thérapeutique. De même, seule la maximisation de l'avantage global peut justifier l'expérimentation sur des malades, en double aveugle avec un groupe placebo *versus* nouveau traitement expérimenté : il y a « perte de chance » pour les malades du groupe placebo, compensée par l'avantage global du progrès thérapeutique pour la collectivité. L'utilitarisme serait encore plus fort s'il y avait expérimentation sur des malades avec placebo *versus* nouveau traitement expérimenté alors qu'existe déjà un autre traitement de la maladie.

25. *« Droits » des animaux*

L'utilitarisme pose également la question de notre comportement éthique à l'égard des vivants non humains, en particulier à l'égards des animaux qui ressentent douleur et plaisir. Les utilitaristes, tel P. Singer, le plus connu d'entre eux, par *La libération animale*[10], sont défenseurs d'un « droit de l'animal » ou, plus exactement, d'« intérêts des animaux ». En France, une mauvaise médiatisation nous empêche de voir qu'il y a là une question d'éthique passionnante : comment devons-nous traiter les animaux ? Quelles obligations aurions-nous à leur égard ? Pourquoi admettons-nous communément qu'il est immoral de torturer un animal ? Un animal, s'il n'est pas une personne, est-il une chose ? Pourquoi faudrait-il « préférer la vie de son cocher à celle de son cheval » ? Pourquoi et dans quelles limites acceptons-nous moralement l'expérimentation sur l'animal ? (En France, en 1990, 3 342 309 animaux ont été l'objet d'expérimentations de laboratoire). La disparition, chaque année, d'espèces animales dans une biosphère transformée par l'homme, pose-t-elle un problème moral ? ... La réflexion sur ces questions met en œuvre les notions de droit, d'obligation, d'intérêt, de réciprocité, de sujet de droit, de dualisme corps/esprit ou organisme/langage...[11]

3. CONTEXTUALISME : BERNARD WILLIAMS

On peut, enfin, situer une troisième théorie dans la même conception hétéronomique de l'éthique : le contextualisme.

Hétéronomie de la norme morale : elle est toujours celle d'une société, d'une « forme de vie partagée », d'un contexte

Selon les théories de ce type, l'individu reçoit — il s'agit donc bien d'une extériorité pour lui — de la société dans laquelle il naît, grandit et vit, à la fois les questions éthiques qu'il se posera et les moyens de chercher et de donner des réponses à ces questions. L'éthique est donc toujours **située, dans un contexte**, défini et particularisé ; elle est toujours attachée à des formes de vie concrètes ; elle est toujours l'éthique de « quelqu'un ».

Dans *L'éthique et les limites de la philosophie* [25] (1985), Bernard Williams — membre de comités d'éthique au Royaume-Uni — montre qu'il y a une *objectivité* possible de l'éthique, fondée sur la vie sociale, enracinée dans les convictions et les pratiques partagées de la communauté à l'intérieur de laquelle chacun trouve les termes de son expérience éthique.

L'individu vit dans un monde qu'il n'a pas créé et que sa raison ne comprend, ni ne contrôle totalement, mais c'est dans ce monde qu'il a à être moral. La réflexion se déplace donc des fondements aux rapports que l'individu entretient avec la société à laquelle il appartient et qui lui fournit, non seulement, la situation dans laquelle il vivra la réponse donnée à la question éthique — « Comment doit-on vivre ? » —, mais aussi la culture qui le dispose à donner à cette question un type de réponse plutôt qu'un autre. S'inspirant de Hegel, B. Williams s'oppose au fondamentalisme éthique de Kant en revenant aux formes de vie concrètes et propose la « réflexion » comme idéal éthique, mais une réflexion dont il énonce les limites.

Par le langage, nous recevons les questions morales de notre société et les réponses possibles

B. Williams annonce son ancrage dans la philosophie analytique : **le langage éthique** — c'est-à-dire toute la matière de nos jugements moraux, en particulier les adjectifs évaluatifs — dépend d'une forme de vie partagée et des pratiques d'une communauté à l'intérieur de laquelle nous trouvons les termes de notre expérience éthique. Cependant, la moralité ne consiste pas seulement à recevoir et reproduire la morale de notre communauté d'appartenance : « La possibilité de la *position ethnographique*, comme moyen de comprendre une structure étrangère de valeurs que l'on ne partage pas, est une donnée de base de la philosophie morale ; la philosophie doit expliquer la critique et l'altération des pratiques éthiques » écrit-il. Il faut donc, pour être moral, une certaine distance qui permet de déterminer la valeur de n'importe quelle vie ; c'est ce que B. Williams appelle la réflexion. Comment concilier ces deux approches, appartenance nécessaire à une communauté et distanciation ?

Les limites de la réflexion éthique : ni rationalisme, ni objectivité ultime, ni système de la moralité

Reprenant la démarche de Hegel contre Kant, l'auteur, tout en admettant un nécessaire point de vue de généralité et d'impartialité, qui est le point de vue de la réflexion, critique trois déviations fondamentales. D'abord, le rationalisme qui « exige que chaque décision soit fondée sur des raisons qui peuvent s'expliquer discursivement ». B. Williams, au contraire, revient à la prudence aristotélicienne, contre l'énonciation kantienne et la « théorie critique » d'Habermas (cf. *infra*). La prudence est l'application de la raison au divers, au changeant, au singulier, elle n'est pas la connaissance rationnelle théorique. Ensuite, l'auteur critique l'exigence d'objectivité selon laquelle la vie éthique devrait se justifier de fond en comble à partir de fondements eux-mêmes antérieurs à toutes nos croyances éthiques. Selon Aristote, la vie éthique est la réalisation de nos capacités spécifiquement humaines et les vertus éthiques et intellectuelles nous conduisent au bonheur. Selon Kant, l'action morale renvoie à la liberté transcendantale, c'est-à-dire hors causalité naturelle. B. Williams critique ces deux régressions jusqu'à un fondement ultime et défend une réflexion éthique contextuelle, située : la réflexion éthique ne peut qu'être l'examen de certaines croyances en supposant — sans chercher à la démontrer ni à la fonder — la validité d'autres croyances. Enfin, l'auteur critique l'idée de « moralité », selon laquelle l'éthique se composerait strictement d'obligations catégoriques, absolues, universelles. En effet, pour B. Williams, il y a des obligations particularistes (à l'égard de nos amis, par exemple) qui peuvent même prévaloir sur les obligations catégoriques.

Ainsi, la moralité est « limitée ». Elle suppose bien une réflexion, c'est-à-dire une mise à distance de nos jugements et comportements et une recherche d'impartialité, mais, attention, il faut éviter les trois écueils signalés, il faut donc imposer **des limites** à cette réflexion, sous peine de perdre **notre appartenance à un monde commun partagé**, hors duquel la question éthique n'a pas de sens, et sous peine de perdre **la base motivationnelle de l'action morale** (il ne suffit pas de déterminer ce qui est bien, il faut le faire). La moralité est contextuelle, attachée à une forme de vie partagée ; elle est celle de « quelqu'un » qui construit un moi éthique personnel par la vie réflexive, au sein d'une communauté (cf. TEXTE n° 10).

EXEMPLES MÉDICAUX

26. *Contextualisme des représentations de la maladie*

Le contextualisme nous invite à prendre conscience que tout homme appartient à un monde commun partagé avec d'autres, qui lui permet de donner sens à ses actes. Ceci vaut pour les jugements et les comportements moraux, mais vaut également pour la perception de la maladie, c'est-à-dire du mal qui atteint l'homme, dans son corps et dans son âme, et pour la perception des traitements, c'est-à-dire des réponses de l'homme à la maladie, à la douleur, à la souffrance. Prenons un seul exemple schématique : comment un patient originaire d'Afrique Noire vit-il sa maladie ? « Sur le continent africain, écrit un spécialiste de parasitologie[12], la plupart des maladies obéissent au principe de la double causalité. En fait, elles ont une origine et une cause, ce qui n'est pas la même chose. La première est toujours d'ordre surnaturel tandis que la seconde peut être naturelle. C'est ainsi que le fait de se casser une jambe est reconnu sans difficulté comme la conséquence d'un traumatisme, quel qu'il soit (cause naturelle). Mais cette explication ne suffit généralement pas. Trouver une réponse à la double question : "Pourquoi et pourquoi moi ?" est capital. La maladie a donc un sens. Savoir le lui donner, avec l'aide de ceux qui savent et voient ce qui échappe au commun des mortels est indispensable. Recherche et découverte du sens font partie de la thérapie ». À cette double causalité de la maladie s'ajoute une représentation sociale de la maladie — elle n'est jamais un malheur individuel, elle affecte tout le groupe — et une représentation magique, consciente ou inconsciente — la maladie peut venir d'un mauvais sort dont le malade est victime. Ainsi, par exemple, tout prélèvement biologique peut-il être interprété lui-même comme ayant une finalité non pas diagnostique mais magique, en fonction du principe que la partie vaut pour le tout. Des prélèvements sanguins répétés, en particulier, créent le sentiment d'un appauvrissement progressif de l'individu qui perd sa force vitale. La douleur, la guérison, les symptômes, les traitements et les réactions à ceux-ci, la sexualité, la grossesse, le corps..., tout ceci est l'objet de représentations étrangères pour nous et chargées de signification pour le patient.

Ceci vaut pour tous les patients, mais nous l'oublions souvent car le monde commun partagé avec nombre d'entre eux est majoritairement le nôtre. Il importe de s'interroger sur l'attitude à l'égard de cette appartenance contextuelle différente. De toute évidence, il n'est pas éthique de l'ignorer et de ne pas en tenir compte ; mais à l'opposé, il semble tout aussi indéfendable de « faire semblant » d'entrer dans un monde commun partagé qui n'est pas le nôtre. La question éthique reste ouverte.

B. LIMITES DES CONCEPTIONS HÉTÉRONOMIQUES

Ces théories hétéronomiques, qui restaurent donc une extériorité perdue, sur laquelle l'homme pourrait et devrait s'appuyer pour savoir ce qui est bien et ce qu'il doit faire, suscitent de nombreuses questions. Énonçons en quelques-unes rapidement.

En quoi la vie, donnée première de l'éco-éthique, peut-elle être normative pour l'homme ?

L'éco-éthique renvoie, nous l'avons vu, à la vie. Mais peut-on fonder une éthique sur la vie, sur le vivant ? En quoi la vie serait-elle normative pour l'homme ? Quelle vie permet de normer une « vie authentiquement humaine » selon l'impératif de H. Jonas ? La vie nous indique, certes, que la préservation des générations futures et celle d'un monde habitable à leur transmettre, est une obligation morale, mais la vie ne nous indique pas ce que nous devons préserver ni comment le faire. Ou, si elle nous sert d'indicateur, ce sera sous une forme restrictive en indiquant de façon négative ce qu'il ne faut pas faire. Que penser de cette normativité ? Ne risque-t-elle pas de dévier vers le biologisme ? Il y a là une question grave. (Sur la difficile question des rapports entre nature et morale, cf. l'ANNEXE III.)

La question de l'évaluation et du sacrificiel dans l'utilitarisme

La première critique que l'on peut formuler à l'égard de l'utilitarisme — qui est le revers de sa modestie — c'est le **réductionnisme**. En ne considérant que la somme des utilités, l'utilitarisme ne voit les actes humains que sous l'angle des avantages et des désavantages, du plaisir ou du déplaisir, des préférences ou des aversions. Il y a ici réductionnisme, même s'il est tempéré par l'introduction de critères subjectifs du bien-être et une hiérarchisation des préférences.

Mais l'utilitarisme pose un problème plus important à notre sens. Ce problème est facile à formuler mais difficile à résoudre. Dans une théorie de la maximisation de l'avantage global ou de la satisfaction des préférences des êtres sentants, pour prendre les thèses des contemporains comme R. Hare, il y a nécessité d'un spectateur impartial qui procède à **l'évaluation** des avantages et qui effectue les choix de maximisation. Qui est-il ? J. S. Mill l'avait déjà évoqué : « Entre son propre bonheur et celui des autres, l'utilitarisme exige de l'individu qu'il soit aussi rigoureusement impartial qu'un spectateur désintéressé et bienveillant »[13]. Si l'homme est un être qui a des préférences, comment est-ce possible ? Et qui peut faire l'évaluation globale ?

La maximisation elle-même pose d'insolubles problèmes : doit-on maximiser la somme ou la moyenne des gains ? Prenons un exemple.

EXEMPLES MÉDICAUX

27. *Santé publique et maximisation du bien-être global*

Reportons-nous à la santé publique, car c'est un des champs où l'approche utilitariste est la plus féconde. Par exemple, nous citons de nouveau Anne Fagot-Largeault[14] : « Dans un système de santé, s'il s'agit de maximiser la somme des avantages, comme on peut toujours augmenter cette somme en augmentant le nombre de bénéficiaires, il suffira de fournir des prestations juste au-dessus du médiocre en augmentant la population bénéficiaire, pour satisfaire le principe du meilleur. Cela est "inepte". Mais, s'il s'agit de faire monter la moyenne, il suffit qu'un seul être bénéficie immensément du système de santé, quitte à tuer tous les autres, pour que le bénéfice batte tous les records (imaginons un système de santé qui consacre toutes ses ressources à rendre un seul être humain immortel et en bon état de fonctionnement, en employant les autres comme sources d'organes ou de tissus de rechange). C'est "monstrueux". Reconstituant ce double paradoxe, D. Parfit[15] a appelé "conclusion répugnante" ce à quoi aboutit l'application arithmétique du principe du meilleur. Donnée une situation dans laquelle l'humanité a un certain niveau de bien-être, une situation "meilleure" s'ensuit, soit (par augmentation de la somme de bien-être) quand la démographie galope plus vite que le bien-être individuel ne diminue, soit (par augmentation de la moyenne) quand le bien-être d'une minorité (développée) s'élève beaucoup plus vite que ne s'effondre celui de la majorité sous-développée. Or, on répugne à admettre que le nombre de vies compense leur faible qualité ou que l'extrême qualité de certaines vies compense la pauvre qualité des autres. Ni la distribution de soins rudimentaires à l'ensemble d'une population à démographie explosive ("médecins aux pieds nus"), ni un système de santé à deux vitesses qui soignent magnifiquement un petit nombre de privilégiés ("hôpitaux réservés"), ne représentent la "meilleure" organisation de la santé ».

Ainsi, nous voyons que toute évaluation du bien-être global — même si sa justification morale est forte — pose de difficiles problèmes de construction et peut conduire à des résultats extrêmes qui heurtent la morale[16].

Enfin, et surtout, l'utilitarisme considère que ce qui est rationnel pour un individu l'est pour l'ensemble de la société, or rien n'est moins sûr. Si chaque homme, lorsqu'il satisfait ses propres intérêts, est certainement libre de comptabiliser ses propres pertes face à ses propres gains, comment étendre ce principe à la société ? Si la société est conçue sur le modèle de l'individu, pour maximiser le solde global de satisfaction, peut-elle admettre des « sacrifices », comme nous en admettons individuellement pour un plus grand bien, par exemple, supporter un traitement douloureux pour guérir ? Ainsi, les gains de certains pourraient compenser les pertes des autres et, par exemple, la violation de la liberté ou du bien-être d'un petit nombre pourrait être justifiée par un plus grand bonheur du plus grand nombre. Autrement dit, le droit de la personne humaine n'a de réelle importance que s'il est un moyen apte à maximiser la somme nette des satisfactions ; si tel n'est pas le cas, la violation peut être condition d'un bien plus grand. L'utilitarisme peut donc être **sacrificiel.** Nous verrons plus loin que *La Théorie de la Justice* (1971) de John Rawls, aux États-Unis — qui est actuellement le livre de philosophie morale et politique le plus lu et le plus commenté dans le monde — est un immense effort de réponse à l'utilitarisme.

Limites du contextualisme : relativisme moral et impossible résistance au pouvoir

Le contextualisme ne conduit-il pas au **relativisme moral,** dans des sociétés, comme les nôtres, qui sont pluralistes ? En effet, si on prend le pluralisme au sérieux, que faire des réponses divergentes à la question « comment doit-on vivre » ? Que faire quand le contexte de vie est pluriel ?

D'autre part, **la limite de validité** d'un mode de vie « bon » partagé est nécessairement arbitraire : où s'arrêter ? à la famille, au clan, au village, à la région, au pays, au continent... ? Quel est le contexte du moi éthique qui cherche à agir bien ?

Enfin, une telle théorie ne conduit-elle pas à **l'acceptation des rapports de pouvoir,** toujours latents, en l'absence de toute émancipation possible par l'universel ? Nous verrons que, dans *De l'éthique de la discussion* (1991) [29], en particulier dans les ch. IV et VI, J. Habermas critique B. Williams sur ce point : en refusant l'universel, le contextualiste ne se donne aucun moyen de lutter contre les rapports de pouvoir toujours latents dans la moralité d'une société donnée, comme l'ont bien montré les « philosophes du soupçon », Marx, Nietzsche, Freud.

EXEMPLES MÉDICAUX

28. *Relativisme des valeurs et mutilations*

Revenons sur ce dernier point. Une situation très difficile éthiquement pour les médecins est la confrontation à l'excision des filles sur le territoire français. Ces petites filles appartiennent à des cultures étrangères à la nôtre qui justifient cette terrible mutilation sexuelle — aux conséquences nombreuses, très douloureuses et très dramatiques, à court terme comme à moyen et à long termes, puisque toute la vie de la femme s'en trouve affectée — inacceptable dans notre culture qui prône l'égalité des êtres humains et l'interdit absolu de toute mutilation (sauf urgence thérapeutique très grave, pour une amputation d'un membre ou une mamectomie, par exemple). Ces mutilations sexuelles, condamnées par le droit français, font entrer l'enfant dans le cadre de mineurs subissant des crimes ou des sévices sexuels parentaux. Le médecin — dans l'exercice de sa profession — n'est pas tenu par le nouveau Code pénal de dénoncer les parents ; en revanche, il est tenu d'agir, sous peine de non assistance à personne en danger, et de tenter d'empêcher la reproduction de l'acte sur une autre enfant du groupe familial. Il a l'obligation d'assurer la protection immédiate de l'enfant victime, en faisant appel éventuellement au Substitut des Mineurs du tribunal de Grande Instance et en demandant, si nécessaire, une ordonnance de placement provisoire de l'enfant. Là, le médecin est heurté de plein fouet par la question du relativisme moral *versus* l'universalisme, des Droits de l'Homme, par exemple. En effet, la situation éthique très difficile des sévices sur mineurs (Où est le bien de l'enfant ? Quelle est la finalité de la médecine ? Jusqu'où aller dans la levée partielle — autorisée par la loi dans ce cas — du secret médical ? Que faire pour les parents ? ...) se complique encore si l'on admet que les parents ont pensé « bien faire » pour leur enfant, dans leur système culturel, et, donc, dans leur propre système de valeurs, en faisant pratiquer l'excision[17]. Seule une référence à l'universel permet de mettre à jour les rapports de pouvoir — hommes/femmes — sous-jacents à cette pratique.

Que penser donc de ces morales de l'hétéronomie ?

Si nous cherchons un point commun, c'est peut-être sur le point de **l'universalité** que les éthiques contemporaines de l'hétéronomie nous semblent poser un problème : nous pressentons que le danger biologisant de l'écologie, le danger sacrificiel de l'utilitarisme, et le danger relativiste du contextualisme sont incompatibles, par exemple, avec la notion de Droits de l'Homme. Nous pressentons que le Bien à faire ou le Mal à éviter s'imposent à nous au-delà de notre individualité particularisée et située, que si quelque chose s'impose comme bon c'est que c'est bon pour tout homme, et pour tous les hommes, et non pas seulement pour « nous », quelques-uns, ici et maintenant, et que c'est bon pour tous les hommes à égalité. C'est cette universalité que tentent de retrouver, et d'établir au fondement de la morale, les théories modernes de l'autonomie. Les deux théories fondamentales sont celle de John Rawls aux États-Unis et celle de Jürgen Habermas en Allemagne. Mais, auparavant, nous exposerons rapidement les principes d'une théorie autonomique pluraliste, celle de H.T. Engelhardt, qui nous semble avoir une audience importante auprès des Nord-Américains.

C. LES ÉTHIQUES DE L'AUTONOMIE

1. THÉORIE DE L'AUTONOMIE PLURALISTE : H. TRISTAN ENGELHARDT

Fondement de la norme morale : le respect absolu de l'autonomie d'autrui

Dans *The Foundations of Bioethics* (1986) [27], H.T. Engelhardt défend une théorie autonomique pluraliste de la moralité. Comme Kant, auquel il se rattache explicitement, Engelhardt suppose, contre le nihilisme, que la moralité peut être fondée et que c'est l'homme, ou plus exactement **la liberté** de l'homme et le respect absolu de cette liberté, qui la fondent. Mais, pour lui, cette liberté des sujets se constitue et s'exerce au sein de communautés fort diverses — que l'on songe particulièrement à la société multiculturelle nord-américaine — qui ne partagent pas la même vision du Bien. Comment penser l'autonomie dans une société pluraliste ?

Le pluralisme est essentiel à la démocratie : la morale est négociation des conflits entre égaux

H.T. Engelhardt ne théorise pas cette incompatibilité des « formes de vie » que représente le pluralisme, mais il en prend acte. Ne pas accepter ce pluralisme c'est nier la liberté des sujets, l'accepter c'est être confronté aux conflits. Si l'on admet, d'une part, l'autonomie des sujets et, d'autre part, le pluralisme, l'éthique ne peut se définir que comme la recherche de la négociation des conflits, « une entreprise de résolution de controverses ». Et l'agent moral est celui qui, par « bonne volonté » — au sens kantien —, entre dans la négociation ; il respecte ainsi l'autre dans son autonomie et sa liberté, de même qu'il se respecte lui-même dans son autonomie et sa liberté, mais par sa bonne volonté il veut trouver une issue au conflit qui ne soit ni la force ni la persuasion manipulatrice des uns par les autres. Les conditions d'une éthique minimale sont ainsi définies par **le Principe d'Autonomie** (PA) : « Maxime : Ne faites pas à autrui ce qu'il ne se serait pas fait à lui-même et faites lui ce que vous vous êtes engagé en accord avec lui-même à lui faire. Le principe d'autonomie fonde ce que l'on peut appeler l'éthique de l'autonomie comme respect mutuel ».

Le principe de bienfaisance : « Faites aux autres leur bien »

Cependant, il faut donner un contenu à cette éthique minimale, « séculière » dit Engelhardt : c'est ce que fait **le principe de bienfaisance.** « Le souci de bienfaisance ne dépend pas de la cohérence de la moralité mais du besoin de contenu ». Seulement, le pluralisme conduit à cette formulation nouvelle du Principe de Bienfaisance (PB) : « Fais aux autres leur bien », puisque « dans une société pluraliste non confessionnelle, aucun ordre particulier de biens et de maux ne peut être établi ».

Cette théorie, dans la prise en compte du pluralisme factuel et la thématisation de l'obligation morale de régler les conflits, se veut **concrète et agissante.** Et, de fait, H.T. Engelhardt aborde, avec courage et précision, des problèmes de bioéthique concrets difficiles.

EXEMPLES MÉDICAUX

29. *Relation médicale et autonomie des patients*

La relation médecin-malade, telle que l'envisage H.T. Engelhardt est très éloignée de la nôtre. Le principe d'autonomie met le médecin et le malade dans une situation de contractants à parts égales ; l'objet de ce contrat ce sont les soins, que le malade rétribue et que le médecin effectue, avec possibilité de poursuites judiciaires si le malade n'est pas satisfait ou si le médecin n'est pas payé, comme pour toute prestation de services. Dans cette relation de soin, le médecin respecte absolument la liberté du malade, qui est son égal, il respecte ses croyances et positions, il le laisse libre de ses choix, même s'il les juge irrationnels : se droguer, refuser la transfusion sanguine (comme les Témoins de Jéhovah), refuser un traitement (que le patient juge trop lourd, douloureux et/ou handicapant), prendre des risques disproportionnés (grève de la faim)... Cette autonomie du patient est également respectée par la transmission d'une information complète sur le diagnostic, le pronostic, les différents traitements à envisager et leurs complications possibles. Nous sommes à l'opposé du paternalisme médical des pays latins, et de ses conséquences, à l'évidence non éthiques : le malade traité comme un mineur et/ou un ignorant, le malade infantilisé, l'acharnement thérapeutique, le secret, le pouvoir médical, la rétention d'information et la vérité cachée au patient... (cf. ANNEXE I).

30. *Autonomie et toxicomanie*

La réflexion sur le principe de respect de l'autonomie nous conduit à un des aspects éthiques du très complexe problème de la toxicomanie. Jusqu'où un être dépendant d'une drogue est-il autonome ? Jusqu'où va le droit et/ou l'obligation morale pour la société de le contraindre à retrouver son « autonomie perdue » dans la dépendance ? Ou — autre question — jusqu'où va le droit et/ou l'obligation morale de l'empêcher de porter gravement atteinte à sa santé, s'il estime que la substance absorbée lui fait du bien ? En effet, toute absorption de substances actives sur le système nerveux central, qu'il s'agisse de drogues illicites (héroïne, cocaïne, haschisch, cannabis, LSD...) ou licites (tabac, alcool, certains opiacés, barbituriques, café, psychotropes...), avec ou sans dépendance, avec ou sans tolérance, avec forte ou faible toxicité (et les 4 classifications ne se recoupent pas), est liée à un désir de mieux-être. « Les substances actives sur le système nerveux central ne seraient pas recherchées si elles ne procuraient ou un plaisir ou un bien-être ou l'allégement momentané d'une souffrance de vivre... Le sujet moral n'est pas un sujet qui s'interdit toute gratification » écrit le CCNE dans son *Rapport sur les toxicomanies*, n° 43, du 23 novembre 1994. Si donc le tort causé à autrui (accidents sur les lieux de travail, accidents de la route, violences domestiques, agressions, violences...) sous l'emprise d'une drogue, licite ou illicite, appelle la répression, comme toute atteinte à autrui[18], comment penser, en revanche, le mal fait à soi-même, pouvant aller jusqu'à la mort ?

En France, depuis la loi de 1970 [117], tout usage de drogue — en privé comme en société — est un délit, mais l'usager délinquant est considéré comme un malade devant bénéficier de mesures sanitaires, gratuites et anonymes. Lors d'une première infraction constatée, **l'injonction thérapeutique** prononcée par le procureur suspend les poursuites et l'action est éteinte si l'usager suit son traitement jusqu'à son terme. En cas de réitération il peut y avoir de nouveau injonction thérapeutique, sous contrôle de la Direction départementale de l'aide sanitaire et sociale (DDASS). Le refus ou l'interruption du traitement fait reprendre les poursuites. Sur quoi fonder la condamnation de l'usage privé de drogue illicite, si « la liberté consiste à pouvoir faire tout ce qui ne nuit pas à autrui » ? La justification, selon la loi de 1970, est la contrepartie normale que la société peut imposer à l'individu, à une époque où le droit à la santé et aux soins est reconnue à tous par la généralisation de la Sécurité Sociale. Autrement dit, il y a une réciprocité des droits à être soigné et des devoirs à ne pas nuire gravement volontairement à sa santé.

Plusieurs justifications sont proposées par le CCNE dans son *Rapport sur les toxicomanies*. S'il admet que « le respect des libertés publiques dans une société démocratique implique que l'usage de drogues... par des citoyens adultes autonomes et bien informé soit toléré... si cet usage n'est pas nuisible pour les autres », il indique deux limites : que vaut l'expression « ne faire du tort qu'à soi-même » ? Rares sont les personnes dépourvues de **tout entourage** à qui elles ne causent pas de tort en se droguant. D'autre part, « lorsqu'il se rend dépendant d'un produit le sujet aliène sa liberté...dans les cas graves de toxicomanie un esclavage intérieur s'installe » et cet état « assigne une sorte de droit/devoir d'ingérence... il est important de trouver la juste attitude qui concilie le respect de la liberté d'autrui avec une compassion vigilante et une offre d'aide efficace... **L'obligation d'assister ceux qui sont en danger** vaut pour la collectivité tout entière ». Le CCNE dessine ainsi une troisième voie qui n'est ni la répression ni la légalisation, mais celle d'une « liberté maîtrisée » de « citoyens responsables et bien informés » dans une société qui aide et protège — malgré eux — les plus vulnérables, c'est-à-dire les plus jeunes. Nous voyons que la citoyenneté solidaire pose des limites à la liberté de chacun, mais protège également l'autonomie de chacun comme un idéal proposé.

31. *Déficiences et troubles mentaux, psychothérapie et autonomie*

Une théorie morale fondée sur l'autonomie des personnes soulève la question des déficiences et troubles mentaux et de la psychothérapie. Les capacités cognitives, affectives et volitives de l'être humain sont les conditions de son autonomie. Comment établir une relation objective et fondée entre une atteinte de ces capacités et une limite *de facto*, de fait, de l'autonomie ? Question redoublée par la limite *de jure*, de droit. Est-il alors légitime de se substituer au patient pour faire « son bien » ? D'autre part, jusqu'où est-il légitime — pour soulager certains troubles — de porter atteinte à ces capacités si elles sont les conditions de l'autonomie et si l'autonomie définit la personne ? Considérons quelques questions éthiques posées par les traitements psychiatriques.

– L'approche même des déficiences et troubles mentaux soulève des questions éthiques et philosophiques puisqu'elle fait intervenir une représentation de l'homme. La neurobiologie recherche des mécanismes, universels, du fonctionnement cérébral, alors que la psychanalyse, par exemple, voit tout homme comme une histoire symbolique singulière. Si de nombreux psychothérapeutes, dans la pratique, utilisent les deux approches, neuro-chimique et symbolique-relationnelle, il n'en reste pas moins que la divergence extrême des approches théoriques suscite de graves questions d'éthique — en santé publique, par exemple — de même que la fixation du seuil pathologique. Où est la limite entre la « marginalité », la différence, la critique politique, religieuse, morale..., et la désadaptation pathologique relevant d'une médicalisation ?

– Les traitements posent également des questions éthiques. Si les psychotropes ont révolutionné la psychiatrie et les services psychiatriques, et soulagé considérablement et durablement d'innombrables patients de leurs terribles souffrances mentales, il n'en reste pas moins que « Donner un psychotrope consiste à répondre à un trouble chargé de sens par un acte agissant sur le corps. Toute prescription de cet ordre amène le praticien à choisir, avec son patient, entre l'aliénation par le trouble et l'action éventuellement aliénante du médicament sur la personne », comme l'écrit l'un des experts du Rapport dit « Lenoir » [133][19]. Quant aux psychothérapies relationnelles, comme la psychanalyse, elles se fondent sur des représentations interprétatives, herméneutiques et non scientifiques, de l'homme : jusqu'où sont-elles imposées par les praticiens aux patients ?

Les deux types de thérapies posent l'insoluble question du consentement au traitement : qu'est-ce que le consentement libre (fonctions volitives et affectives) et éclairé (fonctions cognitives) d'un patient souffrant de troubles ou déficiences psychologiques ? Il reste que la tendance actuelle des législations est de faire prévaloir la recherche de l'exercice — même limité — de l'autonomie des patients. Ce qui conduit à rechercher la dés-hospitalisation des patients psychiatriques.

– L'hospitalisation elle aussi met en jeu des jugements éthiques. Selon que l'on fait prévaloir une éthique collective ou individuelle, une vision plus dualiste ou plus moniste de l'homme, l'hospitalisation sous contrainte sera plus juridique (protection d'autrui, mais aussi du patient par rapport à lui-même et aux dangers de la vie sociale elle-même) ou plus médicale (soin du patient). La Loi française de 1990 [123] choisit la médicalisation, mais un des effets pervers complexes en est de détourner certains patients des soins.

– Enfin, la recherche et l'expérimentation des traitements, nécessaires pour traiter ces pathologies précises, donc conformes au principe de bienfaisance, heurtent le principe de justice et celui du respect de l'autonomie. Pour contrebalancer ce déséquilibre, les législations considèrent, par exemple, que la balance risque-bénéfice doit être plus positive que pour les autres essais, que la recherche doit être avec bénéfice direct, enfin, que les modalités de délégation de consentement aux proches, tuteurs, curateurs..., doivent être très rigoureuses.
Le principe d'autonomie semble bien être au centre de la réflexion sur la déficience mentale, les troubles mentaux et la psychothérapie.

Critiques

Cependant, la théorie du respect fondamental de l'autonomie telle que la défend H.T. Engelhardt, dans sa réflexion sur le pluralisme démocratique, pour séduisante et stimulante qu'elle soit, pose problème.

Tout d'abord, la conscience morale se trouve scindée : chaque individu suit la morale de sa communauté — morale particulière, mise en jeu dans le principe de bienfaisance, PB — à laquelle s'ajoute une éthique séculière de la négociation — qui, elle, est universelle, fondée sur le principe d'autonomie, PA. Or, quel est le statut de l'autre dans cette négociation ? N'est-il pas finalement pour moi, radicalement un étranger ? À vouloir intégrer toutes les diversités réelles des uns et des autres, par respect pour eux, ne perd-on pas toute proximité ? Ne devient-on pas indifférent ? Dans une éthique réduite à la négociation, où est la limite entre le respect de l'autre et l'indifférence à son égard ?

Si nous reprenons l'exemple de la relation médicale, où sont la compassion, la sympathie (au sens étymologique de ressentir avec l'autre, de prendre part à sa souffrance), le partage du poids de la décision, « le temps laissé au temps », le souci de celui qui est affaibli, par la maladie, par l'angoisse, peut-être par le désespoir..., dans une telle distanciation ?

De plus, il nous semble que nous retrouvons ici les difficultés posées par le contextualisme. L'individu est-il vraiment libre des choix qu'il fait, est-il vraiment autonome dans la détermination de son bien, a-t-il choisi la communauté à laquelle il appartient, peut-il en sortir, est-il vrai qu'il appartienne à une communauté structurée qui donne sens à sa vie ? Pensons, par exemple, au tissu urbain si décomposé.

Parvenir à résoudre, par la négociation, les divergences, dans un hôpital de New York, entre des patients homosexuels de San Francisco, un personnel soignant composé de pieux Irlandais catholiques et des médecins supposés protestants du Texas, doit-il se payer de l'idée que si un pauvre Mexicain veut vendre un de ses reins pour subvenir aux besoins de sa famille et payer les études de ses enfants, il y a là une décision qui relève de sa seule liberté ? De fait, « son bien » c'est la réussite et le bonheur de ses enfants, et non sa propre santé. Mais qu'implique de « faire aux autres leur bien » ? Comment sont-ils conduits à se représenter ainsi leur bien ? Un Nord-Américain blanc fortuné se demandera-t-il s'il est bien de vendre un de ses reins pour subvenir aux besoins des siens ? Il est peu probable qu'il se pose jamais une telle question.

Enfin, le principe d'autonomie, érigé en principe premier et central de la morale, conduit à des distinctions contre-intuitives. En effet, H.T. Engelhardt est conduit par la logique de sa théorie à établir une distinction très problématique entre les êtres humains et les personnes, celles-ci étant définies par l'autonomie : la personne est consciente, rationnelle et douée d'un sens moral. À l'égard des personnes le respect de leur autonomie passe avant le principe de bienfaisance ; en revanche, à l'égard des êtres qui ne sont pas des personnes (embryons, handicapés profonds, déments séniles...) seul s'impose le principe de bienfaisance.

Ne faut-il pas alors chercher du côté d'une autonomie universelle ou universalisante ? C'est ce que font les théories de J. Rawls aux États-Unis et de J. Habermas en Allemagne, se réclamant, elles aussi, explicitement de Kant, après les questions, les mises en doute et les acquis philosophiques du XIXe et de la première moitié du XXe siècle.

2. THÉORIE PROCÉDURALE DE LA JUSTICE : JOHN RAWLS

La Théorie de la Justice (1971) [28] de John Rawls est un véritable phénomène : on peut dire qu'il n'y a pas — dans les démocraties occidentales — un livre ni un article de philosophie politique paru depuis 1971 qui ne s'y réfère d'une façon ou d'une autre ! J. Rawls effectue un « retour à Kant » en réactualisant les théories autonomiques du contrat social, à partir des moyens de la théorie des jeux, pour construire une théorie procédurale de la justice comme équité.

En effet, J. Rawls cherche à définir les **principes** de la justice. En s'inscrivant dans les théories du **contrat** — hypothèse fictive, mais féconde de la philosophie politique — il propose une situation idéale qui permettrait de définir de tels principes. Ainsi apparaît la thèse que c'est l'équité de la procédure même d'élaboration des principes qui déterminera leur justice.

L'hypothèse de la situation initiale (théorie du contrat) : le « voile d'ignorance »

Qui peut définir ce qui est juste, et comment ? Supposons, propose J. Rawls, s'inspirant de la théorie des jeux, que tous les individus concernés par ces règles de justice les construisent eux-mêmes, comme des joueurs inventeraient les règles de leur jeu ; seulement le jeu, ici, consistera à vivre ensuite tous ensemble ! Après avoir défini :

a) des joueurs égaux (pas altruistes mais mutuellement désintéressés, pouvant avoir des projets individuels conflictuels, à la fois parents et enfants...) ;

b) la situation des biens (rareté relative des ressources) ;

c) les contraintes formelles qui pèsent sur les principes que les joueurs doivent élaborer (ces principes doivent être publics, irrévocables, généraux, universels — pas de « ticket gratuit » — ...) ;

d) et surtout la situation initiale du « voile d'ignorance » (aucun joueur ne sait quelle place il occupera dans la société qu'il construit, ni qui il sera, ni quelles seront ses capacités et ses dons naturels).

Les 3 principes et le maximin de la théorie des jeux

J. Rawls suppose — et son livre est une longue analyse des raisonnements possibles — que, contre l'utilitarisme et l'intuitionnisme, les joueurs opteront pour le schéma qui suit.

Une loi est juste si elle satisfait aux principes suivants :

a) Principe de liberté :« *chaque personne doit avoir un droit égal au système le plus étendu de libertés de base égales pour tous qui soit compatible avec le même système pour les autres* ».

b) Principe de différence :« *les inégalités sociales et économiques doivent être organisées de façon à ce que :*

b1) elles soient attachées à des positions et des fonctions ouvertes à tous (égalité des chances) = Principe d'équité.

b2) on puisse s'attendre à ce qu'elles soient à l'avantage de chacun »

Le principe (a) dominera (b), et (b1) dominera (b2) de façon lexicale : pour toute décision, il importe de vérifier que (a) est respecté ; s'il l'est, vérifier alors pour (b1), et ainsi de suite ; si (a) ne l'est pas, inutile de continuer. Pour le choix de société — toujours sous le voile d'ignorance — les joueurs choisiront le principe de maximin (théorie des jeux), c'est-à-dire la donne dans laquelle les plus mal lotis sont les moins défavorisés (maximisation du minimum).

« Je soutiendrai que les personnes placées dans la situation initiale choisiraient deux principes assez différents. Le premier exige l'égalité dans l'attribution des droits et des devoirs de base. Le second, lui, pose que des inégalités socio-économiques, prenons par exemple des inégalités de richesse et d'autorité, sont justes si et seulement si elles produisent, en compensation, des avantages pour chacun et, en particulier, pour les membres les plus désavantagés de la société. Ces principes excluent la justification d'institutions par l'argument selon lequel les épreuves endurées par certains peuvent être contrebalancées par un plus grand bien au total. Il peut être opportun, dans certains cas, que certains possèdent moins afin que d'autres prospèrent, mais ceci n'est pas juste. Par contre, il n'y a pas d'injustice dans le fait qu'un petit nombre obtienne des avantages supérieurs à la moyenne, à condition que soit par là même améliorée la situation des moins favorisés »[20]. Nous voyons que l'auteur refuse toute interprétation utilitariste du principe du maximin.

Après le choix des principes, les partenaires choisissent une constitution et enfin une procédure législative.

La justice n'est pas dans les principes mais dans leur procédure d'élaboration

La théorie de la justice, ou théorie de l'équité de J. Rawls est, on le voit, une théorie procédurale : la justice des principes et des lois élaborés se fonde sur **l'équité de leur procédure d'élaboration** : « Le contrat est remplacé par une situation initiale qui comporte certaines contraintes dans la procédure de l'argumentation devant mener à l'accord originel sur les principes de la justice ». Le « voile d'ignorance » est l'antithèse des formes de vie concrètes du contextualisme : tant que les principes ne sont pas définis, les joueurs ne savent rien de ce qu'ils seront dans la société future, homme ou femme, enfant ou adulte, riche ou pauvre, malade ou bien portant, idéaliste ou matérialiste, agressif ou calme..., et J. Rawls considère qu'il y a une garantie d'équité dans cette désingularisation des partenaires qui leur permet de raisonner en se mettant « à toutes les places de tous les autres ».

Autonomie et déontologie fortes, contre l'utilitarisme

Cette théorie est déontologique : il y a priorité du juste sur le bien, toute décision qui maximiserait l'avantage global — recherche du bien — mais porterait atteinte au plus mal loti — injustice — est irrecevable. Même une maximisation très forte pour un très grand nombre est injuste, si elle minimise — si peu que ce soit — la situation du plus mal loti. On voit que cette théorie du juste est une « machine de guerre » contre l'utilitarisme. La fécondité considérable de cette théorie est dans l'association de la justice non aux règles, aux principe en eux-mêmes, mais à leur procédure d'élaboration, et dans la priorité du juste sur le bien.

« Mon but est de présenter une conception de la justice qui généralise et porte à un plus haut niveau d'abstraction la théorie bien connue du contrat social telle qu'on la trouve, entre autres, chez Locke, Rousseau et Kant. Pour cela nous ne devons pas penser que le contrat originel soit conçu pour nous engager à entrer dans une société particulière ou pour établir une forme particulière de gouvernement. L'idée qui nous guidera est plutôt que les principes de la justice valables pour la structure de base de la société sont l'objet de l'accord originel. Ce sont les principes mêmes que des personnes libres et rationnelles, désireuses de favoriser leurs propres intérêts, et placées dans une position initiale d'égalité, accepteraient et qui, selon elles, définiraient les termes fondamentaux de leur association. Ces principes doivent servir de règle pour tous les accords ultérieurs ; ils spécifient les formes de la coopération sociale dans lesquelles on peut s'engager et les formes de gouvernement qui peuvent être établies. C'est cette façon de considérer les principes de la justice que j'appellerai la théorie de la justice comme équité »[21] (cf. TEXTE n° 11).

EXEMPLES MÉDICAUX

32. *Choix « tragique » du receveur*

Transposons la théorie procédurale de la justice comme équité à un dilemme médical : quel malade doit-on choisir (à compatibilité égale) pour une transplantation d'organe, étant entendu que d'autres patients sont sur la liste d'attente et qu'il n'y a qu'un greffon ? Qui peut dire s'il est bon de greffer le moins malade (principe d'efficacité, et économie d'un bien rare, le greffon) ou le plus malade (principe de bienfaisance), ou le plus jeune (projection de la société vers l'avenir) ou le plus âgé (dette de la société à l'égard de celui qui a le plus donné), ou, etc. [100]. En l'absence d'un principe moral déterminant, que faire pour que la décision soit moralement acceptable ? Si l'on raisonne dans une théorie comme celle de J. Rawls, **ce qui rendrait la décision moralement acceptable, c'est qu'elle soit juste**, c'est-à-dire que les principes de choix soient universels (identiques pour tous et invariants), irrévocables et publics, et que ces principes soient issus d'une procédure d'élaboration telle que le plus mal loti (celui qui n'a pas été choisi) puisse considérer sa situation comme découlant de règles qu'il aurait pu élaborer lui-même (avec tous les autres) sous le voile d'ignorance.

33. *Justice et allocation des ressources de soin*

On peut transférer ce raisonnement à la question — très débattue outre-Atlantique — de la limitation des admissions en réanimation, ou à toute autre question portant sur l'allocation de ressources rares. Se reporter à l'ANNEXE II, dans laquelle nous utilisons la théorie de la justice de J. Rawls pour poser la question de l'allocation des ressources de soin. Nous y cherchons les principes moraux en jeu dans les dépenses de santé, et les implications de ces principes et de leurs fondements sur l'éthique médicale.

34. *Médecine prédictive et « voile d'ignorance »*

Un aspect très contemporain de la médecine — la médecine prédictive — implique une réflexion approfondie sur la justice. Le récent avis du CCNE sur *Génétique et médecine : de la prédiction à la prévention*, n° 46, du 30 octobre 1995, le dernier à ce jour, pose un très grave problème d'éthique. En effet, tous les systèmes assuranciels des sociétés européennes[22], par lesquels sont prises en charge les dépenses de santé des individus, et en particulier le système français de la Sécurité sociale, sont fondés sur un principe absolu : l'égalité des personnes, ce que J. Rawls traduit par le « voile d'ignorance ». En effet, les cotisations ou les impôts ne sont jamais liés aux risques singuliers des personnes ; inversement, les prestations sont versées égalitairement uniquement en fonction des risques malheureusement réalisés : perte d'emploi, maladie, invalidité, accident de travail. Le voile d'ignorance s'appuie sur une représentation partagée d'un risque égal pour tous : chacun vieillit, peut être malade, perdre son emploi, avoir un accident de travail. Mais que se passe-t-il si le risque n'est plus également partagé ? Que se passe-t-il si la médecine prédictive fait de chacun un être différent et déterminé à l'avance devant les maladies et l'espérance de vie ? Que se passe-t-il si la médecine prédictive met certains devant la connaissance d'un risque personnel grave et la responsabilité de transmettre ou non ce risque à leur descendance ? « ... le développement des tests génétiques, en montrant que les individus ne sont pas identiques devant la santé, pourrait saper leurs (celles des régimes publics de protection sociale) bases solidaires fondées en grande partie sur l'ignorance dans laquelle les individus se trouvent face à leur propre destin » écrit le CCNE, p. 21. Un politologue contemporain, P. Rosanvallon, formule bien le problème en jeu : « Ces développements de la génétique auront à terme d'immenses conséquences sociales et politiques... C'est la logique assurancielle sur laquelle se fonde l'État Providence qui se trouve invalidée... L'assurance a une fonction de socialisation, d'agrégation, de solidarisation... C'est au contraire un mouvement de désolidarisation qui se met en marche quand les informations disponibles sur les individus se multiplient : l'information est l'instrument de la différenciation. À la limite, il n'y aurait d'ailleurs plus rien du tout à assurer si les individus étaient radicalement particuliers : on ne pourrait plus considérer aucune "population" »[23].
Ce danger invite à réfléchir sur le « voile d'ignorance ». Est-il un fait ? S'il l'est, sa mise en cause par l'information génétique prédictive ruine la solidarité. Que faire ? Ceci montre simplement que le « voile d'ignorance » n'est pas un fait, c'est une idée de la raison, au sens kantien, c'est-à-dire que c'est un principe d'action. Instaurer un système de solidarité par l'État Providence c'est affirmer le **postulat moral idéal** que les hommes sont égaux, c'est volontairement ignorer toute différence. Nous savons — et nous saurons de plus en plus — que les hommes sont inégaux devant la maladie et l'espérance de vie, mais nous pouvons choisir de vivre et d'agir « comme si » les hommes étaient égaux ; là est la tâche de la morale, de la politique, du droit. Il ne tient qu'à notre volonté, devant l'information génétique, d'opposer comme une obligation morale d'ignorance. (Ce qui est actuellement fait dans notre système de protection sociale, qui, disposant déjà d'informations médicales prédictives, n'en tient pas compte pour la prise en charge des malades.) Il est intéressant que le CCNE ait développé dans cet avis la thèse d'un « droit de ne pas savoir » pour l'individu et ait insisté longuement sur les

modalités de communication, d'utilisation et de conservation de l'information. De même, le CCNE insiste sur le caractère absolu du secret médical dans ces situations qui engagent souvent, pourtant, des tiers (descendance et collatéraux). Nous sommes renvoyés à la responsabilité de chacun en particulier et de tous collectivement devant l'information génétique prédictive.
« Si la connaissance génétique tend à préciser les éléments constitutifs de l'identité des êtres, elle va normalement souligner les particularité de chaque individu, ainsi que la possibilité de classer des individus par groupes porteurs d'une particularité commune ou voisine. Possibilité en elle-même neutre moralement, et qui peut être mise à profit pour le bien (N.B. : rappelons que l'Avis s'intitule : *Génétique et médecine, de la prédiction à la prévention*. La prédiction ouvre d'immenses et merveilleux espoirs de prévention). Cependant, elle entre en conflit avec une perspective éthique formelle mais qui est au centre de la problématique des Droits de l'Homme : l'égalité de tous en dignité » écrit le CCNE. La conclusion de l'avis sera la suivante : « Les tests génétiques apportent des informations sur l'identité des personnes et soulignent leur diversité qui contribue à la richesse de l'humanité. L'utilisation de ces informations à des fins de sélection ou de discrimination... conduirait à franchir une étape d'une extrême gravité vers la mise en cause des principes d'égalité en droits et en dignité, et de solidarité entre tous les êtres humains, sur lesquels reposent notre société. Le CCNE insiste sur la nécessité de respecter ces principes fondamentaux, **quelle que soit la finalité de l'utilisation des tests**[24] génétiques. Il y va des Droits de l'Homme ». Comprenons bien que même vis-à-vis d'une finalité incontestablement bonne, comme la prévention, pour soi-même ou pour les tiers, proches ou lointains — et ce champ ne va que s'étendre dans les décennies à venir — le principe d'égalité est prévalent ; s'il y a conflit éthique, le « voile d'ignorance » voulu s'impose. Le choix est fait d'une priorité du juste sur le bien ; le principe de justice l'emporte sur celui de bienfaisance, comme l'emporte celui du respect de l'autonomie, dans la défense du secret médical vis-à-vis des tiers à risques, concernés par l'information génétique. La référence aux Droits de l'Homme situe bien ce texte dans une ligne autonomique déontologique.

Critiques

Mais on pourrait reprocher à J. Rawls un **usage monologique de l'argumentation** ; c'est ce que fait J. Habermas. En effet, J. Rawls construit **lui-même** la totalité de la procédure et la totalité de l'argumentation qui conduira à l'énonciation des principes de justice.

Nous étudierons plus loin une autre critique que l'on pourrait adresser à J. Rawls, celle d'un cercle vicieux, mais elle vaut aussi pour J. Habermas.

3. ÉTHIQUE DE LA DISCUSSION : JÜRGEN HABERMAS

Autonomie universaliste fondée sur la normativité universelle du langage

J. Habermas [29] et [30], comme J. Rawls, s'inscrit dans le projet de la philosophie des Lumières du XVIIIe siècle, en particulier celui de Kant : fonder une morale indépendante des hypothèses de la métaphysique et de la religion. La meilleure tentative lui semble l'éthique de la discussion de K.O. Apel, c'est-à-dire l'hypothèse de fonder la valeur prescriptive des normes sur les **exigences de validité** que nous émettons quand nous produisons certains **actes de langage**.

Discussion et argumentation : normativité du langage et normativité morale

Dans des sociétés démocratiques, laïques, pluralistes, comme les nôtres, en un temps où l'on ne fonde plus collectivement les normes sur la Nature ou Dieu ou l'Homme, sur quoi s'appuyer pour agir moralement, comment savoir ce que l'on doit faire sans tomber dans l'arbitraire culturel, social, psychologique ? **Nous discutons**. La discussion entre des individus qui cherchent à s'entendre sur la meilleure décision à prendre, dans une situation réelle qu'ils partagent, est refus du conflit, émancipation pour chacun des interlocuteurs à l'égard de ses propres intérêts et préjugés, mise en œuvre de mécanismes qui conduisent les interlocuteurs à une rationalité de plus en plus universelle. Chacun parle librement, et pourtant il ne peut pas dire n'importe quoi. Effectivement, le langage impose des règles extrêmement contraignantes. Dans une discussion, qui doit conduire à une décision à prendre — sans le savoir — nous exigeons de nous-mêmes, comme locuteurs, et des autres, comme interlocuteurs, le respect d'une grande quantité de règles de grammaire, de logique, de cohérence, dans chaque phrase, dans le déroulement de la discussion elle-même, mais aussi à l'égard de ce que nous avons dit auparavant, à l'égard de ce que nous sommes, etc. bref, nous sommes contraints de nous plier à des normes. Nous ne pouvons pas nous mettre en auto-contradiction performative, dire, par exemple : « J'étais sur un bateau qui a fait naufrage et il n'y a pas eu de survivant ». Ainsi l'activité argumentative permet de devenir normatif (créateur de règles) parce qu'elle est elle-même normative (imposant des règles). **L'argumentation fonde la norme morale** parce que l'acte de parole est normatif en lui-même. Nous voyons qu'il faut une discussion réelle : c'est là que J. Habermas s'oppose à J. Rawls. L'argumentation fait de ceux qui y sont engagés ensemble des sujets moraux. J. Habermas reprend le catalogue d'Alexy — *Théorie de la Discussion Pratique* (1978) — qui énumère les règles logiques, les règles procédurales et, enfin, les règles processuales d'une logique minimale de l'argumentation. Un principe (D) fonde l'éthique de la discussion : « *Ne peuvent prétendre à la validité que les normes qui sont acceptées par toutes les personnes concernées en tant qu'elles participent à une discussion pratique* ». Ce principe (D) suppose le principe d'universalisation (U) :« *Les conséquences et les effets secondaires qui proviennent, de manière prévisible, du fait que la norme a été universellement observée dans l'intention de satisfaire tout un chacun, peuvent être acceptées par toutes les personnes concernées sans contrainte et préférées aux répercussions des autres possibilités* ».

Déontologie forte : obligations, universalisme, formalisme

Ainsi J. Habermas expose-t-il une éthique discursive qui construit un Sur-Nous de la communauté idéale de communication en se fondant sur la réversibilité parfaite des exigences de validité des procédures argumentaires des sujets raisonnables. Contre les néo-aristotéliciens, C. Taylor, A. MacIntyre et B. Williams, il défend **une position déontologique forte** : priorité, pour la théorie morale, des questions de justice sur les questions concernant la vie bonne, séparation stricte entre les questions de fondement et d'application, fondation de la validité prescriptive des obligations, affirmation que les questions morales sont susceptibles de vérité, formalisme procédural, universalisme parce que les structures de la communication qui permettent d'établir les principes sont telles qu'elles dépassent, par nature, les limites étroites de toute culture ou toute époque données. L'universel n'est pas le « point de vue de Sirius » ou de Dieu, mais le point de vue du Nous, c'est-à-dire un universel pragmatique construit à partir de la perspective de chacun en tant qu'il peut faire valoir ses intérêts de concerné (cf. TEXTE n° 12).

EXEMPLES MÉDICAUX

35. *Éthique de la discussion et Comités d'éthique*

Cette éthique de la discussion, nous semble-t-il, est au fondement des Comités d'éthique nationaux, qui se sont créés dans les démocraties occidentales, depuis 20 ans. Exemples : 1974-78, Commission nationale américaine sur les sujets se prêtant à la recherche ; 1981, Commission américaine ; 1982-84, Commission britannique Warnock ; 1985, Commission allemande Benda ; 1986, Conseil national d'éthique médicale en Suède ; 1987, Comité d'éthique danois ; 1988, National Bioethics Consultation Committee australien ; 1990, Conseil National de bioéthique en recherche sur les sujets humains canadien ; 1990, Conseil National pour la bioéthique italien. Faisant figure de précurseur, le Comité Consultatif National d'Éthique pour les sciences de la vie et de la santé est créé, en France, le 23 février 1983, par décret du Président de la République, avec la particularité d'être permanent et en charge

de toutes les questions de bioéthique, alors que d'autres comités sont spécialisés et/ou temporaires, comme le comité danois sur l'expérimentation, la commission allemande Benda sur l'analyse du génome et la thérapie génique ou la commission britannique Warnock sur les PMA.
Sur quoi repose la légitimité de ces comités, puisqu'ils ne sont pas des instances représentatives, élues, c'est-à-dire puisqu'ils n'ont pas de légitimité politique ? Il nous semble que la légitimité de ces comités et des avis qu'ils émettent repose sur un postulat de type habermassien, à savoir qu'une argumentation, entre individus rationnels, dans des conditions de liberté, d'indépendance et de pluralisme, animés du souci de déterminer la décision la meilleure possible à prendre, permet de faire émerger une norme moralement bonne. C'est un peu comme si à la question « Qu'est-ce que l'homme ? » à laquelle renvoie l'embryon congelé ou le comateux végétatif chronique, la réponse était : « Nous ne pouvons pas le définir, mais pour savoir comment agir à leur égard, nous-mêmes, devenons ensemble des hommes, par un débat qui nous rendra rationnels et moraux, et donc capables de normativité morale ».
Les comités locaux reposent aussi sur le même postulat d'une éthique rationnelle procédurale par l'argumentation. On distingue les comités d'éthique de la recherche, comme les CCPPRB, comités consultatifs de protection des personnes dans la recherche biomédicale, instaurés par la loi Huriet-Sérusclat du 20 décembre 1988 en France, qui examinent obligatoirement tous les protocoles de recherche biomédicale sur sujet humain, et les comités d'éthique clinique, très rares en France, mais nombreux outre-Atlantique, aux États-Unis et au Canada, qui traitent de cas difficiles : arrêts de soins, réanimation néo-natale, consentement, dépistage du SIDA, refus de soins, vérité au malade...
Cependant, en réalité, la logique normative des comités locaux, comme les CCPPRB, ou celle du Comité consultatif national d'éthique, en France, met aussi en œuvre l'exercice d'un jugement prudentiel, au sens aristotélicien de la recherche de la juste mesure au cas par cas. L'accord peut se faire sur une décision ponctuelle considérée comme moralement bonne, alors qu'il y a désaccord irréductible sur les normes, comme si un pragmatisme, très éclectique et très peu explicite dans ses fondements, conduisait à une forme de « sagesse » partagée. Comment interpréter cette double normativité, à la fois kantienne et aristotélicienne, universalisante et singulière, rationnelle et intuitionniste, principielle et pragmatique ? Notre conclusion reviendra sur cette question[25].

Mais, pouvons-nous admettre ces solutions procédurales, fondées, en dernière analyse sur **l'universalité de la rationalité humaine**, qu'elle se manifeste dans la théorie des jeux ou dans la pragmatique du langage ?

D. CRITIQUE DES SOLUTIONS PROCÉDURALES

1. LE PROBLÈME DU FONDEMENT : KARL-OTTO APEL CONTRE JÜRGEN HABERMAS

L'implicite des théories procédurales : la simultanéité, la réciprocité, la réversibilité entre interlocuteurs rationnels

Le débat, qui oppose aujourd'hui en Allemagne K.O. Apel et J. Habermas nous renvoie aux limites de la solution procédurale : admettons que nous puissions établir des normes, fondées sur la conduite d'une procédure argumentative valide, dans le débat démocratique, au Parlement ou au sein du Comité Consultatif National d'Éthique ; est-ce que les présupposés qui déterminent les règles de validité de la procédure ne constituent pas eux-mêmes une **théorie implicite, éthiquement non neutre** ? Toute éthique de l'argumentation suppose, par exemple, la **simultanéité**, la **réciprocité** et la **réversibilité** des énoncés argumentés et elle suppose, fondamentalement, des interlocuteurs en situation argumentative « performative ». Nous sommes donc, de fait, dans une morale de l'autonomie et de la simultanéité : *quid* de celui qui ne parle pas encore, ou de celui qui ne parle plus, ou de celui qui ne parlera jamais ?

Quel est le fondement du principe d'universalisation ?

De plus, sur quoi fonder la valeur normative de la procédure d'argumentation ? K.O. Apel donne ici une réponse kantienne : il existe des présupposés d'entente mutuelle, universels, transcendantaux, qui fondent les prétentions à la validité de l'argumentation, réponse qu'Habermas aujourd'hui refuse : il admet chez les partenaires de l'argumentation une anticipation effective d'un consensus possible sur la légitimité des prétentions à la validité, mais refuse un fondement transcendantal au principe d'Universalisation. D'où son recours à la vérification empirique, aux sciences reconstructrices et son seul critère de validité : la non-contradiction performative... et la schizophrénie promise au sceptique qui refuse de parler ! Dans *Penser avec Habermas contre Habermas* [31] (1989), Apel maintient le statut pragmatico-transcendantal du principe « U » contre son abandon par Habermas. Nous retrouvons ici, d'une certaine façon, l'opposition de Kant et de Hegel, de la morale et de la moralité sociale, du « fait de la raison » et du **constructivisme** de J. Piaget, N. Chomsky, L. Kohlberg, utilisés par J. Habermas pour fonder l'universalité des structures de la raison argumentative, et donc des normes qu'elle peut produire.

« Cercle vicieux » : la rationalité, source et résultat de l'argumentation (comme la justice chez J. Rawls)

C'est ainsi que K.O. Apel dénonce **un cercle vicieux** chez J. Habermas, que l'on peut formuler, très schématiquement : si la rationalité normative ne se constitue que dans l'effectuation de la procédure argumentative — puisqu'il y a refus du monologique — dont elle est le résultat, et s'il faut être rationnel pour mener à bien une procédure argumentative, que faire ? **Comment la rationalité peut-elle être à la fois le résultat et la source de l'argumentation ?** Nous nous heurtons là à la difficulté fondamentale des théories de l'autonomie. Le même **cercle vicieux** perturbe la théorie procédurale de la justice de J. Rawls : les partenaires, avant d'entamer la procédure d'élaboration des règles de justice, c'est-à-dire avant d'établir les « règles du jeu », et pour le faire, ont nécessairement un certain « sens de la justice ». Or, le sens de la justice est lui-même un « bien premier » assuré par la société juste. Autrement dit, pour entrer dans une procédure équitable d'élaboration des règles justes, il faut avoir le sens de la justice, ce que J. Rawls appelle des « convictions morales bien pesées ». Mais, pour être juste il faut vivre dans une société juste, c'est-à-dire celle qui sera construite selon les principes à établir. Que l'on se reporte, dans la *Théorie de la justice*, à l'ordre même des chapitres : le chapitre III, en début d'ouvrage construit la théorie de « La position originelle », alors que l'ouvrage se clôt, en avant-dernier chapitre, sur « Le sens de la justice ».

2. LE PROBLÈME DE L'ALTÉRITÉ SINGULIÈRE FACE À L'UNIVERSEL : EMMANUEL LEVINAS CONTRE JÜRGEN HABERMAS[26]

Distinction du juste, autonomique, déontologique, procédural, et du bon, hétéronomique, téléologique, existentiel

Pour échapper au dilemme : régression à l'infini (fondement du fondement) ou pétition de principe (fondement fondé sur ce qu'il fonde, c'est-à-dire « cercle vicieux ») ne peut-on choisir une troisième voie, comme dans « trilemme de Münchausen » cité par Habermas, et sortir délibérément de la chaîne par une vérité d'un autre ordre, non pas l'*a priori* transcendantal kantien repris par Apel, mais l'affirmation d'une distinction radicale entre le **juste** et le **bon** ? Autrement dit, même si nous admettons la valeur normative d'une procédure qui nous conduise à des normes de justice, nulle procédure, en revanche, ne peut nous conduire à la bonté. En effet, ne faut-il pas distinguer justice et bonté ? L'homme juste est-il toujours bon et l'homme bon est-il toujours juste ? La bonté serait ce rapport éthique fondamental par lequel l'homme — à la différence de tous les autres êtres — sort de lui-même pour se dévouer à l'autre : « L'en-soi de l'être se dépasse dans la gratuité du hors-de-soi-pour-l'autre... dans la vie vécue par l'humain, commence la pure éventualité du se vouer-à-l'autre » écrit Emmanuel Levinas dans l'ouvrage collectif de F. Lenoir *Le Temps de la Responsabilité* [47].

Altérité du « visage de l'Autre » et responsabilité

Il y aurait une **hétéronomie fondamentale du bon** : c'est **l'altérité même** de l'autre qui fonde l'éthique. Ce thème de l'altérité, cette présence d'autrui, est le centre d'où rayonne toute la philosophie d'E. Levinas ; altérité qui surgit dans notre vie et nous humanise, dans une expérience fondatrice : la rencontre du regard d'autrui, « l'épiphanie du visage » d'autrui comme une interpellation absolue à sortir de nous-mêmes. L'autre n'est là ni pour mon désir, ni pour mon pouvoir, ni pour ma liberté, ni pour ma curiosité, ni pour mon bonheur..., il est là, il est lui, il est l'Autre. « Je me demande si l'on peut parler d'un regard tourné vers le visage, car le regard est connaissance, perception. Je pense plutôt que l'accès au visage est d'emblée éthique. C'est lorsque vous voyez un nez, un front, un menton, et que vous pouvez les décrire, que vous vous tournez vers autrui comme vers un objet... La relation avec le visage peut certes être dominée par la perception, mais ce qui est spécifiquement visage ne s'y réduit pas... Le visage est signification, et signification sans contexte. D'ordinaire, on est un personnage : on est professeur à la Sorbonne, fils d'Un tel, tout ce qui est dans le passe-port, la manière de se vêtir, de se présenter... au contraire, le visage est sens à lui seul. Toi, c'est toi. En ce sens, on peut dire que le visage n'est pas "vu"... il est l'incontenable... Le visage est ce qu'on ne peut tuer, ou du moins ce dont le sens consiste à dire : "Tu ne tueras point" », répond E. Levinas, dans l'entretien radiophonique *Éthique et infini* [33].

Essence de l'homme : le décentrement de soi

Toute sa philosophie est dans cette thèse du décentrement de soi, dans l'affirmation que l'essence de l'homme est de ne pas être lui-même : avec l'homme apparaît, dans le monde, un être qui n'est lui-même qu'au moment où il devient un pour-l'autre. Les choses, les êtres animés sont ; leur essence, c'est d'exister, d'être. Avec l'homme apparaît un être dont l'essence est **« autrement-qu'être »**, si nous reprenons le titre d'un des ouvrages de Levinas : *Autrement qu'être, ou au-delà de l'essence* (1974). Dépassant la philosophie de Heidegger, avec la perte de soi dans l'Être, et celle de Sartre, et du « pour-soi » réflexif et libre, Levinas repense l'humanisme par le « hors-de-soi-pour-l'autre ». Il découvre alors que la structure essentielle, première, fondamentale de la subjectivité, c'est-à-dire du fait pour l'homme d'être un sujet, c'est **la responsabilité**. Mais, attention, la responsabilité en un sens nouveau : « J'entends la responsabilité comme responsabilité pour autrui, donc comme responsabilité pour ce qui n'est pas mon fait, ou même ne me regarde pas ; ou qui précisément me regarde : un visage... D'habitude, on est responsable pour soi-même. Je dis que la responsabilité est initialement un *pour autrui*. Cela veut dire que je suis responsable de sa responsabilité même... La relation intersubjective est une relation non symétrique. En ce sens, je suis responsable d'autrui sans attendre la réciproque, dut-il m'en coûter la vie. La réciproque, c'est *son* affaire », dit Levinas dans ce même entretien *Éthique et infini*. Devant le visage d'autrui, il n'y a qu'une parole : « me voici », le « je » est à l'accusatif, il se donne à l'autre, et au moment même où il se donne, il est, il est unique, il est insubstituable à un autre, « je » existe vraiment (cf. TEXTE n° 13).

Altérité de la mort, de la sexualité, de la paternité

L'altérité est donc ce qui nous humanise. Levinas propose trois expériences de cette transcendance, de cette rencontre avec l'autre dans son altérité : la mort, la relation amoureuse, la paternité. Dans *Le temps et l'autre* (1947) [34], dont le titre indique le dépassement de *L'Être et le Temps* de Heidegger, Levinas invite le lecteur à penser sa propre mort : elle est ce quelque chose d'absolument tout autre qui va nous arriver un jour : « Nous sommes en relation avec quelque chose qui est absolument autre, quelque chose portant l'altérité, non pas comme une détermination provisoire, mais quelque chose dont l'existence même est faite d'altérité ». La relation amoureuse est aussi l'expérience indicible de l'altérité : mystère de la dualité masculin-féminin de l'être humain ; mystère de la caresse, dans laquelle par le corps et grâce à lui, est rencontré autre chose que le corps ; mystère d'un décentrement qui n'est ni possession, ni fusion. Enfin, l'enfant est le plus étranger des autres et le plus proche : « Comment le moi peut-il rester moi dans un toi, sans être cependant le moi que je suis dans mon présent, c'est-à-dire un moi qui revient fatalement à soi ? Comment le moi peut-il devenir autre à soi ? Cela ne se peut que d'une seule manière : par la paternité. La paternité est la relation avec un étranger qui, tout en étant autrui, est moi : la relation du moi avec un moi-même, qui est cependant étranger à moi ». C'est **par l'altérité de la mort, de la sexualité et de la paternité** que nous sommes des hommes.

EXEMPLES MÉDICAUX

Il nous semble que la philosophie d'E. Levinas thématise deux obligations morales de la profession médicale en France.

36. *Obligation de soigner tout patient*

Tout d'abord, elle thématise l'obligation de soigner, avec tous les moyens dont on dispose, tout homme, quel qu'il soit, même celui coupable du crime le plus odieux, même le terroriste, même le tortionnaire. Dans le colloque singulier, le patient est l'Autre, il est un absolu qui prime sur toute autre considération. La rencontre du visage et du regard de l'homme malade impose l'obligation de faire tout pour lui, indépendamment du « personnage » qu'il est. Par exemple, dans les cas si difficiles d'expertises pour agression et/ou pour viol, l'examen médical de l'agresseur comme celui de la victime suppose un immense respect. Dans des situations plus quotidiennes, il importe de s'abstenir de toute position personnelle, de tout jugement à partir de soi-même, et de se laisser « prendre » par l'autre, même si ce décentrement de soi-même sur un malade, par exemple, « condamné » — selon la terrible expression populaire — ou agressif ou sale ou violent ou dément ou grabataire n'est pas psychologiquement facile. Mais **la psychologie n'est pas la morale**, il s'agit ici d'une conversion morale de soi-même. Tout homme a droit à tout ce dont chaque médecin est capable dans la pratique et la relation médicales.

37. *Secret médical*

L'obligation, jointe à celle de soigner également tout malade unique, singulier, insubstituable, est celle du secret médical. Cette obligation apparaît dès le serment d'Hippocrate en sa dernière phrase : « Tout ce que je verrai ou entendrai dans la société, pendant l'exercice ou même hors de l'exercice de ma profession, et qui ne devra pas être divulgué, je le tiendrai secret, le regardant comme chose sacrée » (TEXTE n° 19). Dans la forme actuel du serment, les médecins jurent : « Admis dans l'intérieur des maisons, mes yeux ne verront pas ce qui s'y passe ; ma langue taira les secrets qui me sont confiés » (TEXTE n° 20). Le Code de déontologie médicale [129] précise cette obligation : « Art. 4 — Le secret professionnel, institué dans l'intérêt des patients s'impose à tout médecin... couvre tout ce qui est venu à la connaissance du médecin dans l'exercice de sa profession, c'est-à-dire non seulement ce qui lui a été confié, mais aussi ce qu'il a vu, entendu et compris ». L'ancien Code de déontologie précise : « Art. 12 — Le médecin doit veiller à ce que les personnes qui l'assistent dans son travail soient instruites de leurs obligations en matière de secret professionnel et s'y conforment. Art. 13 — Le médecin doit veiller à la protection contre toute indiscrétion de ses fiches cliniques et des documents... Lorsqu'il se sert pour des publications scientifiques de ses observations médicales, il doit faire en sorte que l'identification des malades ne soit pas possible ». Même si des dérogations légales existent : déclarations de naissance, de décès, de maladie contagieuse, certificats d'internement, accidents du travail et maladies professionnelles, pensions militaires, et enfin, sévices présumant d'un viol ou sévices subis par des mineurs, elles sont encadrées strictement par la loi et le médecin reste tenu par le secret professionnel : il ne doit révéler que le strict minimum nécessaire à la protection du malade et de ses intérêts[27] (ou nécessaire à la

protection d'autrui, dans certaines situations psychiatriques qui mettent directement en danger la vie d'un tiers). **Rien ni personne ne peut relever le médecin de ce secret**, même le malade lui-même, même la mort du malade. Quant à la communication d'une information par un médecin à un autre médecin, elle doit être justifiable. Ce qui a été confié ou compris est quelque chose de sacré, selon le mot très fort du serment d'Hippocrate.
Prenons un exemple contemporain très difficile : un médecin soignant un patient atteint du virus HIV et apprenant que ce patient, n'ayant pas informé son conjoint ou son/sa partenaire, a des relations sexuelles non protégées, doit-il moralement prévenir ce conjoint ou ce/cette partenaire pour le protéger d'un risque mortel ? La réponse selon l'esprit du Code de déontologie est claire : c'est non. Le médecin doit s'efforcer, par tous les moyens moralement acceptables, de conduire son patient à faire lui-même cette révélation, à protéger ses relations sexuelles ou à prendre toute autre mesure de protection.
Ce secret médical n'est pas sans poser des problèmes difficiles, douloureux, comme le montrent l'exemple précédent, ou des cas plus courants de pronostics mortels non révélés à des proches — avec des conséquences préjudiciables pour eux — ou de sévices sur des patients adultes que le médecin juge peu autonomes, ou d'informations génétiques prédictives concernant des tiers..., mais ce qui prévaut c'est la protection absolue de l'information sur celui qui a été rencontré dans le face-à-face du colloque singulier, quel qu'il soit, quoi qu'il décide...

Le problème du tiers : ambivalence de l'éthique

Mais nous ne sommes pas que deux : autrui et moi (le médecin et le malade dans le colloque singulier), il y a aussi **tous les autres**. C'est pourquoi, en plus de l'éthique, il faut la justice : « Comment se fait-il qu'il y ait une justice ? Je réponds que c'est le fait de la multiplicité des hommes, la présence du tiers à côté d'autrui, qui conditionnent les lois et instaurent la justice. Si je suis seul avec l'autre, je lui dois tout, mais il y a le tiers » écrit E. Levinas dans *Éthique et Infini* [33].

Ainsi nous sommes conduits à scinder notre réflexion en deux moments distincts :
– **une éthique hétéronomique de l'Autre**, présent, charnel, unique, vulnérable
– **un droit procédural, autonomique du Tiers,** universel, abstrait
comme s'il y avait une **hétéronomie du bon** et une **autonomie du juste**.

L'éthique serait ambivalente. Effectivement, dans l'usage actuel du mot, l'ambivalence est très forte. L'éthique renvoie, d'une part, à l'idée d'un **fondement de la morale,** à l'idée d'une réflexion philosophique originaire sur la moralité. Elle serait une méta-morale définissant les fondements et justifications des normes morales. Mais, d'autre part, l'éthique est aussi comprise comme un ensemble de **règles codifiées,** dans un champ de validité donné, par exemple dans les expressions « éthique des affaires » ou « éthique médicale ». L'éthique serait alors plutôt comme une infra-morale, une morale appliquée ; elle serait constituée d'un ensemble de « bonnes pratiques » consensuelles qui permettraient l'application concrètes des normes morales. L'éthique, en ce sens, serait très proche de la déontologie.

L'ambivalence de l'éthique n'est pas nouvelle, même si la forme de cette ambivalence varie. Déjà en grec, et Aristote le fait remarquer au début du Livre II de *L'Éthique à Nicomaque* [1] et, avant lui, Platon, dans les *Lois*[28], le mot *èthikos* a une double racine et un double sens : l'*ēthos* est la forme excellente du caractère, la vertu, comme une tension constante vers la perfection ; tandis que l'*ĕthos* ce sont les mœurs, les coutumes, les habitudes. Autrement dit, l'*èthos* renvoie à l'idée d'appréciation, de valeur, d'idéal, de transcendance, de téléologie, tandis que l'*éthos* renvoie à l'idée de réalisation, de faits, d'immanence, de déontologie, de devoirs, de lois, de règles. Nous verrons plus loin, en II e 2, comment éthique et morale se situent l'une par rapport à l'autre et nous proposerons une interprétation de cette ambivalence qui nous semble fondamentale[29] au sens fort, c'est-à-dire devant servir de fondement à notre réflexion morale (cf. aussi TEXTE n° 15).

EXEMPLES MÉDICAUX

38. *Éthique collective et éthique « au lit du malade »*

Dans le domaine qui nous intéresse, cette dissociation de l'éthique hétéronomique de l'Autre et du droit autonomique du tiers peut être très vivement et péniblement ressentie. En effet, le médecin français est à la fois dans la logique de l'Autre, dans le colloque singulier, et dans celle du tiers, en tant qu'acteur dans un système de santé qui inclut tous ses concitoyens, depuis l'instauration de la Sécurité sociale en 1945[30]. La seule issue pour l'agent moral est ici — nous semble-t-il — de distinguer absolument les rôles dans lesquels il a à prendre des décisions. En tant que médecin qui soigne un malade, il s'inscrit dans une éthique de l'Autre auquel il doit, dans le respect des normes collectivement établies, tous ses soins sans compter et sans autre considération que ce malade-là, qui est avec lui dans le colloque singulier ; en revanche, dans une situation de recherche ou de co-décideur ou de conseiller en santé publique, le médecin est dans une logique du tiers : vaccinations obligatoires, déclaration des maladies contagieuses, expérimentation sans bénéfice directe pour le sujet, évaluation des coûts des soins, allocation équitable des ressources de soins, « choix » médicaux...[31] (cf. ANNEXE II).

Cette présence du tiers nous contraint donc à penser aussi **le droit**, à côté de l'éthique de l'Autre, que nous propose Emmanuel Levinas.

E. ÉTHIQUE ET DOULEUR DU CONFLIT

1. LE DROIT : DÉONTOLOGIQUE OU TÉLÉOLOGIQUE ?

Le droit, dans sa nature même, se présente comme **déontologique**. Par définition, il est un ensemble de règles qui déterminent ce que l'on doit faire et ce que l'on ne doit pas faire. Il a une **origine procédurale**, qu'il s'agisse de la règle constitutionnelle, de l'arrêté municipal ou même du règlement intérieur d'un établissement, et il s'énonce de façon **formelle**. La forme éminente de la règle de droit, c'est-à-dire la loi — comme déterminant les obligations relatives aux relations des hommes entre eux, de caractère général et abstrait — se définit par rapport à sa source, c'est-à-dire à l'organe ou à l'autorité qui a le pouvoir de l'édicter. Nous sommes ici dans le déontologique, autonomique, procédural, formel.

L'écart entre le légal et le légitime : la question de la « loi injuste »

Pourtant, nous nous heurtons à un problème, celui de l'écart entre le légal et le légitime, autrement dit à l'idée de « loi injuste ». À quelles conditions les règles de droit sont-elles légitimes ? Devons-nous nous soumettre à des obligations légales, mais que nous pouvons ressentir comme illégitimes ? Et, inversement, sommes-nous « en droit » de transgresser la loi au nom d'un droit supérieur ? Le problème de la « loi injuste » est au centre des questions bioéthiques. Il nous faut penser les relations du légal et du légitime, du droit et de la justice. Le problème est très complexe, nous allons le simplifier sous forme de trois hypothèses.

Première hypothèse : Le juste c'est le légal (positivisme juridique et historicisme)

Dans cette première hypothèse, est juste ce qui est permis par la loi, injuste, ce qui est interdit par la loi. C'est la thèse de l'historicisme de Marx, par exemple, ou de Nietzsche, et celle du positivisme juridique[32] de Hans Kelsen, par exemple, dans *La théorie pure du droit* (1934). Dans une telle conception, la question de savoir si une loi est injuste n'a pas de sens, car la poser c'est supposer qu'il existe, indépendamment du droit positif, réel, une valeur ou une norme transcendante, ce qui est nié ici.

Or, sans poser la question de savoir si tous les systèmes de droit se valent, car on pose toujours la question à partir du système dans lequel on se situe, et il y a alors ethnocentrisme, on peut pourtant constater qu'il est possible de porter un jugement critique sur le système juridique dans lequel on est soi-même. D'où vient cette distance que l'homme peut avoir par rapport à son propre système juridique ? Même des tenants de l'historicisme juridique, comme Michel Foucault, dénoncent des lois comme injustes. Si cette contestation ne repose que sur un vitalisme juridique nietzschéen, fondé en dernier ressort sur la volonté de puissance, il est inapte à fonder la moindre résistance au pouvoir, pourtant dénoncé. Il faut donc admettre une distinction du juste et du légal au fondement de cette **contestation possible**.

Deuxième hypothèse : Le juste est le fondement du légal (théorie du droit naturel)

Faut-il alors — contre le positivisme juridique de Kelsen, et contre le fait totalitaire — revenir avec Léo Strauss, dans *Droit naturel et Histoire* (1953), à une théorie du **droit naturel** ? Faut-il admettre un néo-aristotélisme ? C'est supposer qu'au fondement du droit positif, il existe un droit naturel universel, étalon au nom duquel nous pouvons désigner une loi comme injuste, par exemple les lois raciales nazies, pourtant légalement instituées (cf. TEXTE n° 14). Mais quels sont ces droits naturels de l'homme ? Où les chercher ? Qui peut définir la nature de l'homme ? Le problème semble insoluble. Kelsen montre que supposer un ordre établi par la nature comme autorité suprême, supérieure au législateur humain, c'est supposer nécessairement un Être Suprême à l'œuvre dans cette nature ; sinon les lois de la nature s'imposent comme une causalité factuelle et le droit est ruiné : comment le fait pourrait-il faire droit ? L'idée de normes immanentes à la nature implique la volonté d'un Dieu. Comment dès lors penser le droit naturel hors de tout postulat religieux ?

Troisième hypothèse : Le juste est finalité et le fondement du légal (contrat social, Droits de l'Homme)

La philosophie des Lumières du XVIIIe siècle — et la *Déclaration des Droits de l'Homme et du Citoyen* en est issue — fonde l'idée de droits naturels de l'Homme sur celle du contrat social, passé entre des individus rationnels pour vivre ensemble, de façon pacifique et rationnelle. Les conditions nécessaires d'un tel contrat sont la liberté, la sécurité, la propriété et le droit de résistance à l'oppression, qui sont ainsi les droits naturels de l'homme. Que l'on se reporte à l'article II de la *Déclaration* de 1789. Or, dans l'Introduction, les députés se réclament de leur pouvoir de représentation du peuple pour légitimer leur proclamation des droits naturels de l'homme, « l'Assemblée **reconnaît**, d'une part, et **déclare**, d'autre part, les droits de l'homme, **pour** le maintien de la Constitution et le bonheur de tous ». Autrement dit, les droits naturels doivent être garantis, assurés par l'ordre politique lui-même. Paradoxalement, ils sont « déjà là », puisqu'ils sont naturels et fondent la légitimité de la loi, mais leur existence n'est rendue effective que par la loi elle-même ; ils en sont ainsi la finalité. La loi est ainsi la condition de la liberté et de la moralité de l'homme, c'est le droit qui fait de l'homme un homme en le rendant libre et moral. Les droits naturels sont donc, à la fois, le fondement et la finalité de la loi, **le juste est à la fois le fondement et la finalité du légal**. Nous voyons que le droit n'est plus seulement déontologique ; il est téléologique, orienté par une finalité : permettre à l'homme de devenir un être libre et moral.

La thèse apparaissait déjà chez Kant : nous avons vu, plus haut, que la position déontologique des *Fondements de la Métaphysique des Mœurs* supposait, à titre de postulat — exigé par la raison, mais indémontrable — la liberté de l'homme, fondée sur une séparation du monde empirique, soumis au déterminisme, et du monde intelligible, monde de la liberté. Or, la raison humaine cherche la synthèse de ces deux mondes, c'est-à-dire la réalisation dans le monde empirique du caractère intelligible de l'homme. Comment ? Par le droit. L'existence même du droit est la « preuve », si l'on peut dire, d'un accord tacite sur la liberté transcendantale. Que l'on se reporte à l'usage régulateur d'une idée de la raison dans la dialectique transcendantale de la *Critique de la Raison Pure* (cf. TEXTE n° 6) : le blâme que nous formulons à l'encontre du menteur est la preuve de cet usage. En effet, qu'est-ce qui rend pensable le droit, la nécessité de légiférer, à l'œuvre dans toutes les sociétés humaines ? C'est le postulat de la liberté, liberté qui est, en même temps, le résultat du droit. Kant présente le droit comme la synthèse asymptotique de la nature et de la liberté, du caractère sensible et du caractère intelligible de l'homme. La société civile, c'est-à-dire la **construction politique d'un espace juridique**, est la solution de l'antinomie de la liberté. *La Métaphysique des mœurs* de Kant se divise en *Doctrine du droit* et *Doctrine de la vertu*[33].

Dans les derniers textes de Kant et chez Fichte (1762-1814) dans le *Fondement du droit naturel* (1796), le juste apparaît comme à construire, comme un futur, une destination de l'homme. Autrement dit, la subjectivité de l'homme, sa capacité à être un sujet, à avoir une volonté autonome, n'est pas un donné, elle doit se construire : par **l'intersubjectivité juridique historique**. Il n'y a pas de nature humaine mais une destination de l'homme : « L'homme dévie de sa destination et y revient toujours » écrit Kant, dans sa dernière œuvre, *Anthropologie du point de vue pragmatique* (1798). L'homme, auteur autonome de la loi morale, sujet libre, n'est pas un donné, il se construit, individuellement par l'éducation, et collectivement par l'histoire qui est culture. Ainsi, Fichte écrira-t-il : « L'homme ne devient homme que parmi les hommes ». L'intersubjectivité, en particulier l'intersubjectivité juridique, est la condition de possibilité de la subjectivité.

Le droit est téléologique : il est finalisé par la réalisation de la liberté et de la moralité des hommes

Si l'homme, comme sujet, libre, autonome, moral, advient par la réalisation historique du droit dans une histoire qui est une culture, alors il faut conclure que le droit n'est pas seulement déontologique, mais aussi téléologique : sa finalité c'est la réalisation de la liberté et de la moralité de l'homme, et c'est à l'aune de cette finalité que l'on peut juger le droit et parler de « loi injuste ».

Ainsi la pensée du droit nous renvoie-t-elle du **déontologique au téléologique**. L'éthique serait-elle donc impossible à penser en dehors de l'un **et** de l'autre ? Nous allons voir que c'est l'hypothèse à laquelle nous renvoie la philosophie contemporaine de la volonté, engagée dans l'action.

2. TENSION DU DÉONTOLOGIQUE ET DU TÉLÉOLOGIQUE : LECTURE DE JOHN RAWLS PAR PAUL RICŒUR

Nous nous proposons de réfléchir à partir de celle de Paul Ricœur, qui se poursuit encore inlassablement. P. Ricœur part, comme Kant, de l'homme comme *cogito*, comme sujet par excellence, comme **autonomie**, puisque sa philosophie est une philosophie de la **volonté**. Or, nous allons — paradoxalement — être conduits à l'hétéronomie, par l'irruption de l'involontaire et de la faute.

L'acte volontaire et la finitude de l'homme : les motifs, les pouvoirs, la nécessité

Dans *La philosophie de la volonté* (commencée en 1950), *Le volontaire et l'involontaire*[34] montre que, dans les trois moments de l'acte volontaire, le choix, puis l'effort, enfin le consentement, le *cogito* est décentré. Il y a, dans tout acte volontaire, un pôle involontaire, opaque, résistant : le choix et les motifs, l'effort et les pouvoirs, le consentement et la nécessité. Autrement dit — paradoxalement —, dans l'acte volontaire, nous découvrons la finitude de l'homme, finitude d'une perspective finie, d'un caractère déterminé et de l'amour propre.

Finitude et culpabilité[35] (1960) montre **la faillibilité de l'homme** : au niveau théorique de la connaissance, notre perspective est finie, déterminée par notre vie individuelle : l'erreur est possible ; au niveau pratique du vouloir, nous nous portons vers le Bien mais à travers la partialité de notre champ de motivation, la finitude de notre caractère : le mal moral est possible ; enfin, au niveau affectif de l'amour, nous sommes prisonniers du sentiment vital, de l'attachement viscéral à nous-mêmes : l'égoïsme est possible. Nous voudrions tout connaître, tout vouloir, tout aimer, mais notre perspective, notre caractère, notre attachement à la vie nous rendent faillibles. Et Paul Ricœur étudiera longuement, dans *La symbolique du mal,* les symboles et les mythes occidentaux du mal, de la faute, de la culpabilité, qui conduisent à une ontologie de la volonté faillible.

La faillibilité de la volonté autonome, et le nécessaire retour au téléologique

Ainsi cette philosophie de la volonté nous conduit-elle non à l'impératif kantien, mais à la finitude et à la faillibilité de l'homme. Dès lors le retour au téléologique est nécessaire, le déontologique, apparemment sous-jacent à une philosophie de la volonté, perd son assise, il faut revenir à quelque chose d'extérieur à l'homme, c'est ce que nous apprennent l'expérience de l'involontaire et celle de la faillibilité.

Le « cercle vicieux » de John Rawls est un « cercle vertueux »

C'est ainsi que P. Ricœur, dans *Lectures I. Autour du politique*[36] (1991), donne une interprétation très riche du « cercle vicieux » de la théorie, en apparence déontologique, de J. Rawls. Rappelons le problème : les partenaires qui élaborent procéduralement les principes de justice, ont le « sens de la justice » — avant même que la justice ne soit définie et effectivement réalisée, puisque la justice des principes découlera de l'équité de leur procédure d'élaboration. Que faire de cette structure circulaire de la théorie ? L'invalide-t-elle ? Ce n'est pas l'analyse de P. Ricœur. En effet, il montre que ce cercle n'est pas « vicieux » mais au contraire éthique : **la dialectique même du légal (déontologique) et du bon (téléologique)** est constitutive de l'idée du juste comme idée régulatrice par rapport à la pratique sociale. Autrement dit, dans l'élaboration des principes de justice, la circularité des « convictions bien pesées » des partenaires qui discutent, convictions téléologiques (orientées vers le bien), et de la théorie de la justice, qui, elle, est déontologique (établir des règles universelles) est éthique. Sinon, le principe du maximin, au nom duquel les partenaires choisissent la donne qui avantage le plus défavorisé, perd sa valeur éthique ; il devient un simple impératif prudentiel — chaque joueur craignant d'être le plus défavorisé — et on retombe dans l'utilitarisme combattu par J. Rawls. Le juste, donc, n'est ni le légal (déontologique, autonomique, procédural, kantien), ni le bon (téléologique, hétéronomique, pragmatique, aristotélicien) : il est le résultat de leur dialectique incessante[37].

On peut présenter ainsi cette dialectique du déontologique et du téléologique : la justice **part du téléologique :** la recherche du bonheur pour tous, le « vouloir vivre bien tous ensemble » ; mais cette recherche du Bien, ancrée dans des convictions bien pesées, conduit inéluctablement à la recherche de **l'égalité proportionnelle** entre des individus différents et des biens, des charges et des fonctions sociales différents, donc **au formalisme**, donc au **déontologique** par la recherche de la norme ; mais l'application de la norme suscite des conflits et la répartition des biens nécessite **une évaluation** ; il faut alors **un retour au téléologique** de la sagesse pratique, qui passe de l'universel intemporel au particulier historique et social : le débat public à issue aléatoire et historique, sous l'idée d'équité, permet le règlement du conflit. P. Ricœur résume ceci en une formule : « L'équité s'avère ainsi être un autre nom du sens de la justice, quand celui-ci a traversé les conflits suscités par l'application même de la règle de justice »[38] (cf. TEXTE n° 15).

Le juste entre le légal et le bon

Nous parvenons donc à cette conclusion que l'éthique est cette **dialectique incessante du déontologique et du téléologique :** l'objet de la volonté éthique c'est la réconciliation, **du juste et du bien,** c'est la construction, jour après jour, acte après acte, de ce Kant appelait le

« règne des fins », c'est-à-dire un monde dans lequel tous les êtres humains seront considérés « comme des fins et jamais seulement comme des moyens », la réconciliation de la vertu et du bonheur. Être éthique c'est accepter et vivre ce **conflit du bien à faire et du devoir à accomplir**, « comme si » la destination de l'homme était d'en sortir dans un monde meilleur, qui n'est pas à attendre mais **à construire**. Nous pouvons peut-être dire qu'être éthique c'est souffrir sans repos de ce conflit, jamais résolu, jamais réglé, toujours à remettre sur l'ouvrage. La conscience morale est une conscience in-quiète, au sens propre ; elle ne peut jamais trouver le repos.

---

1. FERRY L., *Le nouvel ordre écologique*, Paris, Grasset, 1992, 278 p.
2. Cette position est confirmée, après le moratoire de 3 ans qui avait été recommandé, dans CCNE, AVIS n° 19 du 18 juillet 1990 sur les recherches sur l'embryon soumises à moratoire depuis 1986 et qui visent à permettre la réalisation d'un diagnostic génétique avant transplantation [92].
3. On pourra se reporter à JONAS H., « Technique, morale et génie génétique », *in : Communio*, Paris, nov. - déc. 1984, IX, 6 : 46-65.
4. MILL J. St. [21]. Le mot semble, en fait, avoir été employé pour la première fois par J. Bentham dans sa correspondance en 1781 et en 1801 ; ce fait est ignoré de J. St. Mill. En revanche le mot utilité est déjà chez D. Hume.
5. FREGE G., *Grundlagen der Arithmetik*, Breslau, Marcus, 1884 ; trad. Imbert C., *Les fondements de l'arithmétique*, Paris, Seuil, 1969, 236 p. FREGE G., *Écrits logiques et philosophiques*, trad. Imbert C., Paris, Seuil, 1971, 238 p., qui regroupe des articles parus dans différentes revues entre 1879 et 1925. Le « tournant linguistique » marque, dans la philosophie depuis le début du XXe siècle, le remplacement des questions traditionnelles de la connaissance par les questions du sens et de la signification des énoncés. Il est marqué également par la critique du langage comme instrument de communication et/ou de domination sociale.
6. MILL J.S., *Autobiography*, London, Longmans, 1873 ; trad. Villeneuve G., *Autobiographie*, Paris, Aubier, 1993, 261 p.
7. Un article récent recense 157 échelles et adaptations spécifiques pour évaluer la qualité de vie des patients GILL T. et FEINSTEIN A., « Quality-of-Life Measurements : A Critical Appraisal », *Crit. Care Int*, Sept. 1994, 3-7.
8. FAGOT-LARGEAULT A., « Réflexions sur la notion de qualité de la vie », *in : Archives de philosophie du droit*, Sirey, 1991, tome 36, p. 135-153. On peut trouver cet article reproduit *in :* LAUNOIS R., REGNIER F. [102]
9. LOCKWOOD M., « Qualité de la vie et affectation des ressources », *in : Revue de Métaphysique et de Morale*, Paris, 1987, 92, n °3 : La bioéthique, p. 307-328.
10. SINGER P., *Animal Liberation*, New York, *New York Review*, 1975 ; trad. Rousselle, *La libération animale*, Paris, Grasset, 1975, rééd. 1993, 384 p.
11. Bonne problématisation philosophique *in :* GOFFI J.Y. [45].
12. PAYS J.F., « Relations avec les malades originaires d'Afrique Noire », *in :* [97], p. 18-21.
13. [21], p. 66.
14. Article « Réflexions sur la qualité de la vie », *op. cit.*
15. PARFIT D., *Reasons and Persons*, Oxford, Clarendon Pr., 1984, 543 p.
16. BOITTE P., *Éthique, justice et santé*, Montréal, FIDES, 1995, 272 p.
17. Cf. sur l'excision, par exemple, COLLECTIF, *Les mutilations du sexe des femmes aujourd'hui en France*, Paris, Tierce, 1984, 120 p.
18. En France, le trafic et l'incitation à la consommation de drogues illicites sont réprimés comme torts faits à autrui et sont lourdement punis par la loi, les peines d'emprisonnement pouvant aller jusqu'à 30 ans de réclusion. Depuis quelques années, le tort fait à autrui par les drogues licites commence à être réprimé : interdiction de fumer dans les lieux publics, interdiction de la publicité pour l'alcool et le tabac, indication des dangers pour la santé sur les emballages de cigarettes, ivresse alcoolique comme circonstance aggravante en cas de dommage à autrui…
19. KRESS J.J., « Psychopathologie », *in :* [133], tome II, 185-200, p. 193.
20. [38] ; trad. fr. p. 41.
21. [38] ; trad. fr. p. 37.
22. Dans les sociétés occidentales, il y a deux grands systèmes de prise en charge partagée du risque maladie. Dans le système dit « à la Bismarck », du nom du chef d'État allemand qui le mit en place, les cotisations sociales qui couvrent les risques de maladie, vieillesse, accident de travail et chômage, sont liées au travail et au salaire, et elles sont gérées par les partenaires sociaux qui représentent les cotisants, c'est-à-dire les travailleurs et leurs ayants-droit. Dans le système « à la Beveridge », du nom du ministre britannique qui instaura ce système, les ressources sociales proviennent de l'impôt, elles sont fiscalisées, et donc gérées par le Parlement qui représente les citoyens et le bénéfice des prestations s'attache à la citoyenneté. Le système français de la Sécurité sociale, instauré à la Libération, en 1945, après la guerre — période fondatrice de solidarité — emprunte aux deux systèmes.
23. ROSANVALLON P., *La nouvelle question sociale. Repenser l'État Providence*, Paris, Seuil, 1995, 228 p.
24. Souligné par nous.

25. Sur l'éthique mise en œuvre au sein du CCNE, voir, par exemple, LANGLOIS A., « Bioéthique et pluralisme. La "morale commune" du Comité consultatif national d'éthique pour les sciences de la vie et de la santé », *in : Ouvertures*, n° 71, Paris, 1993, p. 2-7. Cf. aussi [110].
26. Une autre critique cruciale des éthiques procédurales apparaît aujourd'hui dans ce que nous appellerons, pour simplifier beaucoup, les éthiques de soi. Certaines d'entre elles, comme celle de R. Misrahi ou d'A. Comte-Sponville, trouvent leur origine dans le monisme immanent naturaliste de Spinoza, faisant leur la lecture de G. Deleuze à propos de Spinoza : « Il n'y a pas de Bien ni de Mal, il n'y a que du bon et du mauvais (pour nous) » (*Spinoza*, Paris, PUF, 1970, p. 28). Elles font de l'individu concret, charnel, désirant, dynamique, le centre de l'éthique. L'accent est mis sur le désir source de joie, de plénitude et d'acquiescement au réel ou sur la connaissance désillusionnée qu'il n'y a rien à espérer ni à craindre mais tout à connaître, sans remord ni regret, dans un dés-espoir qui est béatitude, comme Montaigne peut-être nous en donne une image. On peut se reporter au livre d'A. COMTE-SPONVILLE : *Traité du désespoir et de la béatitude, I. Le mythe d'Icare* (1984, 320 p.), *II. Vivre* (1988, 304 p.), Paris, PUF. Dans son dernier ouvrage, *La signification de l'éthique* [79], R. Misrahi, partant du désir réfléchi, applique une éthique du Préférable et de la joie à des questions d'éthique médicale. Mais la « plénitude existentielle du sujet » dont il fait le critère de l'éthique — si elle suscite une méditation très enrichissante sur les questions actuelles — ne nous semble pas suffisamment déterminée pour penser les questions de l'éthique médicale, qui est fondamentalement une éthique de la relation, peut-être plus qu'une éthique de soi. L'introduction de la réciprocité au sein de la plénitude existentielle, comme l'une de ses dimensions, situe la relation à autrui comme subordonnée à l'éthique de soi. Il reste que la place des éthiques de soi, voire même des esthétiques de soi — comme chez M. Foucault, dans ses dernières œuvres — dans un cours d'éthique médicale, est extrêmement problématique... Il y a là une question ouverte, non résolue pour nous. Sur les éthiques de la réflexion et les éthiques de soi, cf. TEXTE n° 17, à méditer, comme le texte d'Épictète, mis en exergue à ce livre.
27. Par exemple pour l'établissement d'un taux d'incapacité ou l'évaluation d'un *pretium doloris*.
28. PLATON, *Les Lois*, VII, 792 d.
29. Sur cette question, cf. par exemple, COMTE-SPONVILLE A., « Morale ou éthique ? », *in : Lettre internationale*, n° 21, printemps 1991. Rééd. *in : Valeur et vérité*, Paris, PUF, 1994, p. 183-205.
30. MAJNONI D'INTIGNANO B., *La protection sociale*, Paris, Fallois-Livre de Poche, 1993, 286 p.
31. Cf. CEPE-INSEE, *Le malade, les actes, les coûts*, Actes du Colloque du 10 novembre 1992 au Sénat.
32. Sur les théories du droit, un ouvrage très clair et complet, RENAUT A. et SOSOE L. [35].
33. KANT E., *Metaphysik der Sitten*, 1797 ; trad. Renaut A., *Métaphysique des mœurs II. Doctrine du droit. Doctrine de la vertu*, Paris, Garnier-Flammarion, 1994, 412 p.
34. RICŒUR P., *Le volontaire et l'involontaire*, Paris, Aubier, 1950, rééd. 1988, 464 p.
35. RICŒUR P., *Finitude et culpabilité. I L'homme faillible. II La symbolique du mal*, Paris, Aubier-Montaigne, 1960, 164 p. et 336 p.
36. RICŒUR P., « Le cercle de la démonstration », *in : Esprit*, janvier 1988, et RICŒUR P., « John Rawls : de l'autonomie morale à la fiction du contrat social », *in : Revue de Métaphysique et de Morale*, n° 3, 1990. Ces deux articles sont publiés *in :* RICŒUR P. [36], p. 216-230, et p. 196-215.
37. Cf. RICŒUR P., « Le juste entre le légal et le bon », Conférence du 21 mars 1991 à l'Institut des Hautes Études Judiciaires. Cf. *in :* RICŒUR P. [36], p. 176-195.
38. RICŒUR P, « Éthique et morale », *in :* « L'éthique dans le débat public », *Inst. Cath. de Paris*, avril-juin 1990. Cf. *in* RICŒUR P. [36], p. 256-269.

CONCLUSION

ÉTHIQUE ET DÉMOCRATIE : MÊME TENSION

Nous voudrions conclure par une réflexion sur l'interrogation éthique et la démocratie. Il nous semble que le conflit que nous avons mis au jour dans la moralité est celui qui traverse aussi notre citoyenneté démocratique.

« Droits-libertés » de 1789 et « droits-créances » de 1946

En effet, dans le Préambule de notre actuelle Constitution, celle de la Ve République, de 1958, figurent deux textes, dont l'un est **déontologique** et l'autre **téléologique** :

– *La Déclaration des Droits de l'Homme et du Citoyen,* issue de la philosophie des Lumières du XVIIIe siècle, est un texte déontologique, qui énonce les « droits-libertés » de la personne en raison de sa dignité d'homme et de sa liberté.

– *Le préambule de la Constitution* de 1946, issu du socialisme, du radicalisme et du catholicisme social du XIXe siècle, est un texte téléologique, qui énonce les « droits-créances » du citoyen à l'égard de l'État en raison de la justice sociale et du bien-être.

Ainsi le texte constitutionnel qui définit et fonde notre démocratie exprime-t-il une double aspiration au Juste et au Bien. On peut la traduire comme une double aspiration aux droits politiques et aux droits sociaux, ou à ce que l'on appelle les droits négatifs (l'État n'empêche pas de se réunir, de se syndiquer, d'aller et venir, de publier, de pratiquer un culte...) et les droits positifs (l'État garantit aux citoyens le droit à l'instruction, aux soins...). Les premiers sont jugés bons en fonction des principes qui les fondent et l'accent est mis sur la liberté et l'égalité formelle ; les seconds sont jugés bons en fonction des conséquences recherchées et l'accent est mis sur l'égalité concrète et la fraternité.

Liberté et bien-être : juste déontologique et bien téléologique

Cette opposition constitue l'essence même de notre vie démocratique. En schématisant à l'extrême, on peut dire que le libéralisme tient à préserver les libertés individuelles, même au prix d'une atteinte au bien-être, tandis que le socialisme tient à assurer le bien-être général, même au prix d'une atteinte aux libertés. Toute démocratie se trouve ainsi traversée par une opposition droite/gauche ou républicains/démocrates ou conservateurs/libéraux, qui traduit une opposition du déontologique et du téléologique, du juste et du bien. Il nous semble que tout conflit de la vie politique, sociale, syndicale, oppose ceux qui se fondent sur **les principes** et font prévaloir le juste, et ceux qui regardent **les conséquences** et font prévaloir le bien. L'opposition du juste et du bien ne recouvrant pas toujours celle de droite et gauche et pouvant même s'inverser.

Altérité et démocratie

Il faut se demander si la démocratie ne consiste pas à admettre ce conflit : il ne s'agit pas de l'oblitérer par un « consensus mou » et, en fait, irréfléchi, mais de rendre les conflits exprimables et négociables. Nous sommes responsables, en tant que citoyens d'une démocratie, de la préservation conflictuelle, *et* de la valeur sacrée de la personne dans sa liberté *et* de la légitime recherche du bien-être des citoyens. Dans la revue *Autrement*[1], C. Lefort, à propos de son ouvrage *L'invention démocratique*[2], oppose démocratie et totalitarisme : « Il n'y a aucun doute à mes yeux qu'il y a dans la démocratie des tendances qui se prêtent à l'image d'une société homogène, où chacun serait délivré de sa responsabilité, où précisément l'épreuve d'une **altérité incernable**, qui est celle de la démocratie, et qui peut atteindre à **l'insoutenable**, serait enfin éliminée... » ; mais précisément ces tendances sont anti-démocratiques, elles sont totalitaires. La démocratie est l'acceptation de cette altérité incernable, de cette tension constante qui peut atteindre à l'insoutenable et conduire à des conflits très durs.

Si la vie politique démocratique est nourrie par cette opposition, qu'en est-il de la conscience politique ?

« Éthique de conviction » et « éthique de responsabilité »

Que la conscience politique soit déchirée, M. Weber, le grand sociologue allemand, l'a bien montré dans son fameux texte de 1919, *Le savant et le politique* [39]. Dans ce texte, s'interrogeant sur la responsabilité des pacifistes allemands dans le déclenchement de la Première Guerre Mondiale, et, d'une façon plus générale, sur la responsabilité des fonctionnaires et des politiques, il distingue « l'éthique de conviction » et « l'éthique de responsabilité ». Contre l'éthique de pure conviction, du pacifiste évangélique ou du socialiste révolutionnaire, qui refuse l'irrationalité éthique du monde, l'homme politique doit s'imposer une éthique de responsabilité qui admette cette limite : la politique est le lieu de la violence ; l'État se définit par le monopole de la violence légitime. C'est dans ce monde là « que l'homme politique a à répondre des conséquences prévisibles de ses actes ». La responsabilité est fondée sur une acceptation du réel, tel qu'il est, et du moyen donné à l'homme d'action, à l'homme politique, par le réel : la violence légitime de l'État pour contrer toutes les autres violences. L'éthique de responsabilité est une éthique conséquentialiste forte. « Lorsque les conséquences d'un acte fait par pure conviction sont fâcheuses, le partisan de cette éthique n'attribuera pas la responsabilité à l'agent, mais au monde, à la sottise des hommes ou encore à la volonté de Dieu qui a créé les hommes ainsi. Au contraire, le partisan de l'éthique de responsabilité comptera justement avec les défaillances communes de l'homme et il estimera ne pas pouvoir se décharger sur les autres des conséquences de sa propre action pour autant qu'il aura pu les prévoir ». Ainsi, éthique de conviction et éthique de responsabilité sont dans une opposition « abyssale », selon le mot de M. Weber, et irréductible.

Il conclut pourtant : « Chacun de nous, si son âme n'est pas entièrement morte, peut se trouver dans une situation pareille (*celle de l'homme qui juge en responsabilité et qui, pourtant, à un moment dit : « Je m'arrête là ! »*)... L'éthique de la conviction et l'éthique de la responsabilité ne sont pas contradictoires ; elles se complètent l'une l'autre et constituent ensemble l'homme authentique, c'est-à-dire un homme qui peut prétendre à la "vocation politique" » (cf. TEXTE n° 16).

C'est bien cette conciliation, impossible mais nécessaire, du bien et du juste, des conséquences et des principes, du téléologique et du déontologique, qui est la tâche toujours inachevée de la vie démocratique comme de la conscience morale.

---

1. LEFORT C., « La pensée politique », *in : AUTREMENT, À quoi pensent les philosophes ?*, n° 102, novembre 1988, p. 192-199.
2. LEFORT C., *L'invention démocratique. Les limites de la domination totalitaire*, Paris, Fayard, 1981, rééd. 1994, 332 p.

ANNEXE I

Autonomie ou paternalisme ?
La relation médecin-patient et la question du consentement aux soins

INTRODUCTION

La relation médecin-patient en France a longtemps été vécue sur un mode paternaliste, fondé sur le principe de bienfaisance à l'égard de celui qui est en état de faiblesse, par sa maladie et par son ignorance. Le malade est considéré comme un mineur que le médecin soutient et protège, et qu'il décharge de la responsabilité de décision ; le malade, de son côté, fait confiance au médecin comme l'enfant à ses parents. Le Président de l'Ordre national des médecins, L. Portes, très sensible à la détresse morale et aux souffrances des patients dira, dans une conférence à l'Académie des sciences morales et politiques, en 1950 : « Tout patient est et doit être pour lui (le médecin) comme un enfant à apprivoiser, non certes à tromper — un enfant à consoler, non pas à abuser — un enfant à sauver, ou simplement à guérir »[1]. D'où une formule si souvent citée : « Tout acte médical normal n'est, ne peut être, ne doit être qu'une confiance qui rejoint librement une conscience »[2]. Dans une conception si asymétrique de la relation médecin-patient, la question du consentement aux soins, et de la reconnaissance d'un éventuel refus de soins, ne semblait guère se poser[3].

Évidence première du principe de bienfaisance et du paternalisme

En effet, devant des situations de souffrance, de vulnérabilité, de dépendance, le principe moral de bienfaisance semble s'imposer avec une très grande force. Le médecin entre dans une morale du Bien à faire, morale téléologique. Le bien est la guérison du malade et l'obligation morale n'est pas fondée dans la volonté de celui qui agit, mais dans quelque chose d'extérieur à lui : la fragilité et l'extrême dépendance de celui qui souffre, le corps blessé et souffrant qui appelle les gestes du médecin. Les tenants contemporains de la morale du Bien, comme H. Jonas en Allemagne ou E. Levinas en France, fondent précisément la moralité sur cette fragilité de l'Autre — la Nature ou autrui —, fragilité qui est un appel absolu à la responsabilité. Non pas la responsabilité au sens juridique de l'imputation causale d'un acte passé à un sujet, mais la responsabilité comme obligation pour le futur, comme mission à l'égard du plus fragile et du plus menacé, sans réciprocité assignable, par exemple à l'égard des générations futures ou de la nature.

Le paradigme de la responsabilité, en ce nouveau sens, est, chez ces deux auteurs, celui de la paternité[4]. Le paternalisme médical semble justifié. Le malade affaibli dans sa raison, d'une part, dans sa volonté, d'autre part, ne peut prendre une décision ni éclairée ni libre. Il y a donc une obligation morale fondée sur la protection du faible à se substituer à lui pour faire son bien. Ainsi, par exemple, si le médecin le juge bon pour le malade, il peut ne pas lui donner toute l'information sur son état présent ou futur. L'article 35 du nouveau Code de déontologie médicale, reprenant l'article 42 du Code précédent, précise : « Dans l'intérêt du malade et pour des raisons légitimes que le praticien apprécie en conscience, un malade peut être tenu dans l'ignorance d'un diagnostic ou d'un pronostic graves » [129]. Comment ajouter à la souffrance et à la détresse du patient, d'abord le terrible poids d'une information complète immédiatement (sans la sauvegarde psychologique de la demi-vérité et sans la temporalité du deuil et de la reconstruction de soi-même) et ensuite le poids de la prise de décision anxiogène et culpabilisante ? La demande de consentement, qui passe par cette information complète — y compris sur d'éventuelles complications graves — et par l'appel à la décision du patient, dont on recherche l'assentiment et dont on accepte l'éventuel refus, apparaît contraire au principe de bienfaisance, voire même au principe de non-malfaisance. Elle pourrait même être un refus de l'engagement moral et une fuite de la responsabilité de la part du médecin.

Mise en cause aujourd'hui de cette évidence : faut-il changer de modèle de relation médecin-patient ?

Pourtant, ce modèle paternaliste asymétrique, d'un malade protégé par une ignorance partielle et déchargé de la responsabilité de décision, et d'un médecin qui sait et décide à sa place et pour son bien, n'est plus entièrement satisfaisant aujourd'hui. Donnons quelques raisons.

Les unes sont liées à la médecine. Elle est devenue une science et la précision grandissante des diagnostics comme des pronostics, proportionnelle à sa scientificité croissante, pose en termes nouveaux le problème de l'information à donner au malade — une médecine moins savante avait moins à dire (pensons, par exemple, aux résultats d'analyses biologiques que les patients reçoivent directement chez eux et qui leur indiquent clairement le développement de leur pathologie). D'autre part, la médecine est devenue plus efficace et, donc, plus agressive, plus invasive, plus dangereuse potentiellement, par des moyens chirurgicaux, chimiques, exploratoires..., qui appellent le consentement du malade. Certaines thérapeutiques peuvent avoir un impact très lourd sur la vie des patients, voire la modifier de fond en comble, d'autres impliquent un traitement régulier, dans les maladies chroniques, qui est assumé par le patient lui-même (surveillance et traitement du diabète, dialyse rénale...). De plus, la diversification des thérapeutiques fait accéder à des possibilités de choix, qui impliquent le patient. (Faut-il, par exemple, en cancérologie, une chirurgie plus ou moins mutilante ? Quelle place faire à telle chimiothérapie ? Comment ne pas laisser à un patient atteint d'une maladie actuellement incurable, comme le SIDA, le choix du traitement ?) Enfin, les données médicales, comme celles de toute science, ont un caractère probabiliste et un certain degré d'incertitude (sur les effets à long terme d'un traitement, par exemple).

Les autres raisons sont à chercher dans l'évolution de la société : la démocratisation de l'enseignement, l'accroissement des connaissances et de l'autonomie des citoyens, le développement de l'information médicale — considérable ces dernières années — mettent en question le paternalisme et appellent une relation moins dissymétrique. Enfin, et surtout, les démocraties occidentales sont marquées par un pluralisme des conceptions politiques, philosophiques et religieuses grandissant : comment, dès lors, le médecin pourrait-il savoir ce qui est le « bien » du patient ? Comment soutenir qu'il y a un bien objectif, partagé par tous, les médecins et les patients, que les seconds laisseraient aux premiers le soin de réaliser, dans un accord tacite et non problématique ?

Le paternalisme ne semble plus adéquat[5] et la relation médecin-malade s'oriente vers une plus grande autonomie[6] des malades. Le modèle alternatif qui exerce une grande attraction est celui de l'autonomie tel qu'il apparaît aux États-Unis. Le malade est entièrement informé par un médecin qui est son égal, dans une relation de prestataire de service, et il est, de plus, responsable des décisions thérapeutiques qui le concernent, sous couvert d'une négociation contractuelle. Telle est la position sous-tendue par une théorie comme celle de H.T. Engelhardt, par exemple. Il y a bien là deux modèles opposés. Or, il nous semble que nous passons, en France, aujourd'hui d'un modèle à l'autre, ou, à tout le moins, que le recours au consentement a de fortes justifications (I). Cependant — et ce sera le deuxième point de la réflexion (II) — le second modèle, nord-américain, ne nous semble pas compatible avec notre culture : il nous faudrait inventer une troisième voie, peut-être celle d'un paternalisme tempéré ou d'une autonomie protégée.

I. HYPOTHÈSES SUR DES RAISONS PROFONDES DE RECOURIR AU CONSENTEMENT AUX SOINS

Une raison d'abord factuelle a modifié la relation médecin-patient depuis quelques années en France, et a introduit, de fait, le consentement en son sein. C'est l'application de la Loi du 20 décembre 1988 relative à la protection des personnes dans la recherche biomédicale, dite « Loi Huriet-Sérusclat » ou « Loi Huriet » [122]. Cette loi impose à tout médecin qui participe à une recherche l'obligation du consentement pour toute expérimentation sur l'homme. De très nombreux patients hospitalisés sont inscrits dans des protocoles de recherche, dans certains services jusqu'à 10 % voire 20 % d'entre eux, et, en médecine de ville — ou médecine libérale — le consentement des patients est sollicité pour les milliers d'entre eux qui sont inclus dans des phases IV d'essais thérapeutiques cliniques, en pharmacovigilance ou en évaluation de stratégies thérapeutiques. De nombreux médecins et patients se sont donc trouvés et se trouvent, aujourd'hui, en situation de consentement[7].

Mais à cette raison factuelle s'ajoutent, nous semble-t-il, des raisons philosophiques.

• *Le consentement est un contre-pouvoir à la technique*

Il est banal de dire que la médecine est devenue technique : que l'on songe aux techniques de réanimation, à l'imagerie médicale, à la chirurgie endoscopique, aux techniques de dialyse, aux greffes d'organes, aux transmissions électroniques de l'information médicale ou aux procréations médicalement assistées. Or, cette évolution technicienne de la médecine s'inscrit dans un cadre plus vaste : celui de la technique au XXe siècle. Celle-ci pose un problème nouveau à l'humanité. En effet, la réflexion philosophique contemporaine indique que la technique change de nature[8]. Auparavant, elle était anthropologique, anthropocentrée, instrumentaliste ; utilisée comme un moyen, elle était pensée dans le schème aristotélicien de l'outil comme prolongement de l'organe humain. Remarquons qu'en grec *organon*, c'est l'outil, l'instrument de l'artisan, de l'agriculteur. Le problème éthique que posait la technique était celui de son usage : comment faire bon usage des objets techniques et des techniques ? En effet, la science maritime peut servir pour le commerce ou pour la guerre ; la métallurgie peut être au service de l'agriculture ou de la fabrication des armes, la fabrication des drogues permet la guérison du malade ou la mort de l'empoisonné. Aujourd'hui, la question de la technique est différente. La technique est devenue un milieu, une deuxième nature : l'homme n'habite plus le *cosmos*, il est dans un technocosme. L'homme n'est plus lui-même la mesure de la technique ; elle suit un développement incontrôlé autonome, dans une logique non éthique du « tout est possible ». C'est l'homme qui est manipulé par la technique. Le problème qu'elle pose est donc radicalement nouveau : c'est celui de la sauvegarde de l'humanité de l'homme. Comment la définir ?

Dans le technocosme, la présence humaine se distingue par la possibilité de donner du sens. Or, le consentement c'est précisément cela. C'est étymologiquement produire un sens à plusieurs ; *con-sentire* en latin c'est se mettre d'accord sur les idées[9]. C'est par la production de sens que l'homme s'oppose à la technique. Ainsi face au déploiement des techniques de réanimation, par exemple, faudrait-il dire pour être exact, non pas qu'un patient donne son consentement, mais qu'un médecin et un patient « con-sentent », c'est-à-dire s'accordent sur l'idée qu'une technique — par exemple une nouvelle réanimation cardiopulmonaire ou une greffe — qui en elle-même est neutre, privée de signification et de valeur, est, ici et maintenant, chargée de sens ou privée de sens, à entreprendre ou à ne pas entreprendre, à poursuivre ou à interrompre.

- *Le consentement est un contre-pouvoir à un pouvoir politique transcendant, vertical, paternaliste*

En France, à la suite d'une longue histoire, le pouvoir d'intervenir médicalement sur le corps d'autrui a été et est délégué aux médecins par l'État : que l'on se réfère aux fondements juridiques de l'intervention médicale et chirurgicale en France. La nécessité thérapeutique, évaluée par le médecin, prime le consentement du patient[10]. Les mutilations, même à la demande du patient (stérilisation sans nécessité thérapeutique, par exemple)[11] sont interdites (la chirurgie du transsexualisme est très rigoureusement encadrée), et, inversement, le médecin a l'obligation d'aller contre la volonté du témoin de Jéhovah qui refuse une transfusion sanguine ou du gréviste de la faim, lorsque leur vie est en danger. Certes, le consentement est introduit dans le Code de déontologie médicale [129], à l'article 36 : « Le consentement de la personne examinée ou soignée doit être recherché dans tous les cas. Lorsque le malade, en état d'exprimer sa volonté, refuse les investigations ou le traitement proposé, le médecin doit respecter ce refus après avoir informé le malade de ses conséquences ». Il n'en reste pas moins vrai que « ce qui autorise un médecin à intervenir sur le corps du malade, ce n'est nullement le consentement de ce dernier, mais *l'autorisation de la loi* que le médecin tire de l'exercice normal de la médecine. C'est donc la loi et non un accord de volontés qui permet de considérer que l'atteinte faite au corps est justifiée, car en matière pénale[12] c'est la référence à l'ordre public qui doit être prise en considération, laquelle ne se négocie pas. Aussi quand un patient exprime son consentement, celui-ci porte-t-il sur les soins mais ne constitue pas une autorisation de pratiquer une intervention sur le corps humain. Pour que cette dernière soit considérée comme légitime, il faut qu'elle corresponde à une nécessité thérapeutique » écrit récemment un juriste[13]. Le paternalisme médical est donc lui-même lié à une certaine représentation du pouvoir de l'État sur les citoyens.

Or, les évolutions de la sociétés énoncées *supra* montrent que la forme paternaliste de ce pouvoir de l'État est aujourd'hui contestée. Dès lors, le consentement aux soins s'inscrirait lui-même dans une autre conception de l'État. Il serait peut-être alors l'actualisation du contrat tacite de solidarité sociale horizontale. En effet, la question de la maîtrise des dépenses de santé est sous-jacente à la mise en cause de l'acharnement technique et des soins considérés comme disproportionnés (*futile*, disent les Anglo-saxons). Or cette question pose le problème de la justice sociale dans un système de santé comme le nôtre fondé sur une solidarité nationale. Cette solidarité nationale est elle-même fondée sur le contrat social tacite et l'interdépendance quasiment organique des citoyens. En effet, l'idée politique de solidarité, à l'origine du mutualisme, puis de la Sécurité sociale, apparaît avec le Solidarisme, programme du Parti radical sous la IIIe République, entre le libéralisme individualiste et le socialisme collectiviste. Or, cette théorie solidariste est très étroitement liée à la médecine puisqu'elle trouve sa justification dans les travaux de Pasteur, fréquemment cités par les solidaristes. La révolution microbienne bouleverse la conception du lien social et fonde l'idée de devoirs positifs de l'État envers ses membres. Un historien et politologue contemporain écrit : « La création du Ministère de la Santé, en 1920, consacre en l'inscrivant dans les structures mêmes de l'État, l'assimilation définitive de l'approche pastorienne »[14]. L'État Providence, dont tous les membres sont solidaires les uns des autres, naît du pasteurisme[15]. Il y a donc un lien très étroit en France, entre la médecine et une politique de solidarité nationale. La recherche du consentement chez les médecins ne serait-elle pas liée à une volonté de poser explicitement la responsabilité de chacun dans la justice sociale ?

- *Le consentement est un contre-pouvoir au tabou destructeur de la mort*

Dans une société où la mort est tabou, jamais dite, jamais nommée, refusée, occultée, car elle est perçue comme privée de sens, voire comme privatrice de sens, le consentement nous place dans le langage et le sens, c'est-à-dire le symbolique. C'est par le symbolique que l'homme conjure la perte de sens introduite par la mort. Tout acte de langage s'oppose au néant, au non-sens et produit de l'ordre là où la mort introduit le désordre et l'absurde. Le patient et le médecin qui nomment la mort, qui en parlent « l'apprivoisent ». Or la mort est omniprésente en médecine.

Toutes ces raisons nous invitent à penser le consentement aux soins. Mais dans quel cadre conceptuel le faire ? Pouvons-nous entrer, en instaurant la demande de consentement aux soins, dans la logique de l'autonomie anglo-saxonne ? De quelle autonomie parlons-nous, les uns et les autres ?

II. LES CONCEPTS EN JEU DANS LES DEUX MODÈLES DE LA RELATION MÉDECIN-PATIENT

• *L'autonomie*

La demande de consentement aux soins — et, donc, l'acceptation d'un éventuel refus — se fondent sur le principe du respect de l'autonomie du patient. Est-ce qu'un homme peut exercer son autonomie pour refuser un traitement vital ? Pour disposer de sa vie ? Pour se droguer ? Pour se mutiler ? Pour se suicider ? ... Deux conceptions de l'autonomie s'opposent sous le même terme.

Dans la philosophie continentale, et française en particulier, le concept d'autonomie vient de Rousseau sur le plan politique dans le *Contrat social,* de 1762 [9] et de Kant sur le plan moral, dans les *Fondements de la métaphysique des mœurs,* de 1785 [7]. L'autonomie est la faculté de se donner à soi-même la loi de son action, sans la recevoir d'un autre, par exemple, un souverain de droit divin, représentant de Dieu, ou des inclinations d'une sensibilité naturelle, issues d'une nature bonne. Une théorie autonomique s'oppose ainsi à une théorie hétéronomique de la morale, qui suppose que la norme morale provient de quelque chose d'extérieur à l'homme. L'autonomie situe, au contraire, l'origine de la norme morale dans l'homme lui-même. Mais cette autonomie, par définition, dans l'analyse que font Rousseau et Kant, ne peut produire que des lois. Or, le concept même de loi implique l'universalité. Le citoyen autonome de Rousseau ou le sujet moral de Kant ne peuvent se penser — dans l'exercice de leur autonomie — que comme des agents rationnels voulant l'universel, du moins l'universalisable, pour une humanité supposée homogène. L'autonomie prend, donc, un sens extrêmement précis. Produisant ses propres lois, l'homme se libère, certes, des lois de la nature ou de la loi divine, mais c'est pour se soumettre à la contrainte de sa raison législatrice universalisante. L'exercice de la liberté consiste donc à poser et à respecter des devoirs universels envers les autres et envers soi-même, comme membres de l'humanité ; si bien qu'un des premiers exemples que prend Kant, dans les *Fondements de la Métaphysique des Mœurs,* c'est le devoir de conserver sa vie et l'interdit moral du suicide (cf. TEXTE n° 7). Un être autonome ne peut vouloir rationnellement ce qui n'est pas universalisable. Être autonome c'est être moral, et être moral c'est poser et vouloir l'universalisable. « Une volonté libre, écrit Kant, et une volonté soumise à des lois morales sont par conséquent une seule et même chose »[16].

Il faudra donc se demander, par exemple, si le refus de soins futiles est universalisable ; s'il l'est, on peut alors accepter — en respectant l'humanité et du malade et du médecin — qu'un malade et un médecin consentent à ne pas entreprendre ces soins futiles. Il nous semble que c'est le postulat des soins palliatifs terminaux. Inversement, une telle conception de l'autonomie implique que certaines personnes ne sont pas autonomes, malgré les apparences : celui qui refuse une transfusion sanguine vitale (témoin de Jéhovah) ou de s'alimenter au risque de sa vie (gréviste de la faim, anorexique), ou celui qui se drogue (toxicomane)..., car leurs conduites ne sont pas universalisables. Quelle doit être l'attitude du médecin devant cette autonomie apparente ? Si on suit la logique de Rousseau — la liberté est celle du citoyen, législateur avec tous les autres, auteur et sujet de la volonté générale — alors « on le forcera à être libre », selon la formule du *Contrat social*[17].

Dans la pensée anglo-saxonne, le fondement de l'autonomie n'est pas la philosophie des Lumières, mais une conception beaucoup plus ancienne et individualiste de la liberté comme indépendance négociée, dans une représentation du pouvoir modelée séculairement par le droit coutumier. Il faut ici un détour par la conception de l'État. L'État continental se construit à partir du droit romain écrit, principiel, codifié, administratif, centralisateur, et par la laïcisation politique du catholicisme, lui aussi globalisant et centralisateur. Dans la lutte qui opposa Papes et empereurs au XIe siècle, ces derniers s'approprièrent la *potestas* des premiers par un concept d'une grande force : l'État devient, au XIIIe siècle, le « corps mystique du roi », comme l'Église était le corps mystique du Christ, représenté par le Pape[18]. À cette vision organiciste, holiste, totalisante, transcendante de l'État, les Anglais opposaient une conception « horizontale », autorégulatrice, minimale du pouvoir politique. Depuis la Grande Charte de 1215, qui affirme l'*Habeas Corpus* contre les emprisonnements arbitraires, les juges sont au-dessus de l'autorité politique, policière et administrative, et la défense de l'individu et de son corps est au fondement de la Common Law. L'opposition du Parlement au pouvoir royal, au XVIIe siècle, sous les Stuarts, ne fera que renforcer le pouvoir des juges contre l'administration en matière de liberté individuelle (1628, *Pétition des droits,* 1641, abolition des tribunaux de prérogative, enfin, Acte d'*Habeas corpus* de 1679). C'est ainsi que s'est forgée la conception britannique du pouvoir politique dans ses relations avec la liberté des personnes, fondant l'individualisme et le libéralisme. Au XVIIIe siècle, la théorie de la « main invisible » chez A. Smith[19], contemporain de Rousseau, fonde le libéralisme économique sur une auto-régulation du social par lui-même : les intérêts privés, laissés à leur liberté, dans l'hypothèse d'un marché concurrentiel, produisent une maximisation de l'intérêt général, dans un processus « invisible », sans nécessité d'une autorité externe et régulatrice.

L'autonomie du sujet se conçoit donc comme la liberté individuelle d'avoir des préférences singulières. Les conditions de réalisation de celles-ci se gèrent par la négociation avec les autres individus, qui ont, eux aussi, leurs préférences, sans qu'une extériorité souveraine ne conçoive, ni n'impose une unique vision du bien commun. Le bien commun n'est que le résultat momentané d'ajustements successifs ; l'État n'est pas promoteur de valeurs, qu'elles soient causes du contrat social, comme la rationalité, ou conséquences, comme la liberté. Chaque individu détermine lui-même ce qu'est le bien pour lui. La thèse de J. St. Mill [21], selon laquelle le droit n'a pas pour fonction de protéger l'individu contre lui-même, prévaut. Ainsi la Commission Présidentielle américaine affirme-t-elle, en 1982 : « Le droit de l'individu de définir et de poursuivre sa propre vision de ce qui est bon »[20]. Nous sommes très loin de la pensée rousseauiste et kantienne. Par exemple, il est symptomatique que la France se soit dotée de lois dites de « bioéthique », par la voie législative, en juillet 1994, [126] [127] [128] alors que les Nord-Américains règlent ces questions par la voie jurisprudentielle. En France, l'autonomie des citoyens culmine dans l'exercice de leur pouvoir législatif, affirmation collective de principes universels intemporels ; aux États-Unis, elle culmine dans l'exercice, par chacun, de son pouvoir contractuel, dans la négociation particulière au cas par cas. L'autonomie anglo-saxonne n'est pas liée à l'universel ; elle est, par nature, pluraliste. Le médecin doit respecter la liberté du malade, ses croyances, ses choix, même s'il les juge irrationnels : se droguer, refuser la transfusion sanguine, refuser un traitement, prendre des risques disproportionnés. Aujourd'hui un des représentants les plus explicite de cette thèse est H.T. Engelhardt[21][22].

• *L'identité de la personne*

Nous supposons implicitement qu'une personne doit être elle-même pour consentir à quelque chose. Mais, que veut dire être soi-même ? Une personne peut-elle, à un moment de sa vie, s'engager vis-à-vis d'elle même par un texte qui prendra effet à un autre moment de sa vie ? Aux États-Unis, la première loi, *Natural Death Act*, rendant légal un testament de vie, *Living Will*, date d'octobre 1976, dans l'État de Californie ; elle oblige le médecin à respecter — en cas de réanimation — la volonté du patient exprimée avant, voire très longtemps avant, l'entrée en réanimation. En 1991, 42 États nord-américains avaient reconnu la valeur juridique de ces testaments, et, depuis le 1er décembre 1991, le *Patient Self-Determination Act*, impose aux établissements de santé l'information des patients sur les soins médicaux et sur les droits d'y consentir ou de les refuser. La personne bien-portante signant son testament de vie et le malade arrivant en réanimation sont-ils la même personne ?

Immensité de la question de l'identité. Elle englobe toute l'histoire de la philosophie, depuis les interrogations de Parménide (540-450 av. J.-C.) sur l'Être et le Non-Être, l'Être et le Même, et l'objection d'Héraclite (540-480 av. J.-C.) : « On ne se baigne jamais deux fois dans le même fleuve ». Indiquons simplement une piste de recherche. On peut distinguer deux sens du mot identité :

– L'identité au sens de similitude (*idem* en latin), au sens d'être « le même », la « mêmeté ». Deux objets sont identiques si l'un a toutes les caractéristiques de l'autre, et un objet reste identique à lui-même, si, en deux moments différents du temps, il présente les mêmes caractéristiques, sans modification.

– L'identité au sens d'« ipséité », de *ipse* en latin, comme on dit « être soi-même ». L'identité renvoie ici à la différence singulière, à l'unicité, à la particularité, elle est ce par quoi un objet diffère de tous les autres, ce par quoi il est insubstituable à tout autre, ce par quoi il est identifié comme unique.

La question de l'identité de l'homme devient alors : qui suis-je ? Suis-je moi-même parce que je suis le même ? Suis-je moi-même alors que je ne suis jamais le même ? Suis-je moi-même parce que je ne suis jamais le même ? Est-ce la même chose de dire de quelqu'un « Il n'est plus le même » et « Il n'est plus lui-même » ?

Ces deux conceptions de l'identité de l'homme s'opposent dans nos deux modèles. Si l'on privilégie le premier sens, la personne est définie par son identité à elle-même dans le temps, par sa responsabilité vis-à-vis de son passé. Nous sommes alors dans une vision juridique de l'identité : le présent est jugé à la lumière du passé. Mais ce passé n'est pas pensé comme du passé, c'est-à-dire comme quelque chose de révolu ; il est pensé comme une négation de l'écoulement du temps, comme une permanence du présent ; en fait, cette conception de l'identité à soi-même nie la temporalité de la personne. L'individu juridique n'a pas d'histoire, il n'a pas de futur ouvert, il n'a pas de projet. Demandons-nous si ce n'est pas cet individu juridique sans histoire qui consent dans le système nord-américain, qui signe son testament de vie ou son consentement à l'entrée à l'hôpital.

Si l'on privilégie, en revanche, le deuxième sens, la personne se définit, au contraire, par le changement : ce qui rend chacun unique et insubstituable, c'est qu'il a une histoire, qu'il est une histoire et que cette histoire, jusqu'à l'instant ultime de la mort, n'est jamais achevée et jamais écrite à l'avance, sinon ce ne serait plus de l'histoire mais de la répétition. L'identité est le récit en cours d'une vie. Dans notre représentation française de la personne, l'héritage du droit romain nous renvoie au premier sens, abstrait, intemporel, désincarné, mais l'héritage chrétien nous renvoie à l'histoire et à la temporalité. Le christianisme est à la fois une philosophie de l'histoire et de la personne. Chez St Augustin (354-430), fondateur de la philosophie de l'histoire, les deux thèmes sont indissolublement liés. Il nous semble que c'est cette interprétation qui prévaut dans notre culture. Ainsi, P. Ricœur, dans son ouvrage *Soi-même comme un autre* [37], intitule-t-il l'étude VI : « Le soi et l'identité narrative ». Quand le grand historien, F. Braudel, par exemple, écrit sa magistrale *Identité de la France*[23], nous voyons bien que l'identité est le produit de l'histoire. La dimension temporelle de l'identité expliquerait peut-être la réticence des médecins français devant la reconnaissance juridique des « testaments de vie ». Elle nous semble, en tout cas, fondamentale pour comprendre leur attitude eu égard à la vérité à dire aux malades : ne pas dire toute la vérité tout de suite, « laisser du temps au temps », laisser au malade le temps de construire autrement son histoire personnelle, de reconstruire son identité, de redevenir lui-même alors qu'il n'est plus le même. Un homme est une histoire. Son consentement peut varier ; il s'inscrit dans une temporalité à partager avec les soignants.

Nous ajouterons une remarque sociologique. Dans la société, le marché est une négation de la temporalité : une fois la vente effectuée, l'acheteur et le vendeur sont « quittes ». La préservation de la temporalité, au contraire, est assurée par le don : celui qui donne et celui qui reçoit ne sont jamais quittes ; ils entrent dans la logique temporelle du contre-don. La trilogie donner-recevoir-rendre crée la temporalité sociale, car, comme le dit le sociologue J. Godbout, dans *L'esprit du don* [44] : « On donne et on reçoit, tout en flirtant continuellement avec le rendre... rendre c'est donner, donner-recevoir-rendre c'est chaque fois poser l'indétermination du monde et le risque de l'existence, c'est chaque fois faire exister la société ». Si l'on « rendait » vraiment l'équivalent exact de ce que l'on a reçu, on blesserait celui qui a donné, on briserait le don, on entrerait dans la vente, mais si l'on sortait de l'obligation future indéterminée du rendre — qui lui-même créera un autre futur indéterminé — on briserait aussi le don. Le sang, les organes, les cellules, le sperme..., en France, sont dans le cycle du don.

• *Le corps*

S'il y a consentement c'est sur un objet. Or le consentement aux soins est consentement à des soins sur le corps, dans le corps, du corps. Celui qui consent est-il propriétaire de son corps ? Notre corps nous appartient-il[24] ? Nous voudrions montrer que les Nord-Américains sont propriétaires de leur corps et que les Français ne le sont pas ; ils n'en seraient que les « usufruitiers » si l'on peut dire. C'est pourquoi dans la relation de soin en France, le consentement est souvent présumé plus que demandé et la nécessité thérapeutique permet au médecin l'effraction du corps d'autrui. Le consentement est présumé pour les prélèvements d'organes sur les morts majeurs, depuis la loi de 1976, dite « loi Caillavet ». La récente Loi du 29 juillet, qui abroge la « loi Caillavet » mais en reprend les dispositions, renforce encore cette présomption de consentement, puisqu'elle instaure un registre national des refus[25]. Un Français ne donne pas ses organes : il peut seulement refuser de les donner. Qu'en est-il donc du statut du corps dans les deux modèles ?

Dans le modèle anglo-saxon, l'homme a un droit de propriété sur son corps. C'est ce qui découle de l'*Habeas corpus* ; et la jurisprudence de Common Law de 1767 affirme que « la personne doit être protégée contre les atteintes corporelles d'autrui qu'elle n'a pas autorisées ». Dans la philosophie politique anglaise, la propriété du corps est un droit naturel. Chez T. Hobbes, tous les droits ne sont pas aliénables dans le contrat social, en particulier la sécurité personnelle et le droit à la vie. On peut comparer le *Léviathan*[26] de T. Hobbes avec le *Contrat social* de Rousseau. Au Livre II, Rousseau analyse la souveraineté du peuple, et logiquement se demande si elle a des limites, dans un chapitre intitulé précisément « Du droit de vie et de mort ». La souveraineté peut-elle aller jusqu'à prendre leur vie aux citoyens ? Trouve-t-elle là une limite à sa puissance ? Réponse : non, il n'y a pas de limite ici, le texte est clair : « sa vie (celle du citoyen) n'est plus seulement un bienfait de la nature, mais un don conditionnel de l'État ». Pour le deuxième grand penseur politique anglais, J. Locke, la propriété du corps est, au contraire, et comme pour T. Hobbes, un droit naturel inaliénable, dans le *Deuxième Traité du gouvernement civil*[27] de 1690. Or, J. Locke sera le grand inspirateur de la *Déclaration* américaine de 1776.

Dans le modèle français, l'homme n'est pas propriétaire de son corps, si l'on suit l'analyse du juriste J.-P. Baud [40]. Cette désappropriation trouve son origine dans le droit romain, qui, distinguant les personnes et les choses, fait disparaître le corps du droit : il est à la fois au-delà des personnes car sacré, et en-deçà des personnes et trivial. Dans le grand recueil juridique que sont les *Compilations Justiniennes* (528-534), le corps est hors droit civil, relevant du sacré religieux pour les funérailles, ou de l'hygiène publique pour les nuisances. Le cadavre a bien les deux caractéristique du sacré : vénéré et suscitant l'horreur. Le corps est-il, comme le cadavre, une chose sacrée ? Oui, et c'est une façon de l'évacuer. Depuis l'Antiquité grecque, le corps est, d'une certaine façon, dévalorisé, méprisé. Que l'on se reporte, par exemple, au

Phédon de Platon : la mort de Socrate est le plus beau jour de sa vie, car son âme va, enfin, être libérée de son corps. Dans le *Banquet,* l'amour des âmes et au-dessus de l'amour des corps. Remarquons bien qu'un corps sain, baigné, exercé à la gymnastique, est un corps qu'on oublie. Le droit romain donc oublie les corps et invente la fiction juridique de la personne, *persona,* support désincarné des droits. « Personne n'est propriétaire de ses propres membres », « Le corps d'un homme libre ne peut faire l'objet d'une estimation », dit le *Code justinien.* C'est sur cette thèse que s'est construite notre actuelle représentation juridique du corps. Le droit médiéval canonique réintroduira le corps dans le droit. Mais le *Code Civil* napoléonien revient à l'escamotage du corps. Les emprisonnements sont des peines privatrices de liberté de la personne, et non des peines corporelles. Les questions sociales de la révolution industrielle — travail des enfants, hygiène du travail, accidents de travail — mettent les juristes devant les corps : le 9 avril 1898 est votée la fameuse loi sur les accidents de travail, qui invente la notion de risque, c'est-à-dire de dommage (atteinte du corps, blessure, puis maladie professionnelle en 1919) sans faute. Mais le droit du travail ou de la santé publique n'est pas le droit civil. Finalement, ce sont les progrès contemporains de la médecine qui contraindront les juristes à penser le corps[28], dès lors que des parties du corps — le sang, le sperme, les organes — pourront être conservées hors du corps et utilisées.

Comment s'est faite cette introduction du corps dans le droit ? L'idée première de la loi du 21 juillet 1952 [116] sur l'utilisation thérapeutique du sang humain, de son plasma et de leurs dérivés, c'est que le sang n'est pas une marchandise, car l'idée de profit est exclue. On en conclut que le sang n'est pas une chose et, donc, que le corps — dont il est une partie — n'est pas une chose non plus. Et tous les efforts conceptuels du Rapport du Conseil d'État, dit « Rapport Braibant » [132], préparatoire aux trois lois dites « de bioéthique », de juillet 1994, s'inscrivent dans cette même logique : le corps est effectivement réintroduit dans le droit, mais d'une façon qui nie sa réalité physique : « Le corps c'est la personne » [132], p. 16. Le corps est donc bien entré dans le droit, mais le citoyen n'est pas propriétaire de son corps, car le corps n'est pas une chose. Nous pensons qu'au-delà de la crainte de la commercialisation et du profit, il y a aussi en France une représentation symbolique très forte, partagée, du corps humain comme « membre » d'un autre corps : le corps politique, qui serait le propriétaire des corps, qui versent leur sang pour la patrie. Cette représentation symbolique s'est construite au cours d'une longue histoire nationale : émergence de l'État comme « corps mystique du roi » du XIe au XIIIe siècle, étrange rite de l'effigie des rois de France pour les funérailles de 1422 à 1547[29], organicisme des penseurs politiques (le vocabulaire du corps est omniprésent chez Rousseau), omniprésence du discours médical et religieux du corps chez les Révolutionnaires[30] (régénération du grand corps de la Nation et sang des martyrs de la patrie), modèle microbiologique des hommes de la Troisième République..., toute cette histoire a construit chez nous une représentation organique de l'appartenance au grand corps de la Nation. Représentation qui rend si familière et évidente l'idéologie du don, de la gratuité, de l'anonymat, du consentement présumé. Nous ne sommes bien que les usufruitiers d'un corps qui appartient à l'État, que la « loi Caillavet » ou sa version du 29 juillet 1994, rend à la solidarité nationale, et sur lequel les médecins ont un droit d'effraction délégué par l'État. Nous voyons que si le corps réapparaît dans le droit français, il ne nous appartient cependant pas.

Et il nous semble qu'il y a dans la médecine, paradoxalement, une sorte de déni du corps. Après sa longue enquête sur les médecins libéraux et hospitaliers [46], le sociologue H. Hamon intitule le deuxième chapitre de son ouvrage : « Le corps impensé (le corps des malades) ». Sur ce déni du corps, simplement deux chiffres à méditer : la France est au 39e rang mondial pour l'utilisation des morphiniques [138], et seulement 30 % des malades douloureux sont soulagés, c'est-à-dire qu'aujourd'hui, en France, malgré tous les moyens dont nous disposons, 70 % des malades douloureux souffrent ! N'est-ce pas un aveuglement devant ce qui nous signale le plus la réalité physique, matérielle, de notre corps : la douleur ? Les médecins, préoccupés par la maladie, ne voient-ils pas le corps ?

- *La relation médicale*

Les deux modèles de la relation médicale peuvent se définir schématiquement ainsi.

Le modèle paternaliste pense le médecin comme ayant délégation du pouvoir de l'État, dans un système de santé qui lui donne droit et devoir d'intervenir sur les patients, sous le principe dissymétrique de bienfaisance. Le médecin reçoit des « honoraires », survivance de l'idée de gratuité attachée aux arts libéraux.

Le modèle autonomique pense la relation médicale comme une prestation de services contractuelle. Le médecin propose et fournit des soins, le patient rémunère ce service et porte plainte s'il est mécontent du service. Le consentement est la condition *sine qua non* du contrat, et le contrat médical est possible puisque le patient est propriétaire de son corps. Le médecin est un « étranger » dit H.T. Engelhardt, il est souvent nommé « consultant » dans la littérature médicale nord-américaine.

CONCLUSION

La troisième voie doit-elle intégrer ces dimensions propres aux concepts en jeu ? Dans quelle mesure ? Sous quelle forme ? Voici ce qu'il reste à déterminer.

La solidarité, l'histoire, l'égalité — derrière le déni des corps, il y a l'égalité des personnes — le don, sont des héritages du passé et semblent être encore des choix de notre société pour le futur. Il nous semble qu'un certain nombre de médecins et patients vivent ce changement de modèle et sont, d'une certaine façon, à la recherche d'une troisième voie : un modèle plus autonomique (mais qui associe l'autonomie à l'universalité), une prise en compte de la volonté antérieure des patients (mais à titre informatif seulement, car la personne est une histoire), une interrogation sur les limites de l'intervention sur le corps de l'autre, enfin un désir de vivre autrement la relation médecin-patient. Nous pensons que les associations de malades ont ici un rôle très important à jouer.

Remarquons que les Nord-Américains sont eux aussi peut-être à la recherche d'un nouveau modèle. Par exemple, en réanimation, les *guidelines* de l'American Thoracic Society de mars 1991[31], mettent en opposition le principe du respect de l'autonomie des patients avec d'une part le refus de la « futilité » et la protection éthique de la profession médicale, qui serait acculée à l'acharnement thérapeutique en devant poursuivre des soins futiles. D'où l'important débat outre-Atlantique, en réanimation, sur l'utilisation des scores de gravité, puisqu'ils permettraient une mesure de la futilité, et, à tout le moins, seraient une aide à la décision devant des soins jugés futiles. Voici la réapparition du principe de bienfaisance : il y a un bien objectif, au-dessus des biens subjectifs des préférences des patients ou de leurs proches. D'autre part, le principe de la juste allocation des ressources rares est opposé à celui du respect de l'autonomie des patients. D'où l'important débat également sur le choix des patients à admettre dans les unités de soins intensifs. Nous voyons réapparaître la solidarité, qui fonde la conception continentale particulière de l'autonomie, ou, du moins, l'idée d'une nécessaire limite objective à une autonomie subjective ouverte à l'arbitraire personnel de chacun.

Chaque modèle semble ainsi à la recherche de lui-même, par la prise de conscience des limites de ses propres principes et la prise en compte de toutes les valeurs morales, dans leur diversité et même leur contradiction.

Y aurait-il convergence des deux modèles ? Comment l'expliquer : proximité culturelle, convergence des sociétés démocratiques pluralistes et libérales, importance de facteurs structurels universels, évolution de la médecine occidentale, forme post-moderne de l'éthique... ? La question est ouverte, et c'est probablement un grand champ de questionnement pour le philosophe, et aussi pour les médecins et les patients.

---

1. PORTES L., « Du consentement du malade à l'acte médical », *in : À la recherche d'une éthique médicale*, Paris, Masson, 1964, p. 163.
2. *Ibidem*, p. 169.
3. Cf. l'analyse de VERSPIEREN P., dans « Le malade, sa liberté et le consentement aux soins », *in : Revue Laennec*, n° 3-4, Paris, printemps 1983, p. 3-13. Cf. un article récent de VERSPIEREN P., « Consentement aux soins, refus de soins », *in : Revue Laennec*, Paris, juin 1995, n° 43, p. 2-6.
4. Cf. JONAS H. [20], chapitre IV § 7, « L'enfant, l'objet élémentaire de la responsabilité » ; LEVINAS E. [34], dernier chapitre, « La fécondité » ; LÉVINAS E. [33], chapitre V, « L'amour et la filiation ».
5. « Le paternalisme médical, on peut l'espérer, est mort ou en voie d'extinction » écrit même récemment VERSPIEREN P., dans « Respecter et promouvoir l'autonomie du malade », *in : Le Supplément. Revue d'éthique et de théologie morale*, Paris, mars 1995, n° 1, p. 47-60. Ce numéro du *Supplément* est consacré à l'autonomie des patients, p. 9-60.
6. Cf., par exemple, HOERNI B., *L'autonomie en médecine. Nouvelles relations entre les personnes malades et les personnes soignantes*, Paris, Payot, 1991, 258 p.
7. En 1991, 1779 essais et, en 1992, 1934 essais ont fait l'objet d'une lettre d'intention au Ministère de la Santé. On évalue à 400 000 le nombre de personnes qui se prêtent annuellement à des recherches biomédicales.
8. Cf. JONAS H. [20] ; HOTTOIS G., *Le signe et la technique. La philosophie à l'épreuve de la technique*, Paris, Aubier, 1984, 224 p. ; ELLUL J., *Le système technicien*, Paris, Calmann-Lévy, 1977, 368 p.
9. Le mot vient de la racine indo-européenne /*sèm*/ le sens ; *sémainein* en grec veut dire signifier, qui donnera « sémantique » ; en latin, *sensus* c'est la perception ou la pensée, c'est-à-dire ce qui nous permet de nous repérer dans le monde, et *con-sentire* c'est se mettre d'accord avec les autres sur le plan des idées. Le *consensus* est l'accord des idées.
10. THOUVENIN D., « La référence au contrat de soin dans les expérimentations sur l'homme », *in :* [101], p. 123-146. THOUVENIN D., « Le consentement des patients dans le droit français », *in :* LEMAIRE F., FAGOT-LARGEAULT A., GHANASSIA J.P., *Journées d'éthique médicale M. Rapin. Consentement éclairé et recherche clinique*, Paris, Flammarion, 1994, p. 11-16.
11. Cf., par exemple, *Code de déontologie* [129], article 41 : « Aucune intervention mutilante ne peut être pratiquée sans motif médical très sérieux ».

12. La juriste, auteur de cet article, raisonne sur le plan pénal car l'exercice de la médecine est une situation d'atteinte à l'intégrité physique d'une personne.
13. THOUVENIN D., « Le consentement des patients dans le droit français », *op. cit.*
14. ROSANVALLON P., *L'État en France de 1789 à nos jours*, Paris, Seuil, 1990 ; rééd. Paris, Seuil, coll. « Points », 1993, 377 p.
15. EWALD F., *L'État Providence*, Paris, Grasset, 1986, 608 p.
16. KANT, [7], IIIe section, & 2.
17. ROUSSEAU, [9], Livre I, chapitre 7.
18. KANTOROWICZ E., *The King's two Bodies. A Study in Mediaeval Political Theology*, Princeton Un. Pr, 1957, trad. Genet J.-P. et N, *Les deux corps du roi. Essai sur la théologie politique au Moyen Âge*, Paris, Gallimard, 1989, 638 p.
19. SMITH A., *Recherches sur la nature et les causes de la richesse des nations*, 1776, trad. Garnier G., Paris, Gallimard, coll. « Grands thèmes », 1976, 445 p. Cf. Livre IV.
20. Cf. GUILLOD O., *Le consentement éclairé du patient. Autodétermination ou paternalisme ?*, Neuchâtel, Ides et calendes, 1986, 286 p.
21. Cf. Le cours *supra*, en II C 1.
22. Dans une recherche sur le consentement à l'expérimentation, à partir de l'exemple de la cyclosporine dans le diabète insulinodépendant (*Thèse de philosophie*, Paris XII, 1988), M.H. Parizeau a bien montré qu'il y a deux interprétations du consentement à l'expérimentation, qui rejoignent les deux sens de l'autonomie que nous distinguons. Cf. [102] p. 169-195.
23. BRAUDEL F., *L'identité de la France. I. Espace et histoire. II. Les hommes et les choses*, Paris, Arthaud-Flammarion, 1986, 368 p. et 223 p.
24. Cf. Journées d'Éthique Médicale M. Rapin, Collectif, *Le corps : à qui appartient-il ?*, 17 nov. 1995, Actes à paraître, Paris, Flammarion, « Médecine-Sciences », 1996.
25. [128], p. 11061 : « Ce prélèvement peut être effectué dès lors que la personne concernée n'a pas fait connaître, de son vivant, son refus d'un tel prélèvement. Ce refus peut être exprimé par l'indication de sa volonté sur un registre national automatisé prévu à cet effet ».
26. HOBBES T., *Leviathan or the matter and power of a common wealth ecclesiasticall and civil*, London, Crook, 1651 ; trad. Tricaud F., *Léviathan. Traité de la matière, de la forme et du pouvoir de la république ecclésiastique et civile*, Paris, Sirey, 1971, 780 p. Cf. chap. XIV.
27. LOCKE J., *Two treatise of governement*, Churchill, 1690 ; trad. Gilson B., *Deuxième traité du gouvernement civil. Constitutions fondamentales de la Caroline. Résumé du premier traité du gouvernement civil*, Paris, Vrin, 1967, 255 p.
28. Sur le statut juridique du corps humain, cf. ARNOUX I., *Les droits de l'être humain sur son corps*, Bordeaux, Pr. Un., 1994, 576 p. Cf. « Le corps aux mains du droit. Dossier bioéthique », Revue *Actes*, n° 49-50, juin 1985, 92 p. Cf. GALLOUX J.-C., dir., *Bioéthique, in : Les petites affiches*, n° spécial, n° 149, déc. 1994, 84 p.
29. Cf. KANTOROWICZ, E. *op. cit.*
30. DE BAECQUE A., *Le corps de l'histoire. Métaphore et politique 1770-1800*, Paris, Calmann-Lévy, 1993, 435 p.
31. American Thoracic Society. Medical section of the American Lung Association, « Withholding and withdrowing life sustaining therapy : ethical considerations », *Am. Rev. respir. Dis*, 144 : 726-731.

ANNEXE II

Maîtrise médicalisée des dépenses de santé ? La question de la justice

INTRODUCTION : POURQUOI UN ENJEU ÉTHIQUE ?

La maîtrise des dépenses de santé est un problème d'une très grande actualité pour les démocraties occidentales. En effet, les dépenses de santé croissent de façon exponentielle et rien ne semble pouvoir stopper cette croissance. Un exemple : aux États-Unis, en 1971, elles atteignent 75 milliards de $ et 7,6 % du PNB (premières mesures, par exemple, créations des Health Maintenance Organisations, HMO). En 1981, elles atteignent 250 milliards de $ et 9,2 % du PNB. En 1991, elles atteignent 666 milliards de $ et 12 % du PNB. L'administration Clinton prévoit, si rien n'est fait, 1740 milliards et 15 % du PNB en 2000 ! Faut-il se réjouir de toutes ces ressources consacrées à la santé des citoyens ou faut-il s'en inquiéter ? Question difficile, mais examinons deux points incontestables : un État ne peut conserver indéfiniment un poste de dépenses qui croît plus vite que le PNB, sauf à faire une politique de déficit qui pose le problème éthique considérable de la responsabilité à l'égard de la génération suivante, qui héritera de ce déficit. A-t-on le droit de laisser des dettes à ses enfants ? D'autre part, toute ressource affectée à une dépense ne peut l'être à une autre, ce qui est donné à la protection de la santé n'est pas donné au logement ou à l'indemnisation du chômage ou à l'égalité des chances scolaires ou à la justice ou à la sécurité, etc. La maîtrise des dépenses de santé semble, donc, une obligation éthique[1], et, pourtant, elle heurte, en première approche, la conscience morale. Quels sont donc les enjeux moraux de la maîtrise des dépenses de santé ?

Si la maîtrise en jeu est la **maîtrise médicalisée**, c'est-à-dire la recherche pour chaque patient des moyens diagnostiques, pronostiques et thérapeutiques les plus efficaces, et à efficacité égale, la mise en œuvre des moins coûteux, il est difficile de voir là immédiatement un problème éthique : il est plus éthique d'être médicalement efficace que de ne pas l'être et de ne pas gaspiller des ressources plutôt que de les gaspiller. La maîtrise médicalisée n'est pas budgétaire, la rationalisation n'est pas le rationnement. L'objectif d'une maîtrise médicalisée c'est seulement — et ce serait déjà beaucoup — que ne soient pas donnés des soins dangereux, incohérents ou inutiles. Précisons que l'on peut distinguer trois types de maîtrise, dans les démocraties occidentales aujourd'hui : la maîtrise libérale (dépenser ce que l'on veut ou école de la demande), la maîtrise budgétaire (dépenser ce que l'on peut ou école des moyens) et la maîtrise médicalisée (dépenser ce que l'on doit ou école des besoins)[2]. Dans le premier cas, on assimile les biens de soin à n'importe quels autres biens de consommation et c'est l'offre et la demande, c'est-à-dire le marché, qui régulent les dépenses. Dans le second cas, les ressources disponibles, délimitées parmi celles attribuées aux fonctions collectives de l'État, comme l'éducation ou la défense, fixent la dépense collective de santé, que le corps médical doit ensuite allouer de façon optimale. Dans le troisième cas, le critère est celui de l'utilité médicale, et non celui de la demande ou des moyens disponibles arbitrairement en fonction du PIB. La France choisit actuellement la troisième voie, c'est-à-dire celle de la maîtrise médicalisée.

Certes, il y a des difficultés éthiques ponctuelles dans la construction et la mise en œuvre d'un système d'évaluation nécessaire à cette maîtrise, mais le principe même d'une maîtrise médicalisée ne contrevient pas à l'idéal de la médecine.

Pourtant cette idée provoque un certain malaise. Au-delà des difficultés techniques considérables et des enjeux de pouvoir, quelle est la difficulté éthique ?

La logique du Tiers et l'allocation des ressources rares

C'est que l'idée d'une maîtrise des dépenses de soins appartient à une dimension inhabituelle de la logique médicale : la dimension collective. En effet, la médecine est, généralement, dans une logique individuelle du colloque singulier. Elle est dans une éthique de l'Autre, unique, singulier, incommensurable à tout autre, et non pas dans une éthique collective, une éthique du Tiers.

Or, le Tiers existe, et non seulement il existe mais l'appartenance de la personne singulière à la collectivité de tous les autres est une caractéristique de l'homme : « L'homme est un animal politique », dit Aristote dans *La Politique*[3] ; il est dans son essence même de vivre dans une cité, *polis*. Un homme qui n'appartiendrait pas à une cité serait une bête ou un dieu. Allons plus loin : en France, c'est précisément cette dimension collective qui permet de tout donner à chaque malade unique rencontré dans le colloque singulier. C'est parce que nous sommes dans un système de solidarité collective, par le système de la Sécurité sociale, instauré en 1945, que l'éthique de l'Autre singulier est possible comme la recherche de son bien, de ce qu'il y a de mieux pour lui, sans préoccupation de ses moyens financiers, par exemple. En France, l'activité médicale se distingue de la majeure partie des autres activités : elle est majoritairement hors marché. Alors pourquoi une interrogation éthique ?

C'est que la logique ici est celle du Tiers sur une question d'allocation de biens rares. En effet, ce qui suscite l'interrogation éthique c'est l'approche économique, c'est-à-dire l'idée de rareté. Pourquoi cette réticence devant une approche en termes de rareté ? Tout d'abord, la conjoncture économique n'est plus celle de la croissance des Trente Glorieuses et, surtout, la conjoncture sociale est dramatique et choquante : la France est devenue un pays d'exclusion. Or qu'implique l'idée de rareté rapprochée de celle d'exclusion ? Cela signifie que nous laissons jouer des mécanismes sacrificiels. Or, c'est précisément cela qui suscite la réaction éthique : elle ne peut accepter le sacrificiel[4]. À propos des ressources de soin, il y a eu — en France comme dans les démocraties occidentales — une augmentation considérable de la dépense dans les trente dernières années. En France, l'explosion de la démographie médicale qui a multiplié l'offre — c'est le premier facteur[5] — le vieillissement de la population, la médicalisation croissante de la vie, l'augmentation des exigences individuelles, le coût croissant des techniques médicales et biologiques..., en sont les différentes causes. Or, cette augmentation incontrôlée de la dépense est aujourd'hui mise en question par le politique. La maîtrise médicalisée se met en place pour la médecine de ville, pour les médecins, biologistes, infirmières..., par le système des références médicales opposables (RMO), et par la signature de diverses conventions. Pour les médecins et soignants hospitaliers, l'instauration du budget global, depuis 1984, fait peser de lourdes contraintes de rationalisation. Or, ces contraintes sont vécues, parfois, comme des rationnements. Ainsi surgit une interrogation éthique sur la maîtrise des dépenses de soin perçue comme leur limitation. Ce qui est donc en jeu c'est la question éthique de l'allocation des ressources rares.

Cette question est celle de la justice.

En effet, une allocation moralement bonne de ressources rares — bénéfiques — est une allocation juste. Il nous faut donc penser la justice. Le défenseur le plus fondamental d'une éthique de l'Autre qu'est E. Levinas, l'écrit : « Comment se fait-il qu'il y ait une justice ? Je réponds que c'est le fait de la multiplicité des hommes, la présence du tiers à côté d'autrui, qui conditionne les lois et instaure la justice. Si je suis seul avec l'autre, je lui dois tout, mais il y a le tiers » [33]. P. Ricœur ne dit pas autre chose : « Du proche au lointain, de l'autre qui a un visage à l'autre que je ne verrai jamais, ce qui est spécifique c'est le passage par l'institution, dont la vertu principale est, selon J. Rawls[6], la vertu de justice »[7].

Éthique et allocation de biens : le concept de justice

Que renferme le concept de justice ? Pour l'analyser, partons d'une situation qui l'active immédiatement sous une forme simple : une situation de jeu. Les jeux interviennent pour deux raisons dans la réflexion contemporaine sur la justice.

Les travaux de J. Piaget[8], le grand psychologue suisse, sur la constitution et le développement du jugement moral chez l'enfant, sont partis de l'analyse de l'invention et de la mise en œuvre des règles de jeux[9]. J. Piaget, comme ses successeurs, tel L. Kohlberg aux États-Unis[10], ont soutenu que le stade le plus élevé de la conscience morale est celui de la construction de la règle, c'est-à-dire l'autonomie. Piaget appelle ce dernier stade (atteint vers 12 ans) celui de la codification. Chez L. Kohlberg, il s'agit du 5e stade, la morale du « contrat », sur les six qu'il observe, c'est-à-dire le premier temps du niveau III, celui de « la moralité post-conventionnelle (jugement moral autonome) »[11].

D'autre part, la théorie des jeux, depuis les travaux de von Neumann et Morgenstern dans les années 1950[12], a construit des modèles mathématiques de la théorie de la décision dans l'incertitude et des problèmes économiques, politiques, diplomatiques ou militaires. Elle a produit les concepts, et les théorèmes afférents, de coopération, d'équilibre, de préférence, d'agrégation des préférences, de maximin, d'optimalité..., qui interviennent dans une théorie de la justice.

Partons donc, par exemple, d'un jeu de billes : comment déterminer le nombre de billes qui revient justement à chacun ? C'est la question de la justice selon l'adage, *suum cuique tribuere*, « donner à chacun le sien ». Quelle est la juste répartition des billes au commencement du jeu ? Le premier principe de justice qui s'impose est celui de l'égalité : il est juste de donner autant de billes à chacun, c'est-à-dire le nombre dont on a **besoin** pour jouer. Mais « les plus jeunes, diront certains enfants, ont droit à plus de billes, ils en ont besoin, sinon ils auront moins de chance et ce ne serait pas juste ». La justice supposerait donc une attribution non égalitaire strictement, mais **proportionnelle** : si l'on veut préserver l'égalité des chances, il faut une inégalité de répartition car il y a inégalité des destinataires. Autrement dit, le principe de justice reste celui de l'égalité, mais l'inégalité de fait nécessite une réponse elle-même inégalitaire. Nous retrouvons ici la distinction classique faite par Aristote au livre V de l'*Éthique à Nicomaque* [1] (cf. Cours I A 1, et TEXTE n° 1). Il y a deux formes de justice : la justice égalitaire, arithmétique, et la justice proportionnelle, géométrique, que l'on appellera l'équité. Dans notre exemple, ce qui semble juste, c'est l'égalité du rapport inverse entre l'âge et le nombre de billes attribuées, l'âge étant pris comme l'équivalent de la compétence, d'après le raisonnement implicite suivant : plus on est âgé et plus on est doué pour tirer aux billes ; le jeune âge est un handicap[13], que la justice doit compenser. Pourquoi la compétence ? Parce que c'est le deuxième critère de justice proportionnelle avec le besoin cité plus haut. En effet, quand le jeu se déroule, quel est le critère du juste ? C'est que le plus **compétent** gagne le plus de billes. De fait, il serait injuste, à l'issue de la partie, que chacun reprenne ses billes, que le moins compétent en gagne autant que le plus compétent. Ce ne serait pas seulement injuste, ce serait inefficace : plus personne ne jouerait aux billes. Autrement dit, l'inégalité instaurée par le jeu est facteur d'**efficacité** pour les participants ; ils vont chercher à jouer le mieux possible. Au besoin s'ajoute ou se substitue donc la compétence ou mérite. Mais un troisième critère de proportionnalité apparaît : après la partie, les échanges commencent. En effet, on joue avec des objets inégaux — billes de terre, billes de verre, calots, agates... — liés par une proportionnalité variable, une bille de verre vaut deux billes de terre, une agate en vaut trois, un calots vaut deux agates... Quel est le critère d'attribution juste ? C'est la loi de l'offre et de la demande, c'est-à-dire le **marché**. C'est le libre jeu de l'offre et de la demande des partenaires qui détermine la valeur « juste » des différents objets et de leurs échanges.

Revenons maintenant à la justice. Les concepts sont en place :

– Nous sommes dans une situation de distribution de biens.

– La justice est égalité et/ou proportionnalité.

– Il y a trois critères de proportionnalité juste ou équité : le besoin, la compétence et/ou le mérite, le marché.

– Il y trois justifications de cette proportionnalité : l'inégalité des destinataires, celle des biens, la relation entre l'inégalité et l'efficacité.

I. ALLOCATION DES RESSOURCES DE SOIN

Les biens dont nous parlons sont les ressources de soin. Comment les attribuer justement ?

Tout d'abord, quels sont les choix faits par notre société ? Pour les comprendre, distinguons **les biens** en jeu, **leurs principes d'attribution**, et, enfin, **la justification de ces principes**.

• *Les biens de citoyenneté ou biens politiques*

Ils sont alloués selon le principe d'égalité : « Un homme, une voix ». Ces biens politiques sont les droits de vote, d'éligibilité, de réunion, d'association, d'expression, de circulation..., qui constituent la liberté civile. Le fondement du principe égalitaire de leur attribution est la théorie des Droits de l'Homme de la philosophie du XVIIIe siècle, et l'allocation égalitaire des droits de citoyenneté est le résultat d'une histoire mouvementée — suffrage censitaire du XIXe siècle, reconnaissance tardive du droit de vote des femmes... — encore inachevée. Ces biens politiques présentent la particularité de ne pas être rares.

• *Pour les positions d'autorité et les responsabilités publiques,*

Le principe de justice est celui de la proportionnalité : c'est la compétence qui est le critère de justice dans l'attribution, que le mécanisme choisi soit celui du concours ou de l'élection. C'est ce qu'indique l'article 6 de la *Déclaration des Droits de l'Homme et du Citoyen* de 1789, Préambule de l'actuelle *Constitution de la Cinquième République* (1958). Mais ce principe ne peut être considéré comme juste — il est effectivement à l'avantage de tous et de chacun que ces charges soient confiées aux plus compétents — que s'il y a égalité des chances pour développer les compétences. Nous rencontrons là le très complexe problème de l'égalité des chances, à laquelle participe l'allocation des biens d'éducation.

• *Les biens d'éducation*

Ils sont attribués selon le principe égalitaire. Le principe d'une allocation égalitaire des biens d'éducation apparaît dès les propositions de Condorcet, sous la Révolution française, dans la lignée des thèses de la philosophie des Lumières sur l'éducation de la raison, et elle fonde l'école de Jules Ferry, gratuite, laïque, obligatoire, uniforme sur tout le territoire national. Mais nous savons tous que l'éducation actuelle — beaucoup plus importante et variée dans son contenu que celle de Jules Ferry — se heurte à l'inégalité des destinataires, d'où le concept d'égalité des chances qui est le « casse-tête » de tous les enseignants et responsables de l'éducation, et à l'inégalité des biens (immense diversité des enseignements proposés et recherchés par les destinataires eux-mêmes). Le juste en matière d'allocation de biens d'éducation doit donc se penser selon la proportionnalité. « Il va falloir désormais mobiliser l'Éducation nationale autour d'un nouveau défi, celui de l'équité..., le système reste marqué par un ensemble de principes égalitaires qui, au lieu de les protéger, se retournent contre ses "clients" »[14]. Mais selon quel critère de proportionnalité attribuer ces biens d'éducation ? Notre société a fait le choix de la gratuité contre le marché, par le secteur public gratuit[15]. Quels sont donc les critères en jeu ? De toute évidence, le critère du besoin est primordial et il fonde l'organisation des cycles maternel, primaire et secondaire court. Mais la demande intervient dès la seconde partie du secondaire, dans les cycles professionnels et dans le cycle supérieur (tous ne veulent pas être médecins). Enfin, la compétence et/ou le mérite intervient massivement, qui pose les problèmes très difficiles de l'orientation, de la sélection et de l'efficacité.

• *Pour tous les autres biens, revenus, patrimoine, services...,*

C'est le marché qui est le critère de justice, dans notre société. L'offre et la demande régulent la distribution de ces biens. L'hypothèse justificative du libéralisme étant le postulat de la « main invisible » d'A. Smith[16] : l'autorégulation du marché laissé à lui-même optimise la satisfaction des différents intérêts particuliers et de l'intérêt collectif. C'est le système de distribution le plus efficace, c'est-à-dire celui qui permet le plus grand développement économique. Force est de reconnaître que les inégalités engendrées par ce système ne sont pas toutes justes et il y a un fort sentiment d'injustice devant le chômage et l'exclusion. La réflexion actuelle sur l'équité consiste à distinguer les inégalités injustes, que le politique doit empêcher ou corriger (par exemple, fixation du salaire minimum interprofessionnel de croissance, SMIC), des inégalités équitables, qu'il doit éventuellement atténuer par les mécanismes d'un État Providence (par exemple, allocation d'un revenu minimum d'insertion, RMI). Les inégalités équitables pouvant être définies comme des inégalités efficaces qui maximisent la situation des plus mal lotis, des « différenciations sociales que la société de marché produit nécessairement et qui sont une incitation à l'effort et au dynamisme » dit le Rapport de la Commission Minc, cité *supra*.

Dans ces différents modes d'attribution des biens, nous sommes assez proches de la théorie de la justice de J. Rawls (cf. II. C. 2). Selon sa longue démonstration, des partenaires rationnels, sous le « voile d'ignorance » finiraient par se donner les principes de justice suivants : une inégalités n'est juste que si (1) elle ne porte pas atteinte à l'égale liberté maximale de tous les individus compatible avec celle des autres (cf. égalité stricte dans l'attribution des droits politiques, des biens de citoyenneté) ; si (2) elle est « attachée à une fonction ou position ouverte à tous », c'est-à-dire si une réelle égalité des chances est assurée (cf. statut particulier des biens d'éducation) ; enfin, si (3) elle est « à l'avantage de chacun », c'est-à-dire si elle maximise la situation du plus mal loti[17].

Mais le XIXe siècle, qui met en place l'égalité des droits politiques, l'Instruction Publique gratuite, obligatoire, égalitaire, et le libéralisme économique, se heurte à un problème : la misère, dont il découvre que la racine n'est pas dans une irresponsabilité individuelle, mais dans des causes inéluctables. Les hommes du XVIIIe pensaient que la misère disparaîtrait par la démocratie, l'éducation et les progrès techniques ; ceux du XIXe la voient, non seulement ne pas disparaître, mais même s'amplifier. L'assurance sera la première réponse aux risques partagés de maladie, vieillesse, chômage et accident de travail. Mais l'assurance individuelle et volontaire, c'est-à-dire le mutualisme, ne suffira pas. Progressivement (en 1910, en Europe, il n'y a encore que 15 % des gens qui bénéficient d'un système d'assurances sociales publiques[18]) il y aura passage vers une solidarité collective englobant tous les travailleurs et leur ayants droit, puis tous les citoyens. L'État devient une société assurancielle, un État Providence, c'est-à-dire un État qui compense une providence défaillante dans l'accident de travail ou la maladie ou la vieillesse ou la perte d'emploi. C'est ainsi que naîtra progressivement l'idée de droits sociaux, auxquels sont attachés des biens qui ne relèvent pas du libéralisme économique et du marché : protection devant l'accident de travail, la vieillesse, la maladie, le chômage et aide à la famille. Comment sont alloués ces biens sociaux, et, en particulier, les biens de soin ?

• *Qu'en est-il des biens de soin ?*

La rationalité a imposé un premier choix : l'allocation arithmétique n'a pas de sens, un soin n'est un bien que pour celui qui est malade, actuel ou potentiel (prévention). L'allocation de soin est donc proportionnelle. Selon quel critère ? La société française a déjà fait un choix éthique : la distribution des biens de soins est majoritairement hors-marché ; 74 % des dépenses de santé sont couverts par le système collectif de la Sécurité sociale. Les biens de soin ne sont pas des biens que l'on achète par paiement personnel ou par assurance privée (situation nord-américaine, par exemple, sauf pour les personnes âgées ou indigentes couvertes par *Medicare*, pour les premières, ou *Medicaid*, pour les secondes), ils sont attribués majoritairement selon les besoins dans un système de solidarité collective. Chacun participe obligatoirement au financement des dépenses de soin de tous à proportion des revenus de son travail et non de ses propres besoins ou risques ou mérites.

La France a fait le choix éthique et politique de la proportionnalité en fonction du seul besoin. Autrement dit, elle a fait un deuxième choix : le mérite n'intervient pas. Expliquons-nous : d'autres pays, qui ont situé l'attribution des biens de soin hors-marché commencent à intégrer un autre critère que le besoin : ce que nous pourrions appeler le négatif du mérite, un démérite. Récemment, en été 1993, « l'affaire de Manchester »[19] a montré que la Grande-Bretagne considère comme juste de ne pas faire prendre en charge par la collectivité une deuxième chirurgie cardiaque sur un fumeur « récidiviste » qui, ayant signé une déclaration sur l'honneur d'arrêt de consommation de tabac, après une première intervention entièrement prise en charge par la collectivité, y a contrevenu.

II. POSTULATS DES CHOIX POLITIQUES SUR L'ALLOCATION DES BIENS DE SOIN

Nous devons nous interroger sur ces choix relatifs à l'allocation des ressources de soin. Il est difficile de déterminer qui fait ces choix en France. Ils devraient être faits — en théorie — dans un système d'assurance sociale comme le nôtre, par les assurés sociaux, représentés par les partenaires sociaux (les syndicats). En effet, dans un tel système, « à la Bismarck », tel le système allemand encore actuel, les ressources proviennent des cotisations prélevées sur les revenus du travail. Les droits sociaux sont des attributs des travailleurs et de leur famille et les prestations, enfin, sont gérées par les partenaires sociaux, élus et responsables devant les assemblées. En revanche, dans les systèmes de fiscalisation, c'est-à-dire de financement par l'impôt, les choix sont faits par le politique dans le vote du Budget. Dans un tel système, « à la Beveridge », tel le système britannique encore actuel, les ressources proviennent de l'impôt, les droits sociaux s'attachent à la citoyenneté, et le citoyen contrôle la gestion et détermine les choix *via* le Parlement. Notre système actuel emprunte aux deux modèles, dans une construction propre à la France, la Sécurité sociale, héritée du Conseil National de la Résistance, par les ordonnances de février et octobre 1945 et la loi de mai 1946. Nous englobons donc, sous le terme de politique, aussi bien les partenaires sociaux que le gouvernement ou le Parlement[20].

Interrogeons-nous sur ces choix. Nous avons vu leur justification. Quels sont leurs fondements ? Il nous semble qu'il y a deux postulats dans le choix du politique.

1. *La santé est un bien supérieur aux autres biens*

Il est hors marché, et le politique — jusqu'à maintenant — ne lui a pas fixé de limite ; que l'on se réfère à l'actuelle politique de déficit. Donnons rapidement certaines raisons de ce choix. Le mouvement hygiéniste, les systèmes de secours et de prévoyance, le courant mutualiste du XIXe siècle, le solidarisme des radicaux de la troisième République..., bref, la pénétration du médical dans le corps social, qui conduira finalement à l'État Providence, à la création du Ministère de la Santé en 1920 et à l'instauration de la Sécurité sociale en 1945, s'est faite sur toile de fond d'inégalités sociales très fortes, d'autant plus ressenties dans une société égalitaire, selon le principe de Tocqueville, et sur fond de lutte contre ces inégalités. Or, la première des inégalités, celle qui en engendre beaucoup d'autres, c'est celle de l'état de santé. Plus profondément, la philosophie sous-tendant les Droits de l'Homme en France était fortement antinaturaliste : la loi s'oppose à la nature. L'état civil s'oppose à l'état de nature, chez Rousseau, par exemple ; il ne le prolonge pas. Or, l'inégalité de santé est conçue comme l'inégalité naturelle par excellence ; c'est la première qu'il faut combattre. Il faut s'interroger sur ce choix à l'heure où la France, par exemple, a fait « le choix conscient ou non du chômage », selon le rapport de la Commission Minc, déjà cité. Tout ce qui est donné à la santé est déduit de l'enveloppe globale de toutes les autres actions politiques en faveur d'autres biens...

2. *Les biens de soin sont supérieurs aux autres biens qui permettent la santé*

Or, les soins ne participent que pour 10 à 20 % à l'état de santé d'une population : y participent l'alimentation, l'hygiène, le logement, les transports, l'éducation, l'emploi, de façon négative la consommation des drogues licites (alcool, tabac...) et illicites, la pratique de sport dangereux et l'insécurité des transports..., et même l'homogénéité du tissu social, comme le montrent deux études canadiennes, citées par J. De Kervasdoué[21]. L'évidence d'un lien direct entre l'état de santé et les soins, la difficulté, voire l'impossibilité, de rapporter à la santé la part indirecte des autres biens, et les atteintes aux libertés d'une mainmise de l'État Providence sur tous ces autres biens, font comprendre ce fait. Il n'en demeure pas moins problématique, comme le privilège de la médecine curative sur la médecine préventive, ou de la médecine des pathologies aiguës sur celle des pathologies chroniques.

Il conviendrait de s'interroger sur ces postulats, voire de les mettre en question.

Interrogeons-nous, maintenant, sur les conséquences de ces choix politiques.

III. CONSÉQUENCES ÉTHIQUES DU CHOIX POLITIQUE SUR LA DISTRIBUTION DES BIENS DE SOIN

Les conséquences pour les médecins de ce choix du politique à l'égard des biens de soin sont considérables : en un mot, leur responsabilité est immense. On aura compris que la mise hors-marché des biens de soin fait des médecins les seuls régulateurs de la production et de la distribution de ces biens, puisqu'ils ont la charge d'évaluer les besoins des destinataires, qui sont — qui devraient être, si la maîtrise médicalisée réussit — le seul critère d'allocation juste des ressources. Analysons dès lors la responsabilité des médecins.

- *Les obligations*

– Les médecins ont donc l'obligation morale, confiée par la solidarité nationale, *via* le système collectif de la Sécurité sociale, de n'accepter que le seul besoin du malade comme critère de production et d'allocation d'un bien de soin. Et, par exemple, ils ont l'obligation de ne pas prodiguer de soins inutiles, c'est-à-dire qui ne correspondent pas à un besoin médicalement déterminé. **Toute allocation d'un soin inutile est injuste**.

– Cette obligation se double, donc, de celle d'affiner l'évaluation des besoins de soin. Les médecins ont une seconde obligation morale, liée à leur savoir spécifique : celle de participer à la détermination — pour aider le politique dans sa décision de prise en charge — de ce qui est besoin réel de soin et de ce qui n'est pas besoin de soin, mais, par exemple, demande de confort. Ces demandes, dans notre société, correspondent à des biens qui sont alloués par le marché. Cette seconde responsabilité est extrêmement lourde, car les besoins, par nature — toute la philosophie et les sciences humaines le montrent — sont illimités.

– Enfin, les médecins ont l'obligation morale de permettre l'évaluation des coûts des soins et — à efficacité égale — de prodiguer les moins coûteux. La finalité de la médecine et le principe de bienfaisance impliquent, à eux seuls, que les médecins aient déjà cherché à déterminer les soins les plus efficaces.

- *Les difficultés*

– Chacune de ces obligations comporte des difficultés importantes ; nous n'en retiendrons que quelques-unes. La première obligation implique, dans certains cas, un « **devoir de résistance** » de la part du médecin à toute demande issue de patients, proches, soignants, collègues, ou issue d'un environnement plus lointain ou vaste, non fondée sur un besoin strictement médical. Cette résistance peut heurter le principe de bienfaisance, devant des difficultés sociales, par exemple, et elle peut entraver la recherche de relations pacifiques avec les autres. Il y a là sans nul doute une situation difficile de conflit éthique entre le juste et le bien, qui sollicite fortement la conscience morale. Pour éclairer ce dilemme, on peut avancer l'idée que vivre dans une société juste est un bien. Ce « devoir de résistance » prend une forme supplémentaire précise en médecine de ville : le médecin doit résister à la logique économique libérale de son statut (profession libérale) en n'effectuant et en ne prescrivant que ce qui est strictement médicalement justifié.

– La seconde obligation, celle de l'évaluation des besoins de soin, n'est pas moins difficile, car elle est menacée d'un double danger moral : le subjectivisme et le relativisme, dans la détermination des besoins, et, d'autre part, le « morcellement de l'homme », ici du patient, dans une approche à partir des besoins. Les conférences de consensus, qui mettent en œuvre une rationalité partagée, permettent d'échapper partiellement au premier danger. Le second point est à prendre en compte par des travaux comme ceux portant sur la Qualité de vie [102], qui permettent d'approcher le patient comme une personne totale, complexe, relationnelle et évolutive.

– Quant au troisième point, l'évaluation des coûts, elle a sans doute un premier prix à payer : c'est de vivre dans la transparence, ce qui est d'une grande exigence éthique. Le second est de prendre un risque moral grave : la réduction du malade à sa pathologie, sa dépersonnalisation, l'oubli de la part de mystère que recèle tout homme, une vision monofactorielle de l'autre. Toute procédure d'évaluation présente ces dangers. Faut-il évaluer par malade, par pathologie, par groupe homogène de malades (GHM) — l'expression elle-même suscite l'interrogation morale ? Cependant, toute évaluation scientifique des coûts suppose un « chaînage » des différents actes médicaux effectués pour les patients, chaînage entre la médecine de ville et l'hôpital[22], entre les différents services hospitaliers où séjourne le patient, entre l'hôpital et les structures d'accueil (convalescence, accueil des personnes âgées...). Ce chaînage des actes pour l'évaluation devrait induire, parallèlement, un suivi du patient dans sa globalité, sa particularité, son histoire médicale personnelle. Les réflexions actuelles sur un « carnet médical » qui permettrait le suivi individualisé de chaque patient montrent qu'une logique de maîtrise médicalisée ne dépersonnalise pas nécessairemrnt le patient. L'autre risque moral grave de toute évaluation des coûts réside dans les atteintes au secret médical par la production et la circulation d'une information considérable nécessaire pour permettre des évaluations scientifiques. Par exemple, considérons le risque d'une anonymisation mal contrôlée des résumés de sortie cliniques (RSC) (produits pour chaque patient) en résumés de sortie standardisés (RSS) (outils de travail statistique), dans le programme de médicalisation des systèmes d'information (PMSI) (approche nationale de mesure des activités et de calcul des coûts hospitaliers, promue par l'État depuis 1982). Une extrême vigilance, proportionnée à la quantité d'information en circulation, s'impose.

Un autre danger, enfin, fera l'objet de la conclusion : celui de la confusion des ordres. Échapper à ce danger devrait permettre d'échapper au second danger, celui de subjectivisme et de relativisme.

CONCLUSION : DISTINCTION DE L'ÉVALUATION ET DE LA DÉCISION

Nous avons vu la dimension éthique et, donc, politique *via* le concept de justice[23], de la question de la maîtrise des dépenses de santé. Son enjeu c'est le maintien du choix politique de la solidarité nationale dans l'allocation des biens de soin, proportionnelle aux seuls besoins de citoyens considérés comme égaux, hors la déficience de leur état de santé. Si la **maîtrise médicalisée** échoue ce choix pourrait être remis en question. Mais il convient de situer clairement la place de cette préoccupation dans les prises de décision, d'éviter la confusion des ordres.

Expliquons-nous : il appartient aux médecins de déterminer les soins les plus efficaces, de participer à l'évaluation de leur coût, et enfin de choisir à efficacité égale les moins coûteux et de les prodiguer au malade, et ceci quel que soit le coût. Ce moindre coût peut être très élevé pour les malades « hors normes ». Il faut donc bien distinguer : (a) connaître le coût d'un soin et (b) le juger « trop élevé » ou « négligeable » et donner un poids à ce jugement dans la décision. Cette confusion s'explique par un mécanisme logique inconscient : en situation de décision dans l'incertitude — ce qui est plus fréquent qu'on ne croit en médecine — la raison cherche des critères objectifs quantifiables, or le coût en est un. Cette donnée doit-elle intervenir dans les décisions de soin, voire, par exemple en réanimation — dans un secteur hospitalier où les coûts sont très élevés — dans les décisions de limitation, d'abstention ou d'interruption de soin ?

S'il fallait faire intervenir le coût dans la décision d'allocation de ressources de soin — ce qui n'est pas fait aujourd'hui — ce choix serait politique, et relèverait donc du seul politique, représentant de la souveraineté nationale. Les médecins devraient aider le politique comme experts, mais lui seul serait le décideur. La confusion des rôles serait préjudiciable à la démocratie, aux malades et à la conscience éthique des médecins. En effet, dans des situations où la tension éthique peut être déjà forte entre le principe de bienfaisance et le principe de respect de l'autonomie des patients[24], le critère du coût pourrait induire un parasitage dangereux de la conscience morale, qui, affaiblissant la détermination éthique, ouvrirait la porte à toutes sortes de dérives subjectives inconscientes. Citons un réanimateur : « Les contraintes économiques ont peut-être sur les décisions médicales en réanimation, dans certains cas, un effet indirect et un peu trouble. On peut se demander, en effet, si cette notion, assez nouvellement admise d'une médecine dont il faut limiter les coûts n'a pas pour effet imprévu d'être l'occasion grâce à laquelle il devient possible d'échapper aux principes éthiques existants... On voit alors opérer ce que chacun appelle son éthique personnelle »[25].

Si des décisions relatives aux coûts devaient être prises — autres que la maîtrise médicalisée — ce serait donc au politique, c'est-à-dire à la souveraineté nationale déléguée, de les prendre. Il s'agirait d'une **décision politique**, que les médecins auraient l'obligation d'éclairer autant qu'ils le pourraient, mais qui ne relèverait pas d'eux. Elle ne pourrait se fonder que sur des principes rationnels (et non émotionnels ; l'affectivité et l'émotivité nous distinguent ; la raison nous est commune), universels et publics. Ces trois caractéristiques sont les conditions *sine qua non* de la justice d'une procédure de décision dans une démocratie laïque pluraliste, et la décision elle-même tirerait sa légitimité de la souveraineté nationale. Les médecins seraient peut-être condamnés à une forme de « schizophrénie », comme l'a dit l'un d'entre eux lors d'un colloque au Sénat[26] décrivant son action « au lit du malade » le matin, et celle de comptabilité analytique, et de choix budgétaires l'après-midi. Ils rejoindraient les enseignants, qui se battent toute l'année pour l'égalité des chances, et qui, en juin, dans les jurys de concours et d'examen, font des choix justes mais « tragiques » en instaurant ou en avalisant des inégalités qui ne leur paraissent pas toujours justes socialement et qui les blessent. Si la maîtrise médicalisée réussit, les médecins échapperont à ce déchirement, au prix d'un engagement éthique important — nous l'avons montré — proportionnel à l'idéal — difficile et exigeant — de la justice.

---

1. Sur les données chiffrées, et les tentatives de maîtrise, un document comparatif récent et dense : UNIVERSITÉ de RENNES I, DROIT ET SCIENCES POLITIQUES, *Maîtrise des dépenses de santé en Europe et en Amérique du Nord*, Actes du Congrès international des 6-7 juillet 1995, Rennes, éd. de l'Université, non paginé (EU, GB, Canada, France, Allemagne, Italie). Cf. aussi COMMISSARIAT GÉNÉRAL DU PLAN, Rapport Santé 2010, dir. SOUBIE R., Documentation française juin 1993.
2. JOHANET G., *Santé. Dépenser sans compter, des pensées sans conter*, Paris, Santé de France, 1995, 244 p.
3. ARISTOTE, *Πολιτεια* (entre –325 et la mort d'Aristote), trad. Tricot J., *La politique*, Paris, Vrin, 1962, rééd. 1970, 598 p. Cf. p. 28.
4. Attention, la conscience morale est heurtée par le sacrifice de l'autre. Le sacrifice de soi peut être, au contraire, une forme très classique de la conscience morale : dans le stoïcisme, le christianisme, toutes les formes de luttes pour la justice ou la vérité... Le sacrifice de soi est en jeu dans toute forme d'altruisme.
5. Cf. STASSE F. (Dir. de L'AP-HP de 1989 à 1993), « Comment maîtriser les dépenses de santé ? », *in* : *Le Débat*, n° 79, mars-avril 1994.

6. Cf. Dans le cours, II C 2.
7. RICŒUR P., « Le propre, le proche et le lointain », *in : Le Monde*, 5 novembre 1993.
8. PIAGET J., *Le jugement moral chez l'enfant*, Paris, PUF, 1932, rééd. 1973, 334 p.
9. PIAGET J., « Les règles du jeu », *in : Le jugement moral chez l'enfant, op. cit.*, p. 1-80.
10. KOHLBERG L., *Essays on moral development*, New York, San Francisco, Harper and Rows, 1981. KOHLBERG L., *The psychology of moral development*, San Francisco, 1984.
11. Le sixième et dernier stade, c'est-à-dire le deuxième temps du niveau III, n'est atteint que par des êtres exceptionnels, selon L. Kohlberg, comme Martin Luther King, qu'il cite.
12. L'ouvrage fondateur, qui a eu une influence considérable sur les sciences humaines dans la seconde moitié du XXe siècle, est VON NEUMANN J. et MORGENSTERN O., *Theory of Games and Economics Behavior*, Princeton Un. Pr., 1953, 641 p.
13. Quasiment au sens propre du mot, qui vient de *hand in cap*, jeu du XIVe siècle, au cours duquel les trois partenaires plaçaient leur main dans un chapeau. Le *handicapper* égalisait les chances des participants.
14. COMMISSARIAT GÉNÉRAL AU PLAN, Rapport de la Commission Minc, *La France de l'an 2000*, Paris, Odile Jacob, 1994, 320 p.
15. Quoiqu'existe un secteur privé, majoritairement « sous contrat » avec le secteur public. Mais le système public, primaire, secondaire ou supérieur ne peut refuser d'accueillir un jeune dans les limites d'âge définies par la loi.
16. SMITH A., *Recherches sur la nature et la cause de la richesse des nations*, 1776 ; trad. Garnier G., Paris, Gallimard, coll. « Grands thèmes », 1976, 445 p., livre IV.
17. Deux ouvrages pour entrer dans le débat contemporain sur la théorie de la justice : AFFICHARD J. et de FOUCAULD J.B., dir., *Justice sociales et inégalités*, Paris, Esprit-Seuil, 1992, 270 p. ; AUDARD C., BOUDON R. *et alii*, *Individu et justice sociale. Autour de John Rawls*, Paris, Seuil, 1988, 320 p. Sur la justice et la santé, cf. HALLET J., HERMESSE J., SAUER D., *Solidarité, santé, société*, Louvain, Garant, 1994, 204 p., en particulier, VAN PARIJS P., « Y a-t-il des limites à la prise en charge des soins de santé par la solidarité ? », p. 57-68.
18. ROSANVALLON P., *La nouvelle question sociale. Repenser l'État Providence*, Paris, Seuil, 1995, 228 p.
19. Cf. MAJNONI D'INTIGNANO B., *Conflit d'éthiques*, *in : Le Monde*, 9 septembre 1993.
20. Cf. MAJNONI D'INTIGNANO B., *La protection sociale*, Paris, Le Livre de Poche, 1993, 286 p.
21. *Le Monde*, 2 juillet 1992.
22. Par exemple, le coût de tel examen préparatoire à une intervention chirurgicale détermine le coût de l'intervention, que l'examen ait été fait en ville, avant l'hospitalisation, ou à l'hôpital. Idem pour le suivi post-opératoire ou la rééducation ou la convalescence, par exemple.
23. AUTREMENT, *La justice. L'obligation impossible*, Paris, 1994, Série Morales, n° 16, 216 p.
24. Cf. ANNEXE I.
25. NICOLAS-BARBOUX F., « Le réanimateur, un personnage en quête de philosophes », *in : Agora*, hiver 1994-95, n° 32-33.
26. CEPE-Santé, INSEE, *Le malade, les actes, les coûts*, Colloque au Sénat, Paris, 10 novembre 1992, non paginé.

ANNEXE III

Fondements naturels de l'éthique ? Neurobiologie et sociobiologie

INTRODUCTION : MORALE ET NATURE, UN PROBLÈME À REPOSER

Quels sont les rapports entre la morale et la nature ? Un comportement est-il bon parce qu'il est naturel ? La morale peut-elle se fonder sur ce qui est naturel pour définir ce qui est bon ? Nous avons rencontré cette question de l'Antiquité, avec Aristote, jusqu'à aujourd'hui avec l'utilitarisme ou avec H. Jonas. Il y a là sans doute une tendance récurrente de la conscience morale : « Respectons la nature », « Suivons la nature ». Cependant, nous l'avons vu, l'autre tendance de la conscience morale oppose nature et morale : « ce qui est » ne dit rien sur « ce qui doit être », et, même, suivre la nature nous fait sortir de la moralité, celle-ci se construisant précisément contre la nature. Les données récentes de la sociobiologie et de la neurobiologie du comportement moral relancent cette question du lien entre nature et morale. La question est ouverte de savoir si l'on peut parler des *Fondements naturels de l'éthique* [95], pour reprendre le titre du livre récemment paru sous la direction de J.-P. Changeux, neurobiologiste de renom international et Président du Comité Consultatif National d'Éthique. Le naturalisme évolutionniste a été le centre des discussions du colloque qui a donné naissance à cet ouvrage.

En effet, la nature biologique de l'homme révélée par les recherches de Darwin[1], publiées en 1859, semblait, sauf pour les tenants du darwinisme social, comme H. Spencer, s'opposer au système de la moralité : l'élimination des faibles, dans la lutte pour l'existence, et la survie des plus aptes, par la sélection naturelle, heurtent une moralité occidentale partagée, fondée, au contraire, sur la protection du faible et l'égalité de toutes les personnes. La distinction entre nature et morale semblait fondée ; la morale s'oppose à la loi naturelle. Or, la sociobiologie révèle, comme une donnée de fait, que l'altruisme est le mécanisme fondamental qui a permis l'apparition, l'évolution et le maintien des espèces sociales, et non la lutte pour l'existence. L'altruisme est un comportement autodestructeur accompli au bénéfice d'autrui. C'est le comportement social de base : il n'y a société que dans la mesure où chaque individu consacre une partie de son temps et de son énergie à des tâches d'intérêt collectif plutôt qu'à garantir sa propre survie immédiate. Cet altruisme naturel, comme stratégie adaptative globale, semble rencontrer les valeurs de la morale. La nature biologique et la morale diraient la même chose : ce qui est bon, c'est-à-dire favorable sélectivement pour les êtres sociaux, et ce qui est bon, moralement pour des personnes libres, c'est d'être altruiste. La morale serait fondée dans la nature.

Ces données de la sociobiologie sur l'altruisme des espèces sociales sont renforcées par la théorie des jeux qui, étudiant des stratégies d'action à plusieurs partenaires dans une temporalité indéfinie, montre que la « coopération » est la stratégie la plus efficace. Que l'on se reporte aux travaux de R. Axelrod[2], et à son expérience dans les années 1960, sur 63 stratégies : c'est le « tit for that », le « donnant-donnant »[3] qui gagne toujours. L'altruisme et la coopération seraient adaptatifs pour les êtres sociaux : l'éthique — conçue comme altruisme, coopération et interdit de l'agression — aurait un fondement naturel. « Les conséquences à long terme de l'injustice seront toujours notoirement dangereuses pour ceux qui en tirent provisoirement bénéfice. Je suppose que c'est là la vraie raison du mouvement des droits universels de l'homme, et j'espère que la compréhension de ses origines purement biologiques finira par être plus contraignante que toute notion rationnelle imaginée par la culture pour le renforcer et le glorifier... Sociologues et humanistes, sans oublier les théologiens, devront finalement reconnaître que le naturalisme scientifique est à même de modifier les bases de leur recherche systématique en redéfinissant le processus mental lui-même »[4] écrit E.O. Wilson[5].

D'autres données contemporaines rejoignent ce naturalisme éthique : les données de la neurobiologie sur les prédispositions universelles du cerveau de l'homme au jugement moral. Résumant les travaux contemporains, dans un article récent[6], J.-P. Changeux écrit : « On ne peut nier qu'il existe des prédispositions "naturelles" du cerveau au jugement moral. Celles-ci incluent les capacités à construire des objets mentaux, représentations du monde physique comme social, à percevoir les émotions morales, comme l'inhibition de violence et la sympathie, à stocker, de manière épigénétique, conventions sociales et règles morales, à délibérer dans un espace conscient pour sélectionner des programmes d'action qui s'accordent (ou non) avec les obligations morales et les conventions sociales ». J.-P. Changeux renvoie aux travaux actuels sur ces différents points. On peut se reporter, par exemple, à ceux de D. Premack[7]. Ils montrent que « le cerveau des hommes possède une prédisposition quasiment unique dans le monde animal, celle de former des objets mentaux d'un type très particulier qui participent à la reconnaissance chez autrui d'intentions, désirs, connaissances, croyances, émotions... Cette capacité d'attribuer des états mentaux à autrui permet de "se mettre à la place d'autrui", de reconnaître d'éventuelles différences/identités avec ses propres états mentaux et d'agir vis-à-vis de celui-ci d'une manière qui s'accorde ou non avec les normes morales de la communauté à laquelle il appartient. Absente chez les singes, rudimentaire chez les chimpanzés en captivité, la capacité d'attribution se développe chez les enfants en trois étapes principales »[8]. D'autres travaux, comme ceux du neurologue A. Damasio[9], mettent en évidence, en particulier à partir de cas pathologiques suite à certaines lésions cérébrales, les bases neuronales des déficiences du comportement social et moral chez des individus, qui sont restés capables, au niveau rationnel, d'évaluation et de réflexion morales.

Peut-on donc soutenir — en fonction des données de la sociobiologie, de l'étude des comportements de coopération et des données de la neurobiologie — un naturalisme éthique ? Est-ce que ces données font sortir de la thèse classique, depuis Hume et Kant, selon laquelle les faits ne nous disent rien sur les valeurs, selon laquelle penser le contraire c'est commettre le « *naturalistic fallacy* », le « paralogisme naturaliste » que dénonce le philosophe anglais G.E. Moore[10]. Ou peut-on, au contraire, dériver les énoncés prescriptifs des énoncés descriptifs, contre G.E. Moore, qui les oppose fondamentalement ? Peut-on passer des énoncés descriptifs aux énoncés évaluatifs et de ceux-ci aux énoncés normatifs ? Par exemple : « Les êtres sociaux sont altruistes » => « C'est bien d'être altruiste » => « On doit être altruiste ». Peut-on, ainsi, *versus* la diversité anthropologique des comportements et des justifications éthiques, trouver un donné universel objectif, non suspect d'ethnocentrisme ? Peut-on construire une *Éthique sans dieux*, selon le titre d'un article récent d'A. Grjebine[11] ?

Quelles sont donc les données de la sociobiologie qui justifieraient une éthique fondée sur la nature ?

I. LA FOURMI ET LE SOCIOBIOLOGISTE

La sociobiologie est une science ; elle est l'**étude de la socialité** comme un des phénomènes de l'évolution, l'un de ses événements majeurs. Elle en recherche les causes, les modalités et les conséquences. Pour E.O. Wilson, son fondateur avec *Sociobiology, a new synthesis*[12] en 1975, entomologiste, spécialiste de zoologie comparative à Harvard, elle est « l'étude systématique des bases biologiques de toutes les formes de comportement social, chez tous les organismes vivants, l'homme y compris ». La sociobiologie est née de l'éthologie — étude de tous les types de comportements des espèces animales dans des conditions naturelles — de l'écologie et de la génétique des populations. Elle souleva une vive polémique aux États-Unis[13], en 1976, et quelques années plus tard en France[14], dans un débat qui la transforma en sociobiologisme. Si aux États-Unis, « l'épreuve des faits a dissipé la polémique » selon P. Jaisson, la sociobiologie reste méconnue en France. Son récent ouvrage, *La fourmi et le sociobiologiste*[15], permet de la présenter plus précisément.

La sociobiologie part d'un problème : chez les insectes sociaux, 95 % des individus sont stériles. Comment la sélection naturelle a-t-elle pu favoriser les comportements sociaux ? Dans le chapitre XV de *L'origine des espèces,* Darwin pose ce problème : comment l'altruisme se perpétue-t-il, puisque les porteurs sont stériles ? Or, les fourmis par exemple se perpétuent : leur biomasse est égale à celle des humains et leur territoire s'étend à toutes les niches écologiques, des déserts au Groenland. Darwin verra dans la stérilité des insectes sociaux « one special difficulty, which at first appeared to me insuperable, and actually fatal to my whole theory ». Mais il émettra une hypothèse explicative, celle de la sélection familiale : « This difficulty... disappears, when it is remembered that selection may be applied to the family, as well as to individual ». Il faudra attendre 1964 pour que les travaux de W.D. Hamilton confirment cette hypothèse grâce aux données de la génétique.

Dans l'article « princeps », *Évolution génétique et comportement social*[16], D. Hamilton formule la fameuse « théorie de la sélection de parentèle » : l'individu stérile altruiste assure le succès de son patrimoine génétique en favorisant la reproduction des fertiles apparentés. Rappelons que la sélection naturelle est la sélection de la reproduction maximale. Faut-il alors penser selon la formule significative de R. Dawkins, éthologiste d'Oxford, dans *Le gène égoïste*[17] que « la poule est le moyen trouvé par l'œuf pour faire d'autres œufs », que l'organisme est au service de la reproduction maximale de ses gènes ? En effet, reposons bien le problème : pourquoi l'altruisme existe-t-il, s'il n'y a aucun bénéfice pour l'individu et aucune transmission ? L'hypothèse sociobiologique est que l'altruisme augmente au maximum la reproduction des gènes ; il est la meilleure « stratégie adaptative globale ». Si cette hypothèse est vraie, alors plus il y a proximité génétique, plus l'altruisme est rentable, plus il y de chances que la socialité apparaisse. Si l'hypothèse est vraie, la société apparaît quand l'altruisme est plus efficace que tout autre comportement.

Les amibes acrasiales fournissent une démonstration de l'hypothèse sociobiologique. Quand leurs conditions écologiques se dégradent, les amibes acrasiales se regroupent, forment un pseudoplasmide qui migre à la surface du substrat, puis s'étire en un sporocarpe dont le pied enkysté meurt et dont la capsule, propulsée par le pied « sacrifié » vers un milieu propice, germe et se reproduit. Les amibes du pied représente le « choix altruiste » : elles ne peuvent se reproduire mais permettent à celles de la capsule de le faire. Or, le « degré d'altruisme » des amibes, mesurable au rapport des dimensions du pied enkysté à celles de la capsule sporifère, est exactement proportionnel à leur degré de parenté, génétiquement mesuré[18].

Le succès écologique considérable des insectes sociaux montre à quel point la socialité est un avantage adaptatif : les insectes sociaux représentent 2 % des espèces d'insectes et 50 % de leur biomasse ! Qu'en est-il pour eux de l'hypothèse de D. Hamilton ? Les fourmis offrent une confirmation certaine. Elles présentent, de fait, un facteur prédisposant : l'haplodiploïdie. Les fourmis ne possèdent pas de chromosomes sexuels, c'est le nombre global de chromosomes qui détermine le sexe. La femelle est diploïde ; elle possède la panoplie complète de l'espèce, soit deux fois plus de chromosomes que le mâle, haploïde. Autrement dit, les œufs fécondés produisent des femelles, les non fécondés des mâles. Ces mâles n'ont pas de méiose ; ainsi les spermatozoïdes d'un mâle sont tous identiques, donc les sœurs ont une proximité génétique considérable de 3/4 de patrimoine commun. L'altruisme des fourmis femelles, filles stériles d'une même reine, fécondée par des spermatozoïdes clones, est une conservation de leurs gènes. Les contre-exemples (sociétés à plusieurs reines, polyandrie de la reine, non-haplodiploïdie des termites...) reçoivent chacun une explication qui n'invalide pas l'hypothèse de sélection de parentèle, et celle-ci se vérifie chez les haplodiploïdiques sociaux (acariens, scolytes, thrips). La sociobiologie construit d'autres hypothèses sur la socialité : la « manipulation parentale » (Michener), « l'altruisme réciproque » (Trivers, 1971), la « stratégie stable d'évolution » (J. Maynard Smith, 1980), la « pression des maladies non mortelles » (Hamilton, 1987), le « mutualisme contre le chapardage des profiteurs » (Field, 1992), la « sexualité tardive » (Gadagkar, 1991), la « socialité latente » (West-Eberhard, 1987). La diversité de ces modèles et leur fécondité heuristique montrent la valeur scientifique de l'hypothèse sociobiologique. La sociobiologie a ouvert également un nouveau champ de recherche : la reconnaissance des apparentés. L'hypothèse de la parentèle suppose qu'il existe, d'une part, des indices et, d'autre part, des moyens de reconnaissance de la parenté génétique. La théorie a effectivement suscité un très grand nombre de travaux sur la reconnaissance des apparentés, qui permet les soins aux petits, l'assistance aux apparentés, le mutualisme de parentèle, la recherche du partenaire sexuel (à la fois évitement de l'inceste — préservation de la diversité génétique — et proximité génétique — transmission des gènes du groupe social)[19], la malveillance contre les petits étrangers...Cette reconnaissance peut être très fine et aller jusqu'à la différenciation des degrés de parenté (abeille, guêpe, rat, cloporte...). Pour l'homme — mais c'est un champ restreint dans la masse des travaux des sociobiologistes — les travaux portent sur l'altruisme des jumeaux monozygotes (plus élevé que celui des dizygotes), sur la reconnaissance des apparentés (par exemple, identification du nouveau-né par sa mère et réciproquement, quelques heures après l'accouchement, identification des apparentés par l'odeur des vêtements), sur la tendance à l'exogamie, sur l'évitement de l'inceste[20].

II. NATURE SOCIOBIOLOGIQUE DE L'HOMME ET MORALE

La sociobiologie révèle donc les bases biologiques des comportements sociaux : la socialité, c'est-à-dire l'altruisme, est une « invention » de l'Évolution ; elle est la meilleure stratégie adaptative globale. La nature ainsi révélée a-t-elle à voir avec la morale ?

« L'altruisme » naturel est soit à l'égard des apparentés (on parlera d'altruisme pur) soit réciproque (on parlera d'altruisme impur ou de stratégie coopérative). L'altruisme moral est-il soit à l'égard des apparentés soit réciproque ? Nous connaissons la fameuse injonction de l'*Évangile* : « Aimez vous ennemis, faites du bien à ceux qui vous haïssent..., si vous aimez ceux qui vous aiment..., si vous aimez seulement vos frères que faites vous d'extraordinaire ? »[21]. La parabole du Bon Samaritain, généreux à l'égard d'un ennemi[22], et sans aucune réciprocité escomptée, est le paradigme de cet altruisme moral, à l'opposé de « l'altruisme » naturel. Ce dernier est plutôt un « égoïsme » des gènes, immoral, ou une stratégie de coopération, efficace et rentable, mais tout aussi égoïste.

Altruisme moral et « altruisme » naturel semblent donc opposés, et le vocabulaire de la sociobiologie — altruisme, égoïsme, coopération, bienveillance — semble une dangereuse métaphore, non maîtrisée, qui pourrait ouvrir la voie au pire biologisme xénophobe. De fait, dans les morales hétéronomiques contemporaines, dans les morales du Bien, comme celles de H. Jonas ou d'E. Levinas, l'autre implique la responsabilité, sans aucune réciprocité, et c'est par sa fragilité, sa faiblesse, son altérité même, non parce qu'il est apparenté. Quant aux morales autonomiques contemporaines, aux morales du Devoir, comme celles de J. Habermas ou de J. Rawls, elles sont fondées sur l'égalité de toutes les personnes et l'universalité des principes. L'altruisme n'a ici rien à voir avec les apparentés.

Mais les choses ne sont pas si simples. Dans les morales hétéronomiques, le paradigme est celui de la paternité, aussi bien chez H. Jonas que chez E. Levinas, et le premier défend une ontologie naturaliste forte. Dans les morales autonomiques, la réciprocité est fondamentale, elle est à la base de l'éthique de l'argumentation de K.O. Apel et J. Habermas et de la théorie de la justice de J. Rawls ; et l'on sait le rôle majeur de la théorie des jeux dans ces constructions. Or, le système de réciprocité de la coopération dans la théorie des jeux fournit le meilleur modèle de l'altruisme naturel impur, qui n'est qu'une forme de défense de son intérêt bien compris. D'autre part, les travaux de la neurobiologie s'amoncellent qui montrent les soubassements biologiques des comportements moraux. On ne peut donc évacuer la question du rapport de la morale et de la nature.

Il nous semble que trois positions se dégagent.

L'antinaturalisme

Il oppose nature et moralité. Kant en est sans doute le représentant exemplaire[23]. Pourquoi ? Kant se trouve face à une nouvelle nature, celle de la science galiléenne et newtonienne. Dès lors, les impératifs de la prudence, fondés sur une cosmologie naturaliste aristotélicienne, sont nécessairement rejetés hors de la moralité. La nature mécanique galiléenne et newtonienne ne peut être indicatrice pour la conduite de l'homme[24]. Mais, la nature révélée par la science de la deuxième moitié du XXe siècle, et, en particulier, la nature biologique évolutionniste, n'est plus celle du XVIIIe siècle. La sociobiologie, par exemple, ou la neurobiologie révèlent une nature inconnue de la philosophie des Lumières. Faut-il dès lors repenser les relations de la morale et de la nature ?

D'autre part, est-il moral d'être irréaliste ? Qu'est-ce qu'une éthique non concrète ? Toute norme morale doit subir l'épreuve des faits, de la réalité naturelle et sociale de la vie. Un petit opuscule de Kant pose ce problème : *Sur un prétendu droit de mentir par humanité*[25]. Kant y repose un problème classique depuis Saint Augustin : faut-il dire la vérité au criminel qui recherche l'un de vos amis, réfugié chez vous ? C'est-à-dire : y a-t-il des situations où le mensonge est moral, où l'on a le « droit de mentir » ? La question devient : faut-il protéger son proche, l'ami, avant son lointain, c'est-à-dire ne pas respecter la personne du criminel en lui mentant, pour sauver l'ami ? Ou faut-il ne pas mentir au criminel, même s'il ne respecte pas la réciprocité, et mettre en danger l'ami proche ? Kant choisit et défend — le titre même l'indique — la seconde solution, qui est très contre-intuitive. Arguer, par exemple, que l'on ne doit pas la vérité au criminel, parce qu'il s'est de lui-même exclu du droit, comme le fait B. Constant, auquel Kant répond[26], n'a pas de sens pour Kant. Personne n'est propriétaire de la vérité, mais surtout le respect de l'humanité de l'homme dans l'autre ne peut être subordonné à une quelconque condition ; l'autre n'a pas à être digne de ce respect par sa propre conduite. Le respect de l'autre, qui passe par la véracité de nos paroles, est un principe sans condition ; nous n'avons pas à attendre la réciproque. Je dois la vérité au criminel, même si, lui, ne la respecte pas. Kant montre également que tout mensonge, quelle qu'en soit la justification proposée, met en danger l'humanité car il porte atteinte à la parole échangée et donc au contrat. Mais que faire de cette analyse ? Car, enfin, pour reprendre un exemple de K.O. Apel[27], il faut mentir à la Gestapo ! Il n'est pas si simple d'éliminer la question de la réciprocité. Pas plus qu'il n'est simple d'éliminer celle de la proximité. Des hommes, des femmes, des enfants meurent de malnutrition en ce moment en Afrique, en suis-je aussi moralement coupable que si je laisse mes propres parents ou mes enfants sans nourriture ? L'obligation de l'aide alimentaire aux ascendants et descendants — présente dans notre droit — admet que la proximité biologique fonde l'obligation morale. Comment justifier les devoirs particuliers à l'égard de nos proches ?

L'antinaturalisme — qui refuse la proximité et la réciprocité comme justificatives — est problématique.

Le naturalisme faible

Il consiste à soutenir que les faits naturels sont « pertinents » pour justifier une exigence morale. La thèse est que la morale est dans le prolongement de la nature, mais sans réductionnisme. Il s'agit de trouver des indices normatifs dans la nature. Le représentant est ici Aristote et son éthique hétéronomique téléologique conséquentialiste, du cas par cas. La Nature est téléologique et l'homme, qui lui appartient, est lui-même finalisé naturellement. Mais la règle droite — déontologique — permet au juge d'équité, à celui qui a une attitude prudentielle, de corriger aussi une nature défaillante, dans laquelle joue une certaine contingence. Tout n'est pas bon dans la nature : elle produit des cataclysmes, des catastrophes, des maladies, des monstres... Cicéron rappellera la parenté linguistique de *prudentia* et *providentia* ; la prudence se substitue à une providence défaillante. Le naturalisme faible consisterait donc à s'inspirer de la nature pour la compléter ou la réparer dans ses déficiences. Nous renvoyons à l'article d'A. Fagot-Largeault, « Normativité biologique et normativité sociale »[28], dans lequel l'auteur, s'appuyant sur l'exemple du diagnostic prénatal (DPN), en France, montre qu'une déontologie médicale s'est construite en France, sur des indices naturels, qu'il s'agisse de la morale des médecins ou de la morale commune des parents ayant recours au DPN, et éventuellement à l'interruption thérapeutique de grossesse (ITG). Finalement, il s'agit de « corriger la sélection naturelle..., mais de rester proche d'elle... Le DPN se substitue à la sélection naturelle »[29]. La pratique du DPN, et éventuellement de l'ITG, se range à un naturalisme faible : la nature est un indice important dans la décision des parents comme des médecins. Par le « normal » et le « pathologique », elle guide les choix des uns et des autres. Bien sûr, la question de la norme reste très difficile : normal signifie-t-il « dans la moyenne », ou bien « qui peut servir de référence, de modèle », ou bien, enfin, « normatif, capable d'autonomie biologique », comme le montre G. Canguilhem dans *Le normal et le pathologique*[30] ? Le deuxième sens ne semble pas le bon, les parents ne veulent pas un enfant « parfait »[31], ils veulent un enfant « comme tout le monde » ; ce premier sens est pondéré par le dernier : quand l'autonomie biologique semble impossible, en cas de handicaps très graves (anencéphalie, trisomie 13 ou 18), l'ITG parait légitime à beaucoup. Mais le naturalisme n'est pas absolu, car il y a des « zones grises » où sont maintenus en vie des enfants dont l'autonomie biologique sera faible, et, inversement, des ITG sont pratiquées sur des enfants qui auraient eu une autonomie biologique (trisomie 21)[32].

Le naturalisme faible nous semble couvrir une autre démarche, celle qui consiste à connaître la nature pour adapter des moyens naturels efficaces aux fins autonomiques de la moralité. L'exemple serait celui de la réduction des conflits de groupe par la scolarisation intégrée, telle que l'étudie C. Irwin. Il s'agit d'introduire l'évolutionnisme en utilisant la période sensible — avant la puberté — pour l'acquisition de l'identité de groupe et des badges[33] cultuels associés du langage, du dialecte et de l'accent. Des travaux sur des expériences de scolarité intégrée en Irlande du Nord (mêlant enfants catholiques et protestants) et Israël (mêlant enfants israéliens et palestiniens) montrent les modalités et les résultats de cette détermination socioculturelle volontaire des identités de groupe[34].

Le naturalisme dur

Il consiste à soutenir que les faits naturels sont « suffisants » pour justifier une exigence morale. Ce naturalisme dur peut jouer à deux niveaux différents, normatif (pour définir la norme) ou méta-éthique (pour fonder la moralité elle-même). Au niveau méta-éthique, le naturalisme dur fonde la morale sur la nature. Se référant à une extériorité qui dépasse l'homme, il tente d'échapper aux dangers de la rationalité, de l'autonomie, de la subjectivité (mais aussi de l'ethnocentrisme et du communautarisme). L'être fonde le devoir-être. Telle est la position de H. Jonas, que nous ne discuterons pas ici. Disons seulement que cette philosophie suppose une téléologie naturelle immanente, mais à laquelle l'homme peut acquiescer ou non, ce qui fonde une éthique de la responsabilité, déontologique dans sa formulation, assez proche formellement de l'impératif kantien.

E.O. Wilson, fondateur de la sociobiologie, soutient également un naturalisme dur méta-éthique, mais très différent, doublé d'un naturalisme normatif. Il défend une éthique évolutionniste : l'éthique fait partie du processus naturel de l'évolution biologique. Mais n'y a-t-il pas ici une grave confusion entre origine et fondement ? Telle est la première question que pose, selon nous, la thèse de E.O. Wilson, dans le chapitre de *L'humaine nature*, consacré à l'altruisme naturel. D'autre part, E.O. Wilson voit l'évolution comme progressive, ayant une direction, vers l'homme, qui a de la valeur ; ce qui fonderait la normativité de la nature. Or, l'évolution révélée par la science aujourd'hui est fondée sur l'aléatoire et sur le court terme de la reproduction maximale ; elle est plutôt un processus lent qui ne va nulle part.

M. Ruse, qui conçoit lui aussi la morale comme produit de l'évolution, paraît plus logique que E.O. Wilson : il refuse toute pertinence fondatrice à la méta-éthique, qui n'est elle-même que la dernière invention adaptative de l'évolution : les êtres humains ont besoin de croire en la valeur de ce qu'ils font. L'évolution n'est pas progressive ; il n'y a aucune justification méta-éthique de l'éthique normative. Actuellement, par exemple, nous avons intérêt à coopérer et la meilleure forme de cette coopération est le contrat, d'où l'intérêt des travaux comme ceux de J. Rawls. Mais ses analyses, selon M. Ruse, n'ont de portée que normative ; elles nous indiquent comment pratiquer la meilleure coopération ; elles ne fondent absolument pas la morale. « Nous pensons que les normes éthiques sont objectivement vraies parce que notre biologie nous fait penser précisément cela. Mais de ce que notre biologie nous fait penser cela on ne peut déduire qu'il en est ainsi. Aussi pour conclure, j'ajouterai que vous allez probablement rester profondément insatisfaits de ma position morale. La raison en est que notre biologie travaille avec acharnement pour parvenir précisément à cette conclusion » écrit M. Ruse avec humour[35].

Le choix reste ouvert entre ces trois positions de l'antinaturalisme, du naturalisme faible ou du naturalisme dur.

CONCLUSION : LA BIOÉTHIQUE, UNE ÉTHIQUE « ÉVOLUTIONNISTE » ?

Concluons, en nous inspirant de l'article d'A. Fagot-Largeault cité *supra*, sur une dernière façon de penser les relations entre la morale et la nature évolutionniste : le processus actuel en bioéthique ne peut-il pas être lu lui-même comme un processus adaptatif ? L'invention éthique procéderait, comme l'invention scientifique, selon un schéma évolutionniste. En effet, si l'on observe ce qui s'est passé dans les sociétés démocratiques contemporaines, confrontées aux questions éthiques nées des nouvelles techniques mises en œuvre par la biologie et la médecine, on peut distinguer quatre étapes : d'abord, des essais abusifs (priorité de l'infraction sur la règle, de la déviance, du désordre. Par exemple, mères porteuses, fœtus « cobayes », euthanasie clandestine de vieillards...) ; puis une normalisation des comportements par élimination des déviances, ensuite apparition d'initiatives locales et sporadiques de tâtonnements institutionnels (Comités d'éthique spontanés, Conférence d'Asilomar aux EU...) ; enfin, établissement d'instances normatives régulières (Comités d'éthique nationaux, voire même, législation comme en France)[36]. Ainsi jouerait une autorégulation, de forme évolutionniste, des pratiques biomédicales occidentales, dans laquelle l'argumentation et le partage de l'information jouent un rôle majeur.

Il y aurait rétroaction de la pratique sur la morale ; faut-il conclure à un naturalisme évolutionniste ? « L'éthique n'est pas engloutie dans un naturalisme évolutionniste, écrit A. Fagot-Largeault, parce que ce n'est pas la nature qui invente les normes, c'est la liberté humaine. Mais l'éthique inclut un élément irréductible de naturalisme, parce que ce sont les faits qui sélectionnent les normes objectivement bonnes..., comme s'il y avait une évidence des situations qui force le consensus. Les débats éthiques peuvent s'éterniser, mais l'ancrage dans la réalité sélectionne les ajustements normatifs tenables. Bien des règles qui paraissent bonnes *a priori* ne résistent pas à leur confrontation aux faits »[37]. Et l'auteur donne des exemples à partir des avis du Comité consultatif national d'éthique, dont elle est membre. Elle montre, par exemple, comment le CCNE s'est prononcé en 1989 contre le traitement expérimental de la maladie de Parkinson par auto-greffes de cellules aminergiques dans le système nerveux central, et, en 1990, pour le traitement expérimental par greffes intracérébrales de tissus fœtaux mésencéphaliques. La norme a donc été l'interdit de la greffe intracérébrale, puis l'autorisation de la greffe intracérébrale. En fait, les principes éthiques étaient les mêmes ; il s'agissait essentiellement de l'obligation morale de l'équilibre de la balance risque-bénéfice pour les receveurs. C'est la situation scientifique et technique qui avait changé. Ainsi, « le point exact auquel l'équilibre normatif penche d'un côté ou de l'autre ne se déduit pas des principes. Il se juge en fonction des faits »[38]. Autrement dit, la norme — interdiction ou autorisation des greffes intracérébrales — suppose la confrontation des principes aux faits, et le changement des faits — technique de greffe, traitement du rejet, nouvelles données cliniques... — peut modifier la norme, alors que les principes moraux sont restés les mêmes.

Faut-il penser que la bioéthique contemporaine, la morale des nouvelles techniques et pratiques de la biologie et de la médecine contemporaines — parce qu'elle a affaire à une certaine nature, c'est-à-dire au vivant, au « normal et au pathologique », à l'évolution et au finalisme — ouvre la voie à une démarche morale inédite ? Cela ne signifie pas que la société produit des normes morales comme si elle était un macro-organisme, dont la bioéthique assure la régulation en vue de la plus grande survie. Cela signifie que l'éthique médicale et biologique **a affaire à un donné naturel qui porte en lui une certaine normativité :** l'homme comme être vivant. **Même si l'éthique consiste à préserver la dignité de cet être et non sa survie**, elle doit penser son objet — **l'homme en tant qu'individu et espèce — comme un vivant.**

---

1. DARWIN C., *The Origin of Species by Means of Natural Selection or the Preservation of Favoured Races in the Struggle for Life*, London, 1859 ; trad. Royer C., *De l'origine des espèces ou des lois du progrès chez les êtres organisés*, Paris, Masson, 1862, 614 p. On peut consulter pour une approche : CONRY Y., dir., *Théorie de l'évolution. Textes choisis*, Paris, PUF, 1969, 237 p.
2. AXELROD R., *Tit for that* ; trad. Garène M., *Donnant donnant. Une théorie du comportement coopératif*, Paris, Odile Jacob, 1993, 234 p.
3. La stratégie du « donnant-donnant » consiste à jouer la coopération au premier coup, ensuite à jouer l'identique de la réponse du partenaire au coup antérieur, si nécessaire à « pardonner » une fois la défection du partenaire en rejouant la coopération, mais pas plus d'une fois. À l'ordinateur, c'est la stratégie gagnante.
4. WILSON E. O., *Prospect for a unified Sociobiology. Human Nature*, Harvard Un. Pr., 1978, trad. Bauchot R., *L'humaine nature. Essai de sociobiologie*, Paris, Stock, 1979, p. 282 et 288.
5. Fondateur de la sociobiologie, cf. *infra*.
6. CHANGEUX J.-P., « Point de vue d'un neurobiologiste sur les fondements de l'éthique », *in : Commentaire*, n° 71, Paris, Plon, 1995, p. 539-549.
7. PREMACK D., « "Connaissance" morale chez le nourrisson », *in :* CHANGEUX J.-P. [95], p. 139-153.
8. CHANGEUX J.-P., « Point de vue d'un neurobiologiste sur les fondements de l'éthique », *op. cit.*, p. 542.

9. DAMASIO A. R., « Comprendre les fondements naturels des conventions sociales et de l'éthique, données neuronales », *in :* CHANGEUX J.-P. [95], p. 121-137. Cf. aussi surtout DAMASIO A., [42].
10. MOORE G.E., *Principia ethica*, Cambridge, Cambridge Un. Pr., 1903. L'expression citée apparaît dans le chapitre II essentiellement dirigé contre H. Spencer et le darwinisme social.
11. GRJEBINE A., « L'éthique sans dieux », *in : Pour la science*, n° 202, 1994, p. 28-35.
12. WILSON E. O., *Sociobiology, a new Synthesis*, Cambridge, Mass., Harvard Un. Pr., 1975. Ses autres ouvrages sont *The Insect Societies*, Cambridge, Mass, 1971 ; *Biophilia*, Harvard Un. Pr., 1984 ; *Prospect for a unified Sociobiology*, cité *supra* ; *The Diversity of Life*, Harvard Un. Pr., 1992, trad. Blanc M., *La diversité de la vie*, Paris, Odile Jacob, 1993, 496 p.
13. WADE N., « Sociobiology : troubled Birth for new Discipline », *in : Science*, 1976, p. 1151 *sqq*.
14. Cf. TAGUIEFF A., *La force du préjugé. Essai sur le racisme et ses doubles*, Paris, Gallimard, 1990, 646 p.
15. JAISSON P., *La fourmi et le sociobiologiste*, Paris, Odile Jacob, 1993, 316 p.
16. *In : Journal of Theoretical Biology*, 1964, 7, p. 1-52.
17. DAWKINS R., *The selfish Gene*, Oxford Un. Pr., 1976 ; trad. Ovidon L., *Le gène égoïste*, Paris, Armand Colin, 1990, 368 p.
18. JAISSON P., *op. cit.*, p. 56 *sq*.
19. La reconnaissance des apparentés permet ce que P. Bateson (1983) a appelé « l'hybridation optimale » : reproduire un apparenté mais éviter la consanguinité. Les couples sont modérément apparentés (caille japonaise, souris domestique, grillon des champs).
20. L'article de WILMSEN-THORNHILL N., « Nature du traumatisme psychologique consécutif au viol, et quelques implications éthiques », *in :* CHANGEUX J.-P. [95], p. 155-186, montre la fécondité de l'hypothèse sociobiologique dans des travaux de psychologie sur la souffrance mentale et explique des résultats d'enquête qui paraissent contre-intuitifs.
21. *Évangile selon Saint Matthieu*, V, 44-48 ; *Évangile selon Saint Luc*, VI, 27-36.
22. *Évangile selon Saint Luc*, X, 29-37. La Galilée, la Judée et la Samarie se déchiraient alors dans un conflit, que l'on peut comparer à celui de l'ex-Yougoslavie d'aujourd'hui. Il est significatif que ce soit l'ennemi lui-même, le Samaritain, qui soit donné en exemple ; ce renversement de perspective en dit plus long que la parabole !
23. Cf. I. C. 1 et Texte n° 7.
24. Nous laissons en suspens une question difficile, de niveau méta-éthique : celle d'une téléologie de la nature telle qu'elle apparaît dans les thèses de Kant sur l'histoire de l'humanité, dans l'*Idée d'une histoire universelle d'un point de vue cosmopolitique*.
25. KANT E., *in : Berliner Blätter*, Berlin, Bliester, 1797 ; trad. Guillermit L., « Sur un prétendu droit de mentir par humanité », Paris, Vrin, 1967, rééd. 1992, *in : Théorie et pratique*, p. 67-73.
26. *Op cit.*, p. 67. Sur cette controverse, voir BOITUZAT F., *Un droit de mentir ? Constant ou Kant ?*, Paris, PUF, 1993, 126 p.
27. APEL K.O., « Diskursethik als Verantwortungsethik : eine postmetaphysische transformation der Ethik Kants », *in :* FORNET-BETANCOURT, *Ethik und Befreiung*, Aachen, Concordia, RM 4, 1990, p. 10-40. « L'éthique du discours comme éthique de la responsabilité : une transformation postmétaphysique de l'éthique kantienne », *in : Revue de Métaphysique et de Morale*, 1993, 4, p. 505-537.
28. FAGOT-LARGEAULT A., « Normativité biologique et normativité sociale », *in :* CHANGEUX J.-P. [95], p. 191-225.
29. Article cité *in :* [95], p. 199.
30. CANGUILHEM G., [61]. Cf. en particulier, « Du social au vital », p. 175 *sq*.
31. Même si l'enfant imaginaire, fantasmé pendant la grossesse par les parents, est un enfant parfait. Et les psychologues savent l'importance de cette construction de l'enfant imaginaire, qui peut être, parfois, perturbée par les techniques modernes d'imagerie médicale *in utero*.
32. Nous avons indiqué, *supra* (exemple médical n° 6), comment le naturalisme nous paraissait à l'œuvre dans la récente législation relative à l'assistance médicale à la procréation, Loi n° 94-654 du 29 juillet 1994 [128].
33. Les badges sont des marqueurs, innés ou acquis, qui permettent la reconnaissance des apparentés. La sociobiologie fournit de très nombreux travaux sur ces marqueurs chez les animaux sociaux.
34. IRWIN C., « Les éthiques naturalistes et le contrôle des conflits de groupe », *in :* [95], p. 227-265.
35. RUSE M., « Une défense de l'éthique évolutionniste », *in :* CHANGEUX J.-P. [95], p. 35-64.
36. LANGLOIS A., *La régulation de l'expérimentation sur l'homme. Des comités d'éthique de l'Assistance publique de Paris aux Comités de protection des personnes*, Paris X, Doctorat de philosophie, 1992.
37. Article cité *supra*, *in :* CHANGEUX J.-P. [95], p. 217-218.
38. *Ibidem*, p. 219.

TEXTES

SOMMAIRE

1. ARISTOTE

Éthique à Nicomaque

(1131 α) [...] Si donc l'injuste est inégal, le juste est égal, et c'est là, sans autre raisonnement une opinion unanime. Et puisque l'égal est moyen, le juste sera un certain moyen. Or l'égal suppose au moins deux termes. Il s'ensuit nécessairement, non seulement que le juste est à la fois moyen, égal et aussi relatif, c'est-à-dire juste pour certaines personnes, mais aussi qu'en tant que moyen, il est entre certains extrêmes (qui sont le plus et le moins), qu'en tant qu'égal il suppose deux choses et qu'en tant que juste il suppose certaines personnes. Le juste implique donc nécessairement au moins quatre termes : les personnes pour lesquelles il se trouve juste, et qui sont deux, et les choses dans lesquelles il se manifeste, au nombre de deux également. Et ce sera la même égalité pour les personnes et pour les choses : car le rapport qui existe entre les choses à partager est aussi celui qui existe entre les personnes. Si, en effet, les personnes ne sont pas égales, elles n'auront pas de parts égales ; mais les contestations et les plaintes naissent quand, étant égales, les personnes possèdent ou se voient attribuer des parts non égales, ou quand, les personnes n'étant pas égales, leurs parts sont égales. On peut encore montrer cela en s'appuyant sur le fait que l'on tient compte de la valeur propre des personnes. Tous les hommes reconnaissent, en effet, que la justice dans la distribution doit se baser sur un mérite de quelque sorte, bien que tous ne désignent pas le même mérite... Le juste est par la suite une sorte de proportion, la proportion étant une égalité de rapport et supposant quatre termes au moins... Ce que le terme A, alors, est à B, le terme Γ le sera à Δ ; et de là, par interversion, ce que A est à Γ, B l'est à Δ ; et par suite aussi, le rapport est le même pour le total à l'égard du total. Or, c'est là précisément l'assemblage effectué par la distribution des parts, et si les termes sont joints de cette façon, l'assemblage est effectué conformément à la justice ».

(Dans la suite de ce Livre V sur la justice, Aristote montrera que ce qui fait subsister la cité c'est l'échange, « c'est l'échange qui fait la cohésion des citoyens ». *La justice dans les échanges étant la réciprocité, il faut trouver un moyen pour établir une réciprocité* « Or la réciprocité, j'entends celle qui est proportionnelle, est réalisée par l'assemblage en diagonale. Soit par exemple A un architecte, B un cordonnier, Γ une maison et Δ une chaussure ; il faut faire en sorte que l'architecte reçoive du cordonnier le produit du travail de ce dernier, et lui donne en contrepartie son propre travail. Si donc tout d'abord l'on a établi l'égalité proportionnelle des produits et qu'ensuite seulement l'échange réciproque ait lieu, la solution sera obtenue... dans une péréquation préalable indispensable ». *Mais, si le cordonnier payait la maison de l'architecte en chaussures, l'échange serait-il équitable ? Le cordonnier a besoin d'une maison, l'architecte n'a pas besoin de toutes les chaussures équivalentes en travail. Comment rendre l'échange équitable ? se demande Aristote. L'invention de la monnaie résout la difficulté de l'équité :*« Il est donc indispensable que tous les biens soient mesurés au moyen d'un unique étalon, cet étalon n'est autre en réalité que le besoin qui est le bien universel ; ... La monnaie est devenue une sorte de substitut du besoin et cela par convention, et c'est pour cela qu'elle reçoit le nom de *nomisma*, parce qu'elle existe non par nature, mais en vertu de la loi (*nomos*) ». *La monnaie est donc l'invention qui permet les échanges justes).*

Ηθικων Νικομακειων, texte grec réf. Bywater, Oxford Un. Pr., 21e éd. 1991, p. 94 *sq.* ; trad.. Tricot J., *Éthique à Nicomaque*, 7e édition, Paris, Vrin, 1990, p. 227 *sq.* (Livre V, « Du juste et de l'injuste »)

2. ARISTOTE

Éthique à Nicomaque

(1137 β) Nous avons ensuite à traiter de l'équité et de l'équitable, et montrer leurs relations respectives avec la justice et le juste. En effet, à y regarder avec attention, il apparaît que la justice et l'équité ne sont ni absolument identiques, ni génériquement différentes : tantôt nous louons ce qui est équitable et l'homme équitable lui-même, au point que par manière d'approbation, nous transférons le terme équitable aux actions autres que les actions justes et en faisons un équivalent de bon, en signifiant par plus équitable qu'une chose est simplement meilleure ; tantôt, par contre, en poursuivant le raisonnement, il nous paraît étrange que l'équitable, s'il est une chose qui s'écarte du juste, reçoive notre approbation. S'ils sont différents, en effet, ou bien le juste, ou bien l'équitable n'est pas bon ; ou si tous deux sont bons, c'est qu'ils sont identiques.

Le problème que soulève la notion d'équitable est plus ou moins le résultat de ces diverses affirmations, lesquelles sont cependant toutes correctes d'une certaine façon, et ne s'opposent pas les unes aux autres. En effet, l'équitable, tout en étant supérieur à une certaine justice, est lui-même juste, et ce n'est pas comme appartenant à un genre différent qu'il est supérieur au juste. Il y a donc bien identité du juste et de l'équitable, et tous deux sont bons, bien que l'équitable soit le meilleur des deux. Ce qui fait la difficulté, c'est que l'équitable, tout en étant juste, n'est pas juste selon la loi, mais un correctif de la justice légale. La raison en est que la loi est toujours quelque chose de général, et qu'il y a des cas d'espèce pour lesquels il n'est pas possible de poser un énoncé général qui s'y applique avec rectitude. Dans les matières, donc, où l'on doit nécessairement se borner à des généralités et où il est impossible de le faire correctement, la loi ne prend en considération que les cas les plus fréquents, sans ignorer d'ailleurs les erreurs que cela peut entraîner. La loi n'en est pas moins sans reproche, car la faute n'est pas à la loi, ni au législateur, mais tient à la nature des choses, puisque par leur essence même la matière des choses de l'ordre pratique revêt ce caractère d'irrégularité... De là vient que l'équitable est juste, et qu'il est supérieur à une certaine espèce de juste, non pas supérieur au juste absolu, mais seulement au juste où peut se rencontrer l'erreur due au caractère absolu de la règle. Telle est la nature de l'équitable : c'est d'être un correctif de la loi, là où la loi à manquer de statuer à cause de sa généralité.

Op. cit., texte grec p. 110 *sq.*, texte français, p. 265 *sq.*

3. CONGRÉGATION POUR LA DOCTRINE DE LA FOI

Le don de la vie

Le respect de la vie humaine naissante et la dignité de la procréation

I. La recherche biomédicale et l'enseignement de l'Église

Le don de la vie que Dieu, Créateur et Père, a confié à l'homme, impose à celui-ci de prendre conscience de sa valeur inestimable et d'en assumer la responsabilité. Ce principe fondamental doit être placé au centre de la réflexion, pour éclairer et résoudre les problèmes moraux soulevés par les interventions artificielles sur la vie naissante et sur les processus de la procréation.

Grâce au progrès des sciences biologiques et médicales, l'homme peut disposer de ressources thérapeutiques toujours plus efficaces ; mais il peut aussi acquérir des pouvoirs nouveaux, aux conséquences imprévisibles, sur la vie humaine dans son commencement même et à ses premiers stades. Divers procédés permettent maintenant d'agir non seulement pour assister, mais aussi pour dominer les processus de la procréation. Ces techniques peuvent permettre à l'homme de « prendre en main son propre destin », mais elles l'exposent aussi « à la tentation d'outrepasser les limites d'une raisonnable domination de la nature ». Si elles peuvent constituer un progrès au service de l'homme, elles comportent aussi des risques graves. Aussi beaucoup lancent-ils un urgent appel pour que soient sauvegardés, dans les interventions sur la procréation, les valeurs et les droits de la personne humaine [...]

Le Magistère de l'Église n'intervient pas au nom d'une compétence particulière dans le domaine des sciences expérimentales ; mais après avoir pris connaissance des données de la recherche et de la technique, il entend proposer, en vertu de sa mission évangélique et de son devoir apostolique, la doctrine morale qui correspond à la dignité de la personne et à sa vocation intégrale, en exposant les critères de jugement moral sur les applications de la recherche scientifique et de la technique, en particulier pour tout ce qui concerne la vie humaine et ses commencements. Ces critères sont le respect, la défense et la promotion de l'homme, son « droit primaire et fondamental » à la vie, sa dignité de personne dotée d'une âme spirituelle, de responsabilité morale, et appelée à la communion bienheureuse avec Dieu.

L'intervention de l'Église, même en ce domaine, s'inspire de l'amour qu'elle doit à l'homme, en l'aidant à reconnaître et à respecter ses droits et devoirs. Cet amour s'alimente aux sources de la charité du Christ : en contemplant le mystère du Verbe Incarné, l'Église connaît aussi le « mystère de l'homme » ; en annonçant l'Évangile du salut, elle révèle à l'homme sa dignité et l'invite à découvrir pleinement sa vérité [...]

II. La science et la technique au service de la personne humaine

Dieu a créé l'homme à son image et à sa ressemblance : « homme et femme il les créa » (Genèse, I, 27), leur confiant la tâche de « dominer la terre » (Genèse, I, 28). La recherche scientifique de base comme la recherche appliquée constituent une expression significative de cette seigneurerie de l'homme sur la création. La science et la technique, précieuses ressources de l'homme quand elles sont mises à son service et en promeuvent le développement intégral au service de tous, ne peuvent pas indiquer à elles seules le sens de l'existence et du progrès humain. Étant ordonnées à l'homme, dont elles tirent origine et accroissement, c'est dans la personne et ses valeurs morales qu'elles trouvent l'indication de leur finalité et la conscience de leurs limites.

Il serait donc illusoire de revendiquer la neutralité morale de la recherche scientifique et de ses applications ; d'autre part, les critères d'orientation ne peuvent pas être déduits de la simple efficacité technique, de l'utilité qui peut en découler pour les uns au détriment des autres, ou, pis encore, des idéologies dominantes. Aussi la science et la technique requièrent-elles, pour leur signification intrinsèque même, le respect inconditionné des critères fondamentaux de la moralité ; c'est-à-dire qu'elles doivent être au service de la personne humaine, de ses droits inaliénables, de son bien véritable et intégral, conformément au projet et à la volonté de Dieu...

III. Anthropologie et interventions dans le domaine biomédical

Quels critères moraux doit-on appliquer pour éclairer les problèmes posés aujourd'hui dans le cadre de la biomédecine ? La réponse à cette demande suppose une juste conception de la nature de la personne humaine dans sa dimension corporelle.

En effet, c'est seulement dans la ligne de sa vraie nature que la personne humaine peut se réaliser comme une « totalité unifiée » ; or cette nature est en même temps corporelle et spirituelle. En raison de son union substantielle avec une âme spirituelle, le corps humain ne peut pas être considéré seulement comme un ensemble de tissus, d'organes et de fonctions ; il ne peut être évalué de la même manière que le corps des animaux, mais il est partie constitutive de la personne qui se manifeste et s'exprime à travers lui.

La loi morale naturelle exprime et prescrit les finalités, les droits et les devoirs qui se fondent sur la nature corporelle et spirituelle de la personne humaine. Aussi ne peut elle pas être conçue comme normativité simplement biologique, mais elle doit être définie comme l'ordre rationnel selon lequel l'homme est appelé par le Créateur à diriger et à régler sa vie et ses actes, et, en particulier, à user et à disposer de son propre corps.

Une première conséquence peut être déduite de ces principes : une intervention sur le corps humain ne touche pas seulement les tissus, les organes et leurs fonctions, mais elle engage aussi à des niveaux divers la personne même ; elle comporte donc une signification et une responsabilité morales, implicitement peut-être, mais réellement. Jean-Paul II rappelait avec force à l'Association Médicale Mondiale : « Chaque personne humaine, dans sa singularité absolument unique, n'est pas constituée seulement par son esprit, mais par son corps. Ainsi, dans le corps et par le corps, on touche la personne humaine dans sa réalité concrète. Respecter la dignité de l'homme revient par conséquent à sauvegarder cette identité de l'homme *corpore et anima unus*, comme le dit le Concile Vatican II (const. *Gaudium et Spes*, n 14, 1). C'est sur la base de cette vision anthropologique que l'on doit trouver des critères fondamentaux pour les décisions à prendre s'il s'agit d'interventions non strictement thérapeutiques, par exemple d'interventions visant à l'amélioration de la condition biologique humaine »[1].

Dans leurs applications, la biologie et la médecine concourent au bien intégral de la vie humaine lorsqu'elles viennent en aide à la personne, atteinte de maladie et d'infirmité, dans le respect de sa dignité de créature de Dieu. Nul biologiste ou médecin ne peut raisonnablement prétendre décider de l'origine et du destin des hommes au nom de sa compétence scientifique. Cette norme doit s'appliquer d'une façon particulière dans le domaine de la sexualité et de la préocréation, où l'homme et la femme mettent en œuvre les valeurs fondamentales de l'amour et de la vie.

Dieu, qui est amour et vie, a inscrit dans l'homme et la femme la vocation à une participation spéciale à son mystère de communion personnelle et à son œuvre de Créateur et de Père. C'est pourquoi le mariage possède des biens spécifiques et des valeurs d'union et de procréation sans commune mesure avec celles qui existent dans les formes inférieures de la vie. Ces valeurs et significations d'ordre personnel déterminent du point de vue moral le sens et les limites des interventions artificielles sur la procréation et l'origine de la vie humaine. Ces interventions ne sont pas à rejeter parce qu'artificielles. Comme telles, elles témoignent des possibilités de l'art médical. Mais elles sont à évaluer moralement par référence à la dignité de la personne humaine, appelée à réaliser la vocation divine au don de l'amour et au don de la vie. [...]

Le don de la vie. Le respect de la vie humaine naissante et la dignité de la procréation (22 fév. 1987), éd. française, Paris, Cerf, 1987, 56 p.

4. COMITÉ CONSULTATIF NATIONAL D'ÉTHIQUE

Avis n° 8, 15 décembre 1986[2]

Nous ne reproduisons pas l'avis, qui est le plus long, à ce jour, des avis du CCNE (48 pages), mais sa construction, qui en elle-même est instructive de l'éthique mise en œuvre par le Comité, et certains passages qui nous paraissent fondamentaux pour suivre l'argumentation mise en jeu. Le contenu même des recommandations n'est pas donné. Nous ne saurions trop encourager le lecteur à se reporter à l'avis dans son intégralité.

1. JEAN-PAUL II, *Discours aux participants à la 35e Assemblée générale de l'Association Médicale Mondiale*, 29 oct. 1983 ; AAS 76 (1984) 393.
2. Un questionnaire sur ce texte est donné, à titre d'exemple, questionnaire à réponses ouvertes courtes (QROC), à la fin de cet ouvrage.

AVIS

[...] Le Comité, dans son premier avis du 22 mai 1984, avait affirmé que l'embryon humain doit être reconnu comme une personne potentielle et que cette qualification constitue le fondement du respect qui lui est dû. Après un examen critique de cette énonciation à laquelle certains peuvent préférer celle de « potentialité de personne », le Comité maintient que cette affirmation, fondée en raison, doit être comprise comme l'énoncé d'un concept éthique. En effet, les indications fournies par la science, relatives aux différents stades du développement embryonnaire, outre leur caractère incertain et scientifiquement discuté, ne peuvent par elles-mêmes, définir le ou les seuils d'émergence de la personne et fonder le respect qui lui est dû. Le Comité maintient que c'est dès la fécondation que le principe du respect de l'être humain en devenir doit être posé. Sans se prononcer sur les fondements ultimes de la personne, mais dans le respect de la diversité des options métaphysiques ou philosophiques, le Comité estime que le fondement et la mesure du respect dû à l'embryon peuvent être argumentés en raison. Il s'agit de prendre en considération, non seulement les significations anthropologiques, culturelles et éthiques du début de la vie humaine, mais aussi les conséquences ou les bouleversements que certaines pratiques ou recherches pourraient entraîner sur l'ensemble des représentations de la personne humaine.

Ces considérations doivent prévaloir sur les avantages qui pourraient résulter, pour le progrès des connaissances ou l'amélioration des thérapeutiques, d'une réduction à l'état d'objet de la personne humaine, fut-elle potentielle. [...]

RECOMMANDATIONS GÉNÉRALES

RECOMMANDATIONS RELATIVES À LA PRATIQUE DE LA FIVETE COMME RÉPONSE À L'INFÉCONDITÉ

A – Indications et conditions de réalisation de la FIVETE

B – Le sort des embryons surnuméraires

RECOMMANDATIONS RELATIVES AUX RECHERCHES SUR L'EMBRYON *IN VITRO*

– Principes fondamentaux de la recherche sur les embryons humains

– Recommandations relatives aux recherches sur l'embryon humain in vitro

– Recherches soumises à un moratoire

– Recherches à interdire

– Recommandations particulières relatives aux recherches sur des ovocytes dits surnuméraires

– Recommandations relatives aux recherches sur l'embryon animal

RECOMMANDATIONS CONCERNANT LES CONDITIONS D'AGRÉMENT DES CENTRES DE FÉCONDATION *IN VITRO*

CONTRIBUTION DE JEAN GELAMUR AU PRÉSENT AVIS *(Le représentant du catholicisme exprime une position divergente et une abstention sur une partie de l'avis)*

RAPPORT SCIENTIFIQUE

INTRODUCTION

QU'ENTEND-ON PAR EMBRYON HUMAIN *IN VITRO* ?

– Définition de l'embryon

– L'embryon humain in vitro, l'embryon « surnuméraire ».

L'ÉTAT ACTUEL DES RECHERCHES SUR L'EMBRYON

– Cas de l'embryon humain in vitro

– Cas de l'embryon animal

PERSPECTIVES DES RECHERCHES SUR L'EMBRYON HUMAIN *IN VITRO*

– FIVETE et maîtrise de la fertilité

– Diagnostic génétique de l'embryon avant transplantation

– Modifications du patrimoine génétique de l'embryon

AUTRES RECHERCHES

ANNEXE 1 : LE DÉVELOPPEMENT DE L'EMBRYON HUMAIN

ANNEXE 2 : LA FIVETE EN PRATIQUE

RAPPORT ÉTHIQUE

INTRODUCTION

La disponibilité de fait, d'embryons *in vitro*, hors du corps maternel, pose en termes nouveaux, la question éthique fondamentale de la responsabilité humaine sur la genèse de la vie. [...] problèmes nouveaux, pour la solution desquels les références culturelles traditionnelles font partiellement défaut et qu'il est extrêmement difficile de penser, non seulement en eux-mêmes mais surtout dans leurs conséquences à moyen et long terme. Pourtant dans ce contexte large, aléatoire, conflictuel et incertain, la réalité nous contraint de prendre des positions, même relatives, provisoires ou suggestives et de les argumenter.

L'exigence fondamentale du respect de la dignité humaine est une valeur supérieure à toute autre et doit être traduite dans la réalité des situations de fait ; elle devrait constituer le critère permettant d'arbitrer les conflits de valeurs ou d'intérêts que suscite l'utilisation des embryons humains *in vitro*.

Au respect de la dignité humaine, que certaines pratiques scientifiques ou médicales pourraient mettre en péril au regard d'une appréciation exclusivement subjective de son sens, s'ajoute le respect de la science et de ses propres exigences méthodologiques. Chercher dans la dignité humaine une éthique pour la science impose aussi que l'éthique intellectuelle de la science soit respectée. [...]

S'il est vrai que la part de l'artifice est plus ou moins accusée selon les cas, et que la nature est loin d'être toujours trahie dans les processus de reproduction médicalisée, cette référence à la nature ne constitue pas en soi une justification suffisante des actions humaines. Elle cesse d'être une justification lorsque, ne se contentant plus de guérir, la médecine et la science ne tendent plus à corriger un ordre naturel perturbé par des pathologies définies mais prétendent pallier ou modifier cet ordre naturel, en agissant aux sources mêmes de la vie. [...]

L'éthique ne trouverait pas non plus son compte à s'en remettre seulement aux règles de mœurs existant dans notre société. D'une part, les mœurs sont diverses et s'inspirent d'opinions divergentes ; d'autre part et surtout, les mœurs ne font pas loi... S'agissant du statut de l'embryon humain, le développement de la contraception et la dépénalisation de l'avortement laissent croire que l'embryon humain dans les limites temporelles légales, est un pur objet au pouvoir de la mère ; cela conduit certains médecins ou chercheurs à penser que le pouvoir de détruire fonde le droit d'utiliser l'embryon humain comme bon leur semble, et notamment pour la recherche... Légitimer *a priori* le pouvoir d'user d'embryons humains par un raisonnement *a contrario* fondé sur la neutralité de la loi ou des mœurs envers l'interruption de grossesse n'est pas pleinement justifié. Ce raisonnement oublie que le droit non seulement vise des embryons implantés, mais surtout qu'il a, pour des raisons sociales plus que morales, seulement déplacé la question éthique du domaine de la loi vers celui des consciences individuelles. Or, la question éthique reste entière et continue de diviser l'opinion. Se fonder sur les mœurs seulement conduirait la réflexion éthique sur la voie du relativisme moral, alors que notre société est, malgré ses contradictions ou ses conflits, à la recherche d'une éthique qui échappe à la fois au dogmatisme et au relativisme purs.[...]

[...] La difficulté la plus grande concerne le nécessaire arbitrage entre, d'une part les exigences éthiques universelles impératives, et d'autre part la contingence des situations concrètes et le pluralisme des opinions philosophiques qui peuvent justifier ou imposer de relativiser l'absolutisme ou le dogmatisme possibles de l'éthique.

[...] La recherche, sinon d'un consensus éthique, du moins d'un accord sur une déontologie de la pratique de la fécondation *in vitro* et de la recherche sur les embryons, devait conduire le Comité à prendre positions sur des questions discutées (sous réserve d'opinions expressément dissidentes). [...]

LÉGITIMITÉ, ÉTENDUE ET MODALITÉS D'UNE RÉGULATION NORMATIVE

[...] Certains peuvent penser qu'une régulation normative, de caractère général et éventuellement impératif, heurte la liberté : — liberté de prescription médicale ; — liberté de la recherche scientifique ; — liberté des patients, dans le recours à des techniques de FIVETE.

Selon certains, toute régulation irait à l'encontre du respect des consciences, individuelles, sous réserve des responsabilités qui, *a posteriori*, pourraient être mises en œuvre en cas de dommages et de fautes professionnelles. La société devrait se borner à veiller à ce que le consentement des patients soit éclairé et libre et que la qualité des services offerts par la médecine reproductive soit techniquement satisfaisante. Si ces conditions sont évidemment nécessaires, sont-elles pour autant suffisantes ? À l'évidence, il n'en est rien, car la demande de normes en la matière atteste que la seule référence aux consciences singulières ne saurait suffire à rendre compte de l'éthique. Bien au contraire, à partir du moment où on est entré dans le processus d'une médecine du désir et précisément du désir d'enfant, l'exigence de normes extérieures aux acteurs (patients, médecins, chercheurs) s'impose en raison même du caractère illimité du désir et du pouvoir dont la conjoncture tend à éliminer tout jugement critique et conduit à des engrenages d'expansion qui amènent l'opinion publique à se demander « mais jusqu'où ira-t-on ? »

Par définition, la recherche scientifique ne s'assigne pas de bornes et son but est de toujours reculer celles qu'elle rencontre. [...] La nécessité de canaliser la recherche vers des objectifs éthiquement acceptables et par des moyens qui limitent au maximum la réduction de l'embryon à un instrument, justifie des règles et des contrôles.

[...] Ces recommandations visent à éviter qu'un rapport de toute puissance ne s'institue sur l'humain au nom de « progrès » scientifique dont la réalité n'est pas toujours *a priori* démontrée, ni le sens toujours exactement pesé.

[...] C'est cette conjonction de vouloir et de pouvoir qui tend à éliminer le jugement moral qu'il s'agit au contraire de réintroduire par des normes extérieures susceptibles d'offrir aux uns et aux autres des références qui ne doivent pas, pour l'instant au moins, être transgressées au nom d'une morale individuelle plus libérale que celle sur laquelle reposent ces références.

En revanche, on peut concevoir et admettre qu'une morale plus exigeante, qu'elle soit celle des médecins ou des chercheurs ou qu'elle soit celle des patients, soit respectée et qu'ainsi des clauses de conscience puissent être invoquées. Il en est ainsi notamment, dans la pratique de la fécondation *in vitro*, afin, par exemple, que ne soient fécondés que les seuls ovocytes destinés à être transplantés.

[...] En l'absence de législation spécifique, les recommandations ou les avis des comités d'éthique n'ayant pas de valeur juridique obligatoire, l'observation de la déontologie par les centres ne peut être garantie... C'est pourquoi il importe, et sur ce point l'opinion est unanime, que les Pouvoirs publics interviennent par des législations appropriées, leur permettant de contrôler les pratiques et d'en assurer la transparence en même temps que l'adaptation aux besoins réels de la société.

[...] Seule la loi peut, en outre, énoncer les sanctions que lui paraît appeler la transgression des règles de fond qu'elle aurait élaborées. [...]

FONDEMENTS ÉTHIQUES DES INTERVENTIONS ET RECHERCHES SUR L'EMBRYON IN VITRO

La pratique de la fécondation *in vitro* comme remède à l'infécondité n'est guère discutable au regard de sa finalité. Permettre à un couple, prêt à accueillir l'enfant, de procréer alors qu'il est physiologiquement hors d'état d'y parvenir, apparaît comme une fin légitime. Néanmoins, cette méthode implique des moyens que certains considèrent comme déshumanisants en raison des dissociations qui accusent la réduction des corps humains à l'état d'objets. Cette tendance à l'instrumentalisation affecte aussi et surtout l'œuf fécondé *in vitro*, l'embryon. Pour ce dernier le problème de la légitimité des interventions médicales ou scientifiques dont il est l'objet, se pose non seulement au regard des moyens utilisés mais aussi des finalités, toutes les fois que les embryons ne sont pas ou ne sont plus destinés à être transplantés et que leur vocation à naître est défaillante. La solution des problèmes éthiques suppose une réflexion préalable de caractère théorique sur ce que nous devons ou pouvons entendre par le terme « embryon humain », au regard de la distinction des personnes que l'on respecte et des choses dont on dispose...

• Position méthodologique du problème

Une démarche observable consiste, à partir d'une doctrine constituée de la personne humaine, à tenter d'en déduire la position à prendre face à chacune des questions examinées. En dépit de son intérêt théorique, une telle démarche ne peut convenir à une instance représentative de la pluralité existante des courants de pensée, entre lesquels l'accord n'existe pas sur les fondements ultimes de la personne, ni sur la force obligatoire du devoir d'humanisation de l'embryon humain, alors que ces fondements et ces devoirs devraient être pris pour point de départ d'une telle démarche.

À l'inverse, une démarche pragmatique se propose de mettre entre parenthèses toute divergence de vues doctrinales afin d'évaluer empiriquement, au cas par cas, les avantages et les risques de chaque recherche pour l'individu et pour la société. Bien qu'elle puisse éclairer utilement la portée pratique des choix à faire, cette démarche reste en deçà des questions proprement éthiques, qui se reposent inévitablement à elle lorsqu'il s'agit de fixer l'échelle des valeurs selon laquelle elle apprécie risques et avantages.

Compte tenu de cette double impossibilité, la démarche retenue par le Comité est celle d'une exploration non dogmatique des attitudes de principe susceptibles de recueillir l'adhésion générale ou du moins la plus large possible, mention faite en ce cas d'opinions expressément divergentes. Cette démarche nous paraît notamment impliquer :

– l'effort pour fonder en raison autant qu'il est possible une argumentation éthique, qui en-deçà des options métaphysiques ou non et sans en blesser aucune explicite les fondements et assure la cohérence des positions adoptées ;

– le souci de la complexité rapidement mouvante des questions, qui conduit à éviter aussi bien les prétentions à l'absolu que l'abandon au relativisme pour formuler dans le contexte scientifique et médical actuel des règles circonstanciées n'excluant pas, si besoin est, la réponse au cas par cas ;

– la conscience que, malgré les très rapides progrès des savoirs et savoir-faire biomédicaux, nombre de processus sont obscurs et aléatoires. Ils impliquent non seulement des risques immédiats pour l'individu en gestation mais encore des risques à plus long terme pour les attitudes et les représentations sur lesquelles repose l'ordre même de la personne, risques aujourd'hui inévaluables mais qu'il y a des raisons de tenir pour réels et éventuellement prohibitifs, ce qui incite à poser par défaut, en l'attente des conditions requises pour une meilleure évaluation éthique, des règles de pure prudence allant jusqu'à la recommandation d'un moratoire de certaines recherches, voire d'interdictions pures et simples.

• La notion de personne humaine potentielle est-elle fondée en raison ?

À partir de quel stade de son développement l'embryon humain peut-il et doit-il être considéré comme une personne ? ... Posée comme une pure question de fait et sans autre précision sur ce qu'on entend par « personne humaine », elle ne paraît pas admettre de réponse scientifiquement contraignante et universellement convaincante... Sans doute peut-on dire négativement que, du point de vue purement biologique, le stade recherché ne saurait être antérieur à la fécondation de l'œuf, pour la raison que, si les gamètes séparés peuvent être appelés vivants, seule leur fusion donne naissance à un individu nouveau.

[...] L'espoir de résoudre cette question comme un problème de pure biologie apparaît chimérique du seul fait que ces différences d'appréciation, indépendamment même de toute option métaphysique, sont liées à des différences non scientifiquement arbitrables dans la définition des propriétés décisives de la personne humaine. On ne saurait donc confondre description et prescription. [...]

Conscient de cette difficulté, le Comité ne l'a pas estimée insurmontable. Considérant que nombre de propriétés biophysiques de l'être personnel apparaissent de façon progressive au cours du développement de l'embryon mais que dès la conception, ce développement vers l'être personnel a commencé, il a posé dans son premier avis le principe selon lequel « l'embryon ou le fœtus doit être reconnu comme une personne humaine potentielle ».

Comme on pouvait s'y attendre, la notion de personne humaine potentielle a donné lieu à discussion et même, de la part de certains, à une contestation de principe. [...]

La mise en cause de la notion de personne humaine potentielle repose sur l'argumentation suivante. Identifier l'embryon à une personne humaine potentielle c'est, selon l'usage scientifique ordinaire de cet adjectif, admettre que les propriétés caractéristiques de la personne seraient déjà présentes à l'état latent dans l'embryon, de sorte que leur manifestation ultérieure reposerait sur leur passage de l'état non exprimé à l'état exprimé. Or, en réalité, des propriétés comme la conscience n'appartiennent nullement à une cellule ou à un petit nombre de cellules, mais présupposent un niveau d'organisation biologique beaucoup plus tardif, en deçà duquel les poser comme virtuellement existantes n'a pas de sens.

À cette argumentation il a été opposé que, du moins, les conditions nécessaires, sinon suffisantes, au développement de niveaux d'organisation biologiques complexes sont elles-mêmes présentes dès la conception dans le génome de l'individu, qu'on connaît et connaîtra de mieux en mieux les processus grâce auxquels en résultent les propriétés émergentes de la personne, dont la potentialité est donc effectivement donnée dans l'embryon.

Sans vouloir trancher ici un tel débat, on doit convenir, semble-t-il, que du point de vue de la biologie on ne saurait parler en toute rigueur à propos de l'embryon humain que de potentialité de personne humaine, ce qui n'est pas tout à fait la même chose que de l'identifier à une personne humaine potentielle. En d'autres termes — et la conclusion est importante —, « personne humaine potentielle » ne peut être compris comme un concept purement biologique.

Aussi, bien en deçà même de toute considération éthique, la question du statut de l'embryon humain renvoie-t-elle de toute évidence à des réalités anthropologiques et culturelles débordant largement le champ de la science biologique. Car l'embryon n'est pas seulement humain en vertu d'un génome spécifique. Il l'est aussi en vertu d'un projet parental de procréer et du sens de ce projet dans un « roman familial », de l'inscription de l'enfant à naître, avant même la conception, dans l'imaginaire de ses parents, de sa reconnaissance juridique comme sujet de droit dès sa conception sous réserve de sa naissance viable, des interactions précoces aujourd'hui mieux connues entre le développement fœtal et la vie physique de la mère utérine, et d'autres processus de même ordre. L'embryon n'appartient pas seulement à notre espèce mais compte d'emblée comme participant au moins virtuel du genre humain.

Il est raisonnable de considérer que les grandes dimensions de la personne, biologique, relationnelle et sociale, existent à l'état latent comme des virtualités en attente d'accomplissement.

Considérer l'embryon humain dès le départ comme une personne humaine potentielle, c'est donc avoir souci non seulement de la potentialité biologique de personne humaine recelée par cet être individuel en gestation et des conséquences de nos actes sur son avenir biomédical, mais encore de la représentation anticipée d'une personne psychosociale, dont l'édification a commencé, et des après-coup de nos choix sur sa destinée de sujet humain — par exemple sur sa quête future d'identité. C'est aussi chercher à évaluer l'impact possible de ces choix sur les relations, institutions, représentations et valeurs constitutives de l'ordre objectif, comme subjectif, de la personne. À la limite, c'est se sentir comptable des effets de civilisation dont sont porteuses en leur principe nos décisions. D'où l'ampleur des enjeux que comporte la recherche sur les procréations artificielles dont l'opinion se montre d'ailleurs vivement, sinon toujours, exactement consciente. L'embryon humain dès la fécondation appartient à l'ordre de l'être et non de l'avoir, de la personne et non de la chose ou de l'animal. Il devrait être éthiquement considéré comme un sujet en puissance, comme une altérité dont on ne saurait disposer sans limite et dont la dignité assigne des bornes au pouvoir ou à la maîtrise d'autrui.

Cette analyse peut être regardée comme un pur postulat, une fiction dont l'histoire comme la science révéleraient l'irréalité. Mais le propre de la culture et du jugement de valeur est justement de construire le réel par l'adhésion à des concepts porteurs de sens et non de vérités démonstratives. Ces concepts ne relèvent pas seulement de la subjectivité de chacun car ils expriment un « devoir-être » et fondent des responsabilités collectives, dont il convient de déterminer l'étendue.

• Conséquences quant aux principes éthiques de la recherche sur l'embryon humain

Au bénéfice de ces éclaircissements, nous tenons la notion de personne humaine potentielle pour fondée, en tant que concept éthique.

À ce titre, il signifie que, comme nous l'avons écrit dans notre premier avis, le respect de l'embryon humain « s'impose à tous ». Respecter la personne humaine — aussi bien chez autrui qu'en soi-même —, c'est selon un précepte qui parait recueillir l'adhésion générale, la traiter toujours comme une fin et jamais simplement comme un moyen, et donc ne jamais se comporter à son égard d'une manière à laquelle elle ne pourrait librement adhérer par elle-même. C'est reconnaître sa dignité, et donc la considérer comme une valeur incommensurable à tout prix. C'est donner à ce respect une portée universelle, et donc confronter ces actes à la question : que se passerait-il si tout le monde en faisait autant ?

[...] Pour autant, le respect de la personne ne coïncide pas nécessairement avec celui de ses conditions de développement naturelles et sociales actuellement existantes, dès lors que leur modification satisfait mieux aux exigences éthiques.

Les conditions naturelles de la reproduction humaine, dont nous sommes très loin de connaître et de maîtriser tous les aspects, ne sauraient être l'objet de tentatives de modification qu'avec la plus extrême vigilance. Savoir aussi exactement que possible ce que l'on fait et ce que l'on engage avec ce que l'on fait est une règle sans exception, et ce qui n'est pas scientifique n'est pas éthique. Mais l'éthique ne commande pas de tenir pour sacré l'ordre naturel — dans lequel par exemple

50 à 70 % des œufs humains fécondés sont spontanément évacués avant implantation — et de l'opposer en principe à la recherche de procédures artificielles susceptibles d'y suppléer ou de l'améliorer. Ce qui vaut éthiquement ne se déduit pas de ce qui est.

L'état actuel de nos institutions et de nos représentations en matière de parenté comme de modes de personnalisation, fruit d'une longue histoire et partie intégrante de notre identité culturelle, impose lui aussi une extrême réflexion pour éviter toute mise en cause irresponsable, fût-ce à long terme en ce domaine, même si elle paraît avoir à un moment donné la faveur d'une partie plus ou moins vaste de l'opinion. Mais s'il est inéthique d'être imprudent, la prudence n'est pas l'éthique et les mœurs ne font pas loi. Ainsi le fait que les fœtus issus d'avortements naturels ou provoqués soient couramment traités comme de purs déchets, fait qui ne semble pas susciter d'émotion particulière dans l'opinion, ne dispense éthiquement en rien de poser par exemple des règles au prélèvement de tissus sur des embryons morts à des fins thérapeutiques ou scientifiques, comme a entrepris de le faire le premier avis du Comité.

La formulation par une ou plusieurs personnes, un ou plusieurs couples d'un désir s'adressant à la recherche biomédicale aux fins d'intervention, doit avant tout être écoutée comme l'expression d'une liberté appelant à l'aide une autre liberté. Mais elle ne crée pas en soi, en toutes circonstances, l'obligation d'y satisfaire par la recherche ; elle ne saurait jamais dispenser de s'interroger sur la valeur éthique de la demande avant de déterminer la réponse. Cette remarque peut être appliquée au désir de connaissance lui-même.

[...] Les possibilités d'intervention de plus en plus précoces à des fins thérapeutiques prédictives et préventives dans le devenir de l'embryon, si elles peuvent être au service d'une plus grande liberté future de la personne font grandir le risque d'une procréation éliminant sans cesse davantage la part de l'aléatoire au bénéfice d'idéaux sanitaires, familiaux ou sociaux, c'est-à-dire d'un glissement vers l'eugénisme le plus négateur de cette liberté. Face à un tel risque, il faut rappeler que, ce qui justifie moralement les interventions biomédicales présentes ou futures dans la reproduction humaine est l'espoir de guérir ou de prévenir une pathologie. L'aléatoire dans la conception et le développement d'un individu humain ne peut être d'aucune manière assimilé à une pathologie. Il est au contraire inhérent à la « loterie génétique » qui constitue la base biologique de la singularité individuelle. Il est en même temps ce qui débordant toute programmation par autrui, sépare fondamentalement la procréation d'un être personnel promis à la liberté, de la production d'un objet conforme à une norme et voué à l'appropriation. Tracer avec finesse et responsabilité la frontière mouvante entre médecine préventive et instrumentalisation abusive apparaît ainsi comme une tâche essentielle de l'éthique biomédicale. [...]

• Justification des positions de principe adoptées par l'avis [...]

LA TENTATIVE D'ARBITRAGE DES CONFLITS DE VALEURS OU D'INTÉRÊTS

[...] Confronté à ces difficultés, le Comité a élaboré une déontologie fondée sur différentes attitudes : la première consiste à tenter de rechercher le moindre mal : c'est ainsi que peut être tolérée la destruction d'embryons surnuméraires. Celle-ci apparaît toutefois inévitable et pourtant injustifiable, car on ne saurait la justifier par les arguments du dépérissement naturel ou de la légalité de l'avortement, qui ne sont que des paravents. L'éthique commande seulement dans ce cas de choisir entre deux maux le moindre.[...]

[...] La seconde attitude est inspirée par la prudence : on ne sait pratiquement rien des effets secondaires à moyen terme, tant physiques que psychiques, individuels ou familiaux de la FIVETE... Enfin, la prudence peut justifier, que dans le doute ou le dissentiment, l'on s'abstienne de certaines pratiques. À cet égard, le Comité n'a pu réunir de consensus entre ses membres sur la conservation des embryons, en vue d'une deuxième naissance, ni sur la légitimité du don d'embryon à d'autres couples que les géniteurs...

[...] L'urgence d'une législation à cet égard est particulièrement nette.

[...] La troisième attitude est inspirée par le souci de concilier le réalisme et l'exigence éthique et sociale d'un contrôle de la recherche sur les embryons humains. Nombreux sont ceux qui, pour des raisons de principe, refusent toute espèce de recherche sur l'embryon, sauf si celle-ci présente un avantage individuel pour l'enfant à naître. D'autres, à l'inverse, considèrent que le respect dû à l'embryon humain ne justifie pas l'interdiction de la recherche, même sans bénéfice potentiel, et ils arbitrent différemment le conflit entre le désir (et l'utilité) des connaissances sur le début de la vie et le respect dû à une vie dont le caractère personnel n'est que potentiel. Posé en ces termes le conflit est sans solution ; chaque opinion peut s'autoriser d'arguments dignes de considération.

Face au dilemme, le Comité a considéré que la priorité des exigences éthiques consistait à soumettre toute recherche et précisément la recherche sans bénéfice individuel potentiel à des règles strictes et à des contrôles permettant de s'assurer et de vérifier, au cas par cas, que la déontologie scientifique et éthique est respectée, que le projet présente un intérêt suffisamment caractérisé pour faire l'objet d'un examen et d'un avis du Comité national lui-même.[...].

CONCLUSION

Il reste pour conclure à dire que les limites, les interdits ou les conditions posés par cet avis valent autant par ce qu'ils empêchent de faire que par ce qu'ils permettent de croire ; pour n'être pas de l'ordre du démontrable, la croyance en une vie humaine qui échappe en partie à la maîtrise, parce qu'elle n'est pas un produit que l'on fabrique, est une garantie de notre liberté et de notre dignité.

À trop nous enfermer sur ce qui nous divise, nous risquons fort d'oublier ce qui nous unit :

En premier lieu, la conscience vive de nos manques, qui fonde l'humilité de toute recherche éthique. – Manque à penser ontologiquement l'être en devenir et la mesure de nos devoirs d'humanisation. – Manque à penser les fictions culturelles réinstituant de « l'intouchable » ou, si l'on préfère, du « sacré... – Manque à prévoir, pressentir, évaluer ce que nous faisons... alors que nous serons morts lorsque les « enfants de la science » viendront un jour nous demander de répondre de ce qu'aujourd'hui nous initions. [...]

Or, ce qui nous unit aussi c'est l'espoir fragile, mais têtu, que le pluralisme de nos philosophies et de nos croyances, la diversité et la richesse de nos cultures qu'il nous faut respecter, nous aident à préserver des valeurs constitutives de sens et d'altérités, face à l'universalisme anonyme et réducteur des technologies.[...]

Avis n° 8, relatif aux recherches et utilisation des embryons humains in vitro *à des fins médicales et scientifiques (15 décembre 1986).*
In : X^e anniversaire. Les avis de 1983 à 1993, Paris, CCNE-INSERM, 1993, p. 113-161 [92].

5. QUÉRÉ France

Questions et observations éthiques sur les procréations artificielles

Le texte de F. Quéré, théologienne protestante, membre du CCNE, est en annexe au rapport éthique de l'avis supra.

... Devenue capable de relayer les opérations spontanées de la nature, la médecine, insensiblement, change ses finalités. Elle ne se borne pas à guérir un ordre perturbé ; elle modifie un ordre naturel.

[...] Qui ne se féliciterait de tant de calamités déjà vaincues ou devant l'être ? Mais qu'en résulte-t-il sur le plan éthique ? Dès lors que le biologiste prend la maîtrise de ce qui était du ressort de la nature, l'attitude de son interlocuteur se transforme. À la fatalité de la nature, on ne pouvait rien opposer (sauf un peu de supplication religieuse), mais devant le pouvoir de l'homme on peut présenter des requêtes. « Tu peux et moi je veux ». L'ancienne patience devient exigence, voire droits proclamés. Il est vrai que cela pose problème : pourquoi refuserait-on à quelqu'un qui en a tellement envie ? Ne sommes-nous pas responsables de ce désir qui n'eut été qu'un regret si les progrès de la biologie ne l'avait pas exaspéré en réveillant l'espoir ?

La médecine se trouve, malgré elle, saisie dans la revendication des individus et sa mission se dénature : un lien d'obligation supposée ou imposée se tisse entre le malade et le médecin : celui-ci est tenté d'appeler son devoir ce que le malade appelle son droit.

Tandis que la médecine infléchit ses finalités en des directions nouvelles, le désir lui-même des demandeurs se transforme : on assiste à une extraordinaire exagération et diversification des requêtes. Il ne s'agit plus de guérir, ce serait trop simple, mais il faut que la médecine délivre de tout ce qui fait souffrir et octroie tout ce qui est convoité. On peut ainsi aller loin dans la distorsion des volontés. Tout pouvoir acquis fait surgir des désirs nouveaux, exactement comme l'élévation du niveau de vie, qui a supprimé la pauvreté chez le grand nombre, n'en laisse pas moins le concept intact avec les mêmes désolations, du moment que la pauvreté se définit sur des critères plus élevés. Les frustrations demeurent, par comparaison, dans un pays riche. De la même façon, arracher une population à la maladie et à la mort ne lui confère pas pour autant le sentiment de la santé. Le pouvoir même qui a servi à éradiquer la maladie et la mort entraîne l'apparition de nouvelles « détresses » jugées équivalentes. La médecine est et sera de plus en plus envahie par ce qu'on appelle la convenance personnelle, et ce détournement n'avait pas échappé à Michel Foucault, lorsqu'il rappelait qu'à l'ancienne entrée en matière : « Où avez-vous mal ? » succédait désormais : « Que désirez-vous ? ».

Il ne faut pas s'imaginer que seule la puissance de l'homme et son ingéniosité, seraient dynamiques, tandis que le désir humain serait statique, c'est-à-dire que l'homme ne réclamerait que ce qu'il réclamait au siècle de la tuberculose : la santé de son corps. Le pouvoir stimule le vouloir et lui transmet sa prétention, donc son extension, illimitée. Cette vérité, la biologie la découvre avec stupeur. Il y a longtemps qu'elle est familière à l'économie, qui en a tiré tout le parti utile : trente ans déjà que les moralistes dénoncent la relance de besoins indéfinis par la production que ces besoins relancent.

[...] En qualifiant de moral ce que l'homme conquiert par son génie, et de légitime les tentations qui le traversent, on confond la notion de possible avec celle de valable, comme si l'unique critère de moralité était la performance créatrice de l'homme ou les besoins de son imagination et, à plus forte raison, la symbiose de ces deux phénomènes.

Où cela conduit-il ? Aux fantasmes évoqués tantôt, qui mèneraient une société à sa mort, et selon une course folle de relance du vouloir par le pouvoir et du pouvoir par le vouloir, que nulle conscience ne saurait contrôler, ni même apprécier. Une telle société ne se définirait que par ses actions, toute pensée étant absente.

C'est pourquoi nombre de moralistes s'alarme de cette paire (pouvoir et vouloir) et s'efforcent non point de la briser, mais d'introduire en elle un tiers, la gène d'une instance critique, au moins propre à dégriser tant d'esprits contemporains. L'éthique se présente comme le troisième terme qui s'impose entre le vouloir et le pouvoir et tente d'en modérer le mouvement insensé. Elle semble donc jouer le rôle d'un frein. Et telle est la manière dont elle est en effet perçue généralement : la morale sert à empêcher des actions de se produire. Elle est perçue en termes négatifs. Ce n'est pas d'aujourd'hui. Le Décalogue est rédigé sous forme d'injonctions négatives : ne tue pas, ne vole pas. Le premier effet de la morale est donc d'interdire. On serait tenté de voir là une restriction intolérable des libertés, et les Comités d'éthique ont la réputation d'être répressifs.

Cependant, la pratique de l'éthique n'est pas toute contenue dans la négation. D'abord parce que la négation, comme telle, est libératrice d'affirmation : quand je dis : « ne faites pas » je laisse plus de place à la liberté que si je disais « faites ». Le champ de l'affirmation n'étant pas normé, je suis libre d'y déployer mes initiatives. La réputation d'étroitesse faite à l'éthique et à ses comités est mal venue. Car interdire c'est permettre ailleurs. On s'accorde bien plus qu'on ne se refuse. Le champ est large quand la morale procède par sommations négatives.

Ensuite, les raisons négatives portent des raisons positives : comme dans le Décalogue, c'est parce que l'on croit au bien que l'on interdit le mal. Je prendrai deux exemples : le premier est emprunté à la procréation. L'avis sur les mères de substitution rendu par le Comité national est le plus restrictif de tous ceux qu'il a émis. Il redoutait les imbroglios entre adultes, mais il s'est surtout déterminé sur le plus incertain, le plus invérifiable, l'intérêt de l'enfant. On a supposé qu'il suffirait de passer d'une mère gestante à une mère affective. On a supposé que l'indifférence obligée de la première nuisait aux échanges entre la mère et le fœtus. Rien de tout cela n'est prouvé, mais une vieille sagesse recommande l'abstention dans le doute. Qu'est-ce donc qui nous a arrêtés ? C'est le second impératif catégorique de Kant, « ne traite pas autrui comme un moyen mais comme une fin ». On a jugé qu'au temps où un être dépend totalement de nous (en son état fœtal), on ne pouvait servir des intérêts qui n'étaient pas les siens, et ainsi aliéner sa liberté. On a estimé qu'il y avait une trahison de l'espèce envers l'espèce et plus précisément des parents envers leurs enfants, puisque le rôle parental ne consiste pas à rendre le fils esclave des libertés du père. La parenté se distingue de toutes les formes de relation inégalitaire en ce que l'inégalité entre le père et le fils a pour fin de se réduire, d'aboutir à l'égalité, voire même à accentuer le renversement de l'inégalité. Paternité n'est pas patronat.

[...] Si l'enfant est conçu comme un objet, l'amour n'est plus la rencontre de deux libertés, mais la possession du fabriqué par le fabricant... (imaginons, ce qui est pour l'instant et j'espère pour toujours impossible, que nous déterminions nous-mêmes la personnalité physique et sociale d'un enfant, qui vivrait ainsi toujours enchaîné à la volonté de ses géniteurs, dans cette geôle invisible et désespérante qui ferait de son « moi » une pure illusion).

L'enfant est l'œuvre de notre chair, mais pas de nos calculs et de nos mains. Il est engendré et non fabriqué. Il est reçu et non déterminé. Sa liberté est le fruit de sa contingence, où les parents n'ont pas de part ; la merveille de la parenté consiste dans le respect de l'étrangeté de l'enfant, que les jeux de la nature impliquent, que l'éducation préserve, qui consiste en l'effacement progressif de l'autorité. Ainsi se reconnaît, en cette singularité, la transcendance d'un être qui, comme tel, a le droit à un espace inviolable, qui est le « naos » (*sanctuaire d'un temple, partie la plus sacrée*) de sa conscience et le sentiment absolument personnel de sa singularité.

Dans notre conception de l'enfant, hésitant entre être ou chose, se joue la dimension religieuse de notre société. Sans transcendance, elle nie l'homme comme transcendance et le réduit, faute de sens, à un objet dont la seule prétention est d'être là. Si elle garde un esprit de religion (je n'ai pas dit de religion constituée, avec un panthéon et ses clergés), mais une simple ouverture sur l'autre, une foi en quelque chose de toujours possible chez l'homme, si donc elle garde un esprit de religion, elle maintient en l'homme le sens d'une grandeur devant laquelle s'arrête la science, l'obligeant ainsi à quelque humilité.

In COMITÉ CONSULTATIF NATIONAL D'ÉTHIQUE, *Avis n° 8*, 15 décembre 1986, *op. cit.*, p. 157 *sq.* [92].

6. KANT Emmanuel

Critique de la raison pure

« Pour éclaircir le principe régulateur de la raison par un exemple tiré de l'usage empirique, non pour le confirmer, prenons un acte volontaire, par exemple, un mensonge pernicieux, par lequel un homme a introduit un certain désordre dans la société, dont on recherche d'abord les raisons déterminantes, qui lui ont donné naissance, pour juger ensuite comment il peut lui être imputé avec toutes ses conséquences. Sous le premier point de vue, on pénètre le caractère empirique de cet homme jusque dans ses sources que l'on recherche dans la mauvaise éducation, dans les mauvaises fréquentations, en partie aussi dans la méchanceté d'un naturel insensible à la honte, qu'on attribue en partie à la légèreté et à l'inconsidération, sans négliger les circonstances tout à fait occasionnelles qui ont pu influer. Dans tout cela on procède comme on le fait, en général, dans la recherche de la série des causes déterminantes d'un effet naturel donné. Or, bien que l'on croie que l'action soit déterminée par là, on n'en blâme pas moins l'auteur, et cela, non pas à cause de son mauvais naturel, non pas à cause des circonstances qui ont influé sur lui, et non pas même à cause de sa conduite passée ; car on suppose qu'on peut laisser tout à fait de côté ce qu'a été cette conduite et regarder la série écoulée des conditions comme non avenue, et cette action comme entièrement inconditionnée par rapport à l'état antérieur, comme si l'auteur commençait absolument avec elle une série de conséquences. Ce blâme se fonde sur une loi de la raison où l'on regarde celle-ci comme une cause qui a pu et a dû déterminer autrement la conduite de l'homme, indépendamment de toutes les conditions empiriques nommées. Et l'on n'envisage pas la causalité de la raison comme une sorte de concours, mais comme complète en elle-même, alors même que les mobiles sensibles ne lui seraient pas du tout favorables mais tout à fait contraires ; l'action est attribuée au caractère intelligible de l'auteur : il est entièrement coupable à l'instant où il ment ; par conséquent, malgré toutes les conditions empiriques de l'action, la raison était pleinement libre, et cet acte doit être attribué entièrement à sa négligence ».

Kritik der reinen Vernunft, Königsberg, 1781, 2e éd. 1787 ; trad. fr. Tremesaygues A. et Pacaud B, *Critique de la raison pure,* Paris, PUF, 7e éd., 1971, p. 405-406 (II. Dialectique transcendantale, II, Section 9, III)

7. KANT Emmanuel

Fondements de la métaphysique des mœurs

DEUXIEME SECTION : Passage de la philosophie morale populaire à la métaphysique des mœurs

[...] Toute chose dans la nature agit d'après des lois. Il n'y a qu'un être raisonnable qui ait la faculté d'agir d'*après la représentation* des lois, c'est-à-dire d'après les principes, en d'autres termes, qui ait une *volonté.* Puisque pour dériver les actions des lois, la *raison* est requise, la volonté n'est rien d'autre qu'une raison pratique... Si la raison ne détermine pas suffisamment à elle seule la volonté, si celle-ci est soumise encore à des conditions subjectives qui ne concordent pas toujours avec les conditions objectives, en un mot, si la volonté n'est pas encore *en soi* pleinement conforme à la raison (comme cela arrive chez les hommes), alors les actions qui sont reconnues nécessaires objectivement sont subjectivement contingentes, et la détermination d'une telle volonté, en conformité avec des lois objectives, est une *contrainte...* La représentation d'un principe objectif, en tant que ce principe est contraignant pour une volonté, s'appelle un commandement (de la raison), et la formule du commandement s'appelle un IMPÉRATF. [...]

Quand je conçois un impératif *hypothétique* en général, je ne sais pas d'avance ce qu'il contiendra, jusqu'à ce que la condition me soit donnée. Mais si c'est un impératif *catégorique* que je conçois, je sais aussitôt ce qu'il contient. Car puisque l'impératif ne contient en dehors de la loi que la nécessité pour la maxime * de se conformer à cette loi, et que la loi ne contient aucune condition à laquelle elle soit astreinte, il ne reste rien que l'universalité d'une loi en général, à laquelle la maxime doit être conforme, et c'est seulement cette conformité que l'impératif nous présente proprement comme nécessaire.(*La maxime est le principe subjectif de l'action, et doit être distinguée du principe objectif, c'est-à-dire de la loi pratique. La maxime contient la règle pratique que la raison détermine selon les conditions du sujet...)

Il n'y a donc qu'un impératif catégorique, et c'est celui-ci : *Agis uniquement d'après la maxime qui fait que tu peux vouloir en même temps qu'elle devienne une loi universelle.*[...]

Les fins qu'un être raisonnable se propose à son gré comme *effets* de son action (les fins matérielles) ne sont toutes que relatives ; car ce n'est que leur rapport à la nature particulière de la faculté de désirer du sujet qui leur donne la valeur qu'elles ont...Voilà pourquoi toutes ces fins relatives ne fondent que des impératifs hypothétiques.

Mais supposé qu'il y ait quelque chose *dont l'existence en soi-même* ait une valeur absolue, quelque chose qui, comme *fin en soi,* pourrait être un principe de lois déterminées, c'est alors en cela et en cela seulement que se trouverait le principe d'un impératif catégorique possible, c'est-à-dire d'une loi pratique.

Or je dis : l'homme, et en général tout être raisonnable, *existe* comme fin en soi, et *non pas simplement comme moyen* dont telle ou telle volonté puisse user à son gré... Les êtres dont l'existence dépend, à vrai dire, non pas de notre volonté, mais de la nature, n'ont cependant quand ce sont des êtres dépourvus de raison, qu'une valeur relative, celle de *moyens,* et voilà pourquoi on les nomme des *choses* ; au contraire, les êtres raisonnables sont appelés des *personnes,* parce que leur nature les désigne déjà comme des fins en soi, c'est-à-dire comme quelque chose qui ne peut pas être employé seulement comme moyen, quelque chose qui limite d'autant toute faculté d'agir comme bon nous semble (et qui est un objet de respect). [...]

L'impératif pratique sera donc celui-ci : *Agis de telle sorte que tu traites l'humanité aussi bien dans ta personne que dans la personne de tout autre toujours en même temps comme une fin, et jamais simplement comme un moyen.*

Restons-en aux exemples précédents : En *premier lieu,* selon le concept du devoir nécessaire envers soi-même, celui qui médite le suicide se demandera si son action peut s'accorder avec l'idée de l'humanité *comme fin en soi.* Si, pour échapper à une situation pénible, il se détruit lui-même, il se sert d'une personne, uniquement comme d'un *moyen* destiné à maintenir une situation supportable jusqu'à la fin de la vie. Mais l'homme n'est pas une chose ; il n'est pas par conséquent un objet qui puisse être traité *simplement* comme un moyen ; mais il doit dans toutes ses actions être toujours considéré comme une fin en soi. Ainsi je ne puis disposer en rien de l'homme en ma personne, soit pour le mutiler, soit pour le tuer. (Il faut que je néglige ici de déterminer de plus près ce principe, comme il le faudrait pour éviter toute méprise, dans le cas où, par exemple, il s'agit de me laisser amputer les membres pour me sauver, de risquer ma vie pour la conserver ; ...). [...]

On voyait l'homme lié à son devoir par des lois, mais on ne réfléchissait pas qu'il n'est soumis qu'à *sa propre législation,* encore que *cette législation soit universelle,* et qu'il n'est obligé d'agir que conformément à sa volonté propre, mais à sa volonté établissant par destination de la nature une législation universelle... On ne découvrait jamais le devoir, mais la nécessité d'agir par un certain intérêt. Que cet intérêt fut un intérêt personnel ou étranger, l'impératif affectait toujours alors nécessairement un caractère conditionnel et ne pouvait en rien être bon pour le commandement moral. J'appellerai donc ce principe, principe de l'AUTONOMIE de la volonté, en opposition à tous les autres principes que pour cela je mets au compte de l'HÉTÉRONOMIE.

Le concept suivant lequel tout être raisonnable doit se considérer comme établissant par toutes les maximes de sa volonté une législation universelle afin de se juger soi-même et ses actions de ce point de vue, conduit à un concept très fécond qui s'y rattache, je veux dire le concept *d'un règne des fins.*

Or, par *règne* j'entends la liaison systématique de divers êtres raisonnables par des lois communes. [...]

Car des êtres raisonnables sont tous sujets de la *loi* selon laquelle chacun d'eux ne doit *jamais* se traiter soi-même et traiter tous les autres *simplement comme des moyens,* mais toujours en *même temps comme des fins en soi.* Or de là dérive une liaison systématique d'êtres raisonnables par des lois objectives communes, c'est-à-dire un règne qui, puisque ces lois ont pour but précisément le rapport de ces êtres les uns aux autres, comme fins et moyens, peut être appelé règne des fins (qui n'est à la vérité qu'un idéal). [...]

Dans le règne des fins tout a un PRIX ou une DIGNITÉ. Ce qui a un prix peut être aussi bien remplacé par quelque chose d'autre, à titre d'*équivalent* ; au contraire, ce qui est supérieur à tout prix, ce qui par suite n'admet pas d'équivalent, c'est ce qui a une dignité.

Ce qui se rapporte aux inclinations et aux besoins généraux de l'homme, cela a un *prix marchand* ; ..., mais ce qui constitue la condition qui seule peut faire que quelque chose est une fin en soi, cela n'a pas seulement une valeur relative, c'est-à-dire un prix, mais une valeur intrinsèque, c'est-à-dire une *dignité.*

Or la moralité est la condition qui seule peut faire qu'un être raisonnables est une fin en soi ; car il n'est possible que par elle d'être un membre législateur dans le règne des fins. La moralité, ainsi que l'humanité, en tant qu'elle est capable de moralité, c'est donc là ce qui seul a de la dignité. [...]

... L'*autonomie* est donc le principe de la dignité de la nature humaine et de toute nature raisonnable. [...]

L'autonomie de la volonté est cette propriété qu'a la volonté d'être à elle-même sa loi (indépendamment de toute propriété des objets du vouloir). Le principe de l'autonomie est donc : de toujours choisir de telle sorte que les maximes de notre choix soient comprises en même temps comme lois universelles dans ce même acte de vouloir. [...]

Quant à prouver maintenant que la moralité n'est pas une chimère, assertion qui est une conséquence bien fondée, si l'impératif catégorique est vrai, et avec lui l'autonomie de la volonté, et s'il est absolument nécessaire comme un principe *a priori,* cela exige la *possibilité* d'un *usage synthétique de la raison pure pratique,* mais que nous ne pouvons pas tenter sans instituer auparavant une *Critique* de cette faculté même de la raison. [...]

TROISIÈME SECTION : Passage de la métaphysique des mœurs à la critique de la raison pure pratique

Le concept de la liberté est la clef de l'explication de l'autonomie de la volonté

La *volonté* est une sorte de causalité des êtres vivants, en tant qu'ils sont raisonnables, et la *liberté* serait la propriété qu'aurait cette causalité de pouvoir agir indépendamment de causes étrangères qui la *déterminent* ; de même que la *nécessité naturelle* est la propriété qu'a la causalité de tous les êtres dépourvus de raison d'être déterminée à agir par l'influence de causes étrangères.

La définition qui vient d'être donnée de la liberté est *négative,* et par conséquent, pour en saisir l'essence, inféconde ; mais il en découle un concept *positif* de la liberté, qui est d'autant plus riche et fécond. Comme le concept d'une causalité implique en lui celui de *lois,* d'après lesquelles quelque chose que nous nommons effet doit être posé par quelque autre chose qui est la cause, la liberté, bien qu'elle ne soit pas une propriété de la volonté se conformant à des lois de la nature, n'est pas cependant pour cela en dehors de toute loi ; au contraire, elle doit être une causalité agissant selon des lois immuables, mais des lois d'une espèce particulière, car autrement une volonté libre serait un pur rien. La nécessité naturelle est, elle, une hétéronomie des causes efficientes ; car tout effet n'est alors possible que suivant cette loi, que quelque chose d'autre détermine la cause efficiente de la causalité. En quoi donc peut bien consister une liberté de la volonté, sinon dans une autonomie, c'est-à-dire dans la propriété qu'elle a d'être à elle-même sa loi ? Or, cette proposition : la volonté dans toutes les actions est à elle-même sa loi, n'est qu'une autre formule de ce principe : il ne faut agir que d'après une maxime qui puisse se prendre elle-même pour objet à titre de loi universelle. Mais c'est précisément la formule de l'impératif catégorique et le principe de la moralité ; une volonté libre et une volonté soumise à des lois morales sont par conséquent une seule et même chose.

Grundlegung zur Metaphysik der Sitten, 1785, éd. réf. Académie de Berlin, IV, 385-463 ; trad. Delbos V, *Fondements de la Métaphysique des Mœurs*, Paris, Delagrave, 1907, rééd. 1969 (Section II, p. 111-177 ; Section III, p. 179-210).

8. SARTRE Jean-Paul

Cahiers pour une morale

Ce que signifie : « Nous sommes condamnés à être libres » on ne l'a jamais bien compris. C'est pourtant la base de la morale. Partons du fait que l'homme est-dans-le-monde. C'est-à-dire *en même temps* une facticité investie et un projet-dépassement. En tant que projet il assume pour la dépasser sa situation. [...] Ma situation étant, pour un de ses aspects, un investissement par la totalité du monde, elle change comme le monde change, elle est changée par le monde et, dans la mesure où je suis passivité, je suis affecté dans ma facticité même par l'ordre du monde. Par exemple, en traversant une zone de contagion je suis *affecté*, c'est-à-dire contaminé. Me voilà tuberculeux par exemple. Ici apparaît la malédiction (et la grandeur). Cette maladie, qui m'infecte, m'affaiblit, me change, limite brusquement mes possibilités et mes horizons. J'étais acteur ou sportif ; avec mes deux pneumos, je ne puis plus l'être. Ainsi *négativement* je suis déchargé de toute responsabilité touchant ces possibilités que le cours du monde vient de m'ôter. C'est ce que le langage populaire nomme *être diminué*. Et ce mot semble recouvrir une image correcte : j'étais un bouquet de possibilités, on ôte quelques fleurs, le bouquet reste dans le vase, diminué, réduit à quelques éléments. Mais en réalité il n'en est rien : cette image est mécanique. La situation nouvelle quoique venue *du dehors* doit être vécue, c'est-à-dire assumée, dans un dépassement. Il est vrai de dire qu'on m'ôte ces possibilités mais il est vrai aussi de dire que j'y renonce ou que je m'y cramponne ou que je me soumets à un régime systématique pour les reconquérir. En un mot ces possibilités sont non pas supprimées mais remplacées par un choix d'attitudes possibles envers la disparition de ces possibilités. Et d'autre part surgissent avec mon état nouveau des possibilités nouvelles : possibilités à l'égard de ma maladie (être un bon ou un mauvais malade), possibilités vis à vis de ma condition (gagner tout de même ma vie, etc.), un malade ne possède ni plus ni moins de possibilités qu'un bien-portant ; il a son éventail de possibles comme l'autre et il a à décider sur sa situation, c'est-à-dire à assumer sa condition de malade pour la dépasser (vers la guérison ou vers une vie humaine de malade avec de nouveaux horizons). Autrement dit, la maladie est une *condition* à l'intérieur de laquelle l'homme est de nouveau libre et sans excuses. Il a à prendre la responsabilité de sa maladie. Sa maladie est une excuse pour ne pas réaliser ses possibilités de non-malade mais elle n'en est pas une pour ses possibilités de malade qui sont aussi nombreuses. (Il y a par exemple un *Mitsein* (être ensemble) du malade avec son entourage qui réclame autant d'inventivité, de générosité et de tact de la part du malade que sa vie de bien-portant.) Reste qu'il n'a pas voulu cette maladie et qu'il doit à présent la *vouloir*. Ce qui n'est pas *de lui*, c'est la brusque suppression des possibilités. Ce qui est *de lui*, c'est l'invention immédiate d'un projet nouveau à travers cette brusque suppression. Et comme il faut assumer nécessairement pour changer, le refus romantique de la maladie par le malade est totalement inefficace. Ainsi y a-t-il du vrai dans la morale qui met la grandeur de l'homme dans l'acceptation de l'inévitable et du destin. Mais elle est incomplète car il ne faut l'assumer que pour la changer. Il ne s'agit pas d'adopter sa maladie, de s'y installer mais de la vivre selon les normes pour demeurer homme. Ainsi ma liberté est condamnation parce que je ne suis pas libre d'être ou de n'être pas malade et la maladie me vient du dehors : elle n'est pas de moi, elle ne me concerne pas, elle n'est pas ma faute. Mais comme je suis libre, je suis contraint par ma liberté de la faire mienne, de la faire *mon* horizon, *ma* perspective, ma moralité, etc. Je suis perpétuellement condamné à vouloir ce que je n'ai pas voulu, à ne plus vouloir ce que j'ai voulu, à me reconstruire dans l'unité d'une vie en présence des destructions que m'inflige l'extérieur. La maladie est bien une excuse mais pour les possibilités qu'elle m'a ôtées simplement. Elle m'est une excuse pour ne plus jouer la comédie (si j'étais acteur), mais justement c'est pour des mortes-possibilités, pour des possibilités qui ne sont plus miennes. Mais pour ma vie vivante de malade, elle n'est plus une excuse, elle est seulement condition.

Cahiers pour une morale, écrits en 1947-48, non publiés, éd. posthume, Paris, © Gallimard, 1983, p. 447-448.

9. JONAS Hans

Le principe responsabilité. Une éthique pour la civilisation technologique

Le Prométhé définitivement déchaîné, auquel la science confère des forces jamais encore connues et l'économie son impulsion effrénée, réclame une éthique qui, par des entraves librement consenties, empêche le pouvoir de l'homme de devenir une malédiction pour lui. La thèse liminaire de ce livre est que la promesse de la technique moderne s'est inversée en menace, ou bien que celle-ci s'est indissolublement alliée à celle-là. Elle va au-delà du constat d'une menace physique. La soumission de la nature destinée au bonheur humain a entraîné par la démesure de son succès, qui s'étend maintenant à la nature de l'homme lui-même, le plus grand défi pour l'être humain que son faire ait jamais entraîné. Tout en lui est inédit, sans comparaison possible avec ce qui précède, tant du point de vue de la modalité que de l'ordre de grandeur : ce que l'homme peut faire aujourd'hui et ce que par la suite il sera contraint de continuer à faire, dans l'exercice irrésistible de ce pouvoir, n'a pas son équivalent dans l'expérience passée. Toute sagesse héritée, relative au comportement juste, était taillée en vue de cette expérience. Nulle éthique traditionnelle ne nous instruit sur les normes du « bien » et du « mal » auxquelles doivent être soumises les modalités entièrement nouvelles du pouvoir et de ses créations possibles. La terre nouvelle de la pratique collective, dans laquelle nous sommes entrés avec la technologie de pointe, est encore une terre vierge de la théorie éthique.

Dans ce vide (qui est en même temps le vide de l'actuel relativisme des valeurs) s'établit la recherche présentée ici. Qu'est-ce qui peut servir de boussole ? L'anticipation de la menace elle-même ! C'est seulement dans les premières lueurs de son orage qui nous vient du futur, dans l'aurore de son ampleur planétaire et dans la profondeur de ses enjeux humains, que peuvent être découverts les principes éthiques, desquels se laissent déduire les nouvelles obligations correspondant au pouvoir nouveau. Cela je l'appelle « heuristique de la peur ». Seule la prévision de la déformation de l'homme nous fournit le concept de l'homme qui nous permet de nous en prémunir. Nous savons seulement *ce qui* en jeu, dès lors *que* nous savons que cela est en jeu. Mais comme l'enjeu ne concerne pas seulement le sort de l'homme, mais également l'image de l'homme, non seulement la survie physique, mais aussi l'intégrité de son essence, l'éthique qui doit garder l'un et l'autre doit être non seulement une éthique de la sagacité, mais aussi une éthique du respect.

La fondation d'une telle éthique, qui ne reste plus liée au domaine immédiatement intersubjectif des contemporains, doit s'étendre jusqu'à la métaphysique, qui seule permet de se demander pourquoi des hommes doivent exister au monde : donc pourquoi vaut l'impératif inconditionnel de préserver leur existence pour l'avenir. L'aventure de la technologie, avec ses risques extrêmes, exige ce risque de la réflexion extrême. Une telle fondation est tentée ici, à l'encontre de la résignation positiviste-analytique de la philosophie contemporaine. Du point de vue ontologique sont déployées à nouveau les vieilles questions du rapport de l'être et du devoir, de la cause et de la finalité, de la nature et de la valeur, afin d'enraciner dans l'être, par delà le subjectivisme des valeurs, le nouveau devoir de l'homme qui vient d'apparaître.

Mais le véritable thème est ce devoir nouvellement apparu lui-même que résume le concept de *responsabilité*. Sans doute n'est-ce pas un phénomène nouveau dans la moralité. La responsabilité n'a jamais eu un tel objet, de même qu'elle a peu occupé la théorie éthique jusqu'ici. Le savoir, aussi bien que le pouvoir, étaient trop limités pour incorporer l'avenir plus lointain dans la prévision, bien plus pour inclure la planète entière dans la conscience de la causalité personnelle. Plutôt que de deviner vainement les conséquences tardives, relevant d'un destin inconnu, l'éthique se concentrait sur la qualité morale de l'acte momentané lui-même, dans lequel on doit respecter le droit du prochain qui partage notre vie. Sous le signe de la technologie par contre, l'éthique a affaire à des actes qui ont une portée causale incomparable en direction de l'avenir et qui s'accompagnent d'un savoir prévisionnel qui, peu importe son caractère incomplet, déborde lui aussi tout ce qu'on a connu autrefois. Il faut y ajouter le simple ordre de grandeur des actions à long terme et très souvent également leur irréversibilité. Tout cela place la responsabilité au centre de l'éthique, y compris les horizons d'espace et de temps qui correspondent à ceux des actions. En ce sens la théorie de la responsabilité qui fait encore défaut aujourd'hui, forme le centre de l'ouvrage. [...]

Le présent ouvrage parut d'abord en allemand en 1979. Sa genèse remonte à l'année 1959 où, dans une conférence intitulée :« The Practical Uses of Theory », je me rendis compte pour la première fois de la transformation du rapport de la théorie et de la pratique qui distingue le savoir moderne de la nature du savoir ancien. La méthode analytique et expérimentale qui s'impose au XVIIe siècle et qui n'a plus une attitude contemplative, mais agressive, à l'égard de son objet, contient déjà dans son esprit l'habilitation à, et dans ses résultats la voie vers un rapport actif au connu. La possibilité d'une application pratique fait partie de l'essence théorique des sciences modernes de la nature elles-mêmes ; c'est-à-dire que le potentiel technologique lui est intrinsèquement inné et son actualisation accompagne chaque pas de sa croissance. La domination prend la place de la contemplation de la nature. Ainsi se trouvait entamé le thème du pouvoir et de son usage qui se propulse lui-même et qui se rend indispensable.

Entre-temps la dialectique abyssale de cet usage est devenue toujours plus visible. La conscience croissante d'une crise qui nous menace suscite des livres tels que celui-ci. Quelle que soit la faiblesse de la parole face à la contrainte des choses et face à la poussée des intérêts, elle peut néanmoins contribuer à ce que cette conscience franchisse le pas de la crainte vers la responsabilité pour l'avenir menacé et que nous devenions ainsi un peu plus disponibles pour ce que la cause de l'humanité exigera de nous avec une urgence croissante.

Das Princip Verantwortung. Versuch einer Ethik für die technologische Zivilisation, Frankfurt, Insel Verlag, 1979 ; trad. Greisch J., *Le principe responsabilité. Une éthique pour la civilisation technologique*, Paris, Cerf, 1991, p. 13-15 (Préface).

10. WILLIAMS Bernard

L'éthique et les limites de la philosophie

Naturellement, la philosophie morale n'est pas très éloignée de la philosophie politique et de la philosophie du droit et, dans les contextes politiques et juridiques, l'accent mis sur la solidarité communautaire et sociale a donné lieu, aux États-Unis, à ce que l'on appelle assez vaguement une position « communautariste », par opposition à l'accent mis sur les droits et chances individuels dans la tradition libérale, notamment telle que l'a exprimé John Rawls dans sa *Théorie de la justice*, livre à l'influence immense, sur lequel je reviens à plusieurs reprises. Dans les contextes constitutionnels, en particulier, les « communautaristes » sont souvent identifiés avec les conservateurs, plus réticents que les libéraux à interpréter les articles de la constitution comme le moyen de faire progresser les objectifs de la justice sociale. L'enjeu fondamental de ce débat n'est pas comme dans la discussion avec les wittgensteiniens, la nature de la compréhension éthique elle-même, mais la question plus vaste de savoir dans quelle mesure l'État et les institutions sociales essentielles devraient être concernés par certaines « conceptions du bien » plutôt que par d'autres, c'est-à-dire, par des idées sur ce qu'est une vie humaine digne d'être vécue. Les sociétés modernes devraient-elles privilégier des conceptions particulières de la façon dont les gens vivraient le mieux ? Ou devraient-elles plutôt poursuivre la tradition libérale qui consiste à admettre que les États modernes sont, à cet égard, essentiellement pluralistes, et doivent être compris comme apportant à leurs citoyens les mêmes chances et la même protection dans la poursuite de ce que les citoyens, individuellement ou dans des communautés locales, considèrent comme la vie bonne ? Rawls lui-même, dont les points de vue n'ont cessé d'évoluer depuis la publication de son livre, considère le pluralisme comme le problème majeur de la philosophie politique moderne ; et il considère aujourd'hui sa théorie de la justice comme la solution d'un problème politique moderne, bien plus que comme une interprétation intemporelle des valeurs de la justice sociale.

Il est clair que ce genre de préoccupation politique est proche de la philosophie morale discutée dans ce livre. Cependant, ce livre s'attache en premier lieu à une question qui représente le point de départ correct de l'éthique, une question qui a été au cœur des discussions de la vie éthique dans le monde antique, bien plus que dans les styles modernes de pensée. C'est la question de Socrate : « Comment doit-on vivre ? » Si c'est là le juste commencement de l'éthique, comme je le prétends, et s'il est vrai également que la pensée éthique doit conduire à des considération sociales et même politiques, surgit inévitablement une question concernant la relation de la personne individuelle, qui soulève cette question éthique pour elle-même, avec la société à laquelle elle appartient : une société qui non seulement fournit la situation dans laquelle la personne vivra la réponse apportée à la question, mais qui en outre a instruit la personne dans la culture qui la dispose à donner à la question tel type de réponse plutôt que tel autre. C'est-à-dire que la structure même de la philosophie morale pose la question de l'individualisme.

Ethics and the Limits of Philosophy, Londres, W. Collins, 1985 ; trad. fr. Lescourret M. A, *L'éthique et les limites de la philosophie*, Paris, © Gallimard, 1990, p. XVI *sq.* (Avant-propos).

11. RAWLS John

Théorie de la justice

Dans la théorie de la justice comme équité, la position originelle d'égalité correspond à l'état de nature dans la théorie traditionnelle du contrat social. Cette position originelle n'est pas conçue, bien sûr, comme étant une situation historique réelle, encore moins une forme primitive de la culture. Il faut la comprendre comme étant une situation purement hypothétique, définie de manière à conduire à une certaine conception de la justice. Parmi les traits essentiels de cette situation, il y a le fait que personne ne connaît sa place dans la société, sa position de classe ou son statut social, pas plus que personne ne connaît le sort qui lui est réservé dans la répartition des capacités et des dons naturels, par exemple l'intelligence, la force, etc. J'irai jusqu'à poser que les partenaires ignorent leurs propres conceptions du bien ou leurs tendances psychologiques particulières. Les principes de la justice sont choisis derrière un voile d'ignorance. Ceci garantit que personne n'est avantagé ou désavantagé dans le choix des principes par le hasard naturel ou par la contingence des circonstances sociales. Comme tous ont une situation comparable et qu'aucun ne peut formuler des principes favorisant sa condition particulière, les principes de la justice sont le résultat d'un accord ou d'une négociation équitable (*fair*). Car, étant donné les circonstances de la position originelle, c'est-à-dire la symétrie des relations entre les partenaires, cette situation initiale est équitable à l'égard des sujets moraux, c'est-à-dire d'êtres rationnels ayant leurs propres systèmes de fins et capables, selon moi, d'un sens de la justice. La position originelle est, pourrait-on dire, le *statu quo* initial adéquat et c'est pourquoi les accords fondamentaux auxquels on parvient dans cette situation initiale sont équitables. Tout ceci explique la justesse de l'expression « justice comme équité » : elle transmet l'idée que les principes de la justice sont issus d'un accord conclu dans une situation initiale elle-même équitable. Mais cette expression ne signifie pas que les concepts de justice et d'équité soient identiques, pas plus que, par exemple, la formule « la poésie comme métaphore » ne signifie que poésie et métaphore soient identiques.

A Theory of Justice, Belknap – Harvard Un. Pr., 1971 ; trad. fr. Audard C., *Théorie de la justice*, Paris, © Éditions du Seuil, 1987, p. 38-39.

12. HABERMAS Jürgen

Morale et communication

On perçoit, toutefois, si l'on a présent à l'esprit le fait que les exigences normatives de validité ont pour fonction de coordonner l'action dans la pratique communicationnelle quotidienne, pourquoi il est impossible, par voie monologique, de venir à bout des problèmes qui doivent être résolus dans les argumentations morales, et pourquoi ceux-ci exigent un effort de coopération. En entrant dans une argumentation morale, ceux qui y prennent part poursuivent, dans une attitude réflexive, leur activité communicationnelle afin de rétablir un consensus qui a été troublé. Les argumentations morales servent donc à résorber, dans le consensus, des conflits nés dans l'action. Or des conflits qui surgissent dans le cadre d'interactions gouvernées par des normes proviennent directement d'une perturbation dans l'entente mutuelle sur les normes. La réparation peut donc seulement consister à garantir le fait que l'on approuve et reconnaît intersubjectivement l'exigence de validité qui s'est, en un premier temps, trouvée contestée mais que l'on a pu réhabiliter en en montrant le caractère non problématique. Elle peut aussi ne consister qu'à garantir le fait que l'on approuve et reconnaît intersubjectivement une autre exigence de validité destinée à remplacer celle qui fut contestée. Ce genre d'entente est l'expression d'une volonté commune. Mais lorsqu'il faut que les argumentations morales produisent une entente de ce type, il ne suffit pas qu'un individu se demande, en y réfléchissant à deux fois, s'il lui serait possible d'adhérer à une norme. Il ne suffit même pas que tous les individus procèdent, chacun dans son coin, à cette délibération, pour qu'ensuite on enregistre leur suffrage. Ce qui est exigé c'est une argumentation « réelle » à laquelle participent, en coopération, les personnes concernées. Seul un processus intersubjectif de compréhension peut conduire à une entente de nature réflexive ; c'est ensuite seulement que les participants peuvent savoir qu'ils sont parvenus en commun à une certaine conviction.

Partant d'une telle perspective, il est nécessaire de modifier la formulation de l'impératif catégorique pour aller dans le sens qui a été suggéré :

« Au lieu d'imposer à tous les autres une maxime dont je veux qu'elle soit une loi universelle, je dois soumettre ma maxime à tous les autres afin d'examiner par la discussion sa prétention à l'universalité. Ainsi s'opère un glissement : le centre de gravité ne réside plus dans ce que chacun peut souhaiter faire valoir, sans être contredit, comme étant une loi universelle, mais dans ce que tous peuvent unanimement reconnaître comme une norme universelle » (Mc Carthy T.A., *The Critical Theory of J. Habermas*, Cambridge, 1978, p. 326)

La formulation du principe d'universalisation ainsi énoncée vise effectivement à mener l'argumentation en question d'une manière coopérative. D'un côté, la participation effective de chaque personne concernée est seule à pouvoir prévenir les déformations de perspective qu'introduit l'interprétation d'intérêts chaque fois personnels. Dans une telle optique pragmatique, chacun est lui-même la dernière instance que l'on puisse invoquer pour évaluer ce qui relève de l'intérêt personnel. Mais, d'un autre côté, il faut que la description, à partir de laquelle chacun perçoit ses intérêts, demeure accessible à la critique des autres. C'est à la lumière des valeurs culturelles que sont interprétés les besoins, mais dans la mesure où celles-ci sont toujours partie intégrante d'une tradition dont on participe intersubjectivement, la révision des valeurs qui président à l'interprétation des besoins ne saurait donc être une affaire dont les individus disposeraient monologiquement.

Excursus. La clé de voûte d'une éthique de la discussion est donc constituée par les deux hypothèses suivantes : l'hypothèse (a) selon laquelle les exigences normatives de validité ont un sens cognitif et peuvent être traitées comme des exigences de vérité ; l'hypothèse (b) selon laquelle il est requis de mener une discussion réelle pour fonder en raison normes et commandements, cela se révélant, en dernière analyse, impossible à mener de manière monologique, c'est-à-dire au moyen d'une argumentation hypothétiquement développée en pensée.

Moralbewusstsein und Kommunikatives Handeln, Frankfurt am M., Suhrkamp Verlag, 1983 ; trad. fr. Bouchindhomme C., *Morale et communication*, Paris, Cerf, 1991, p. 88-89.

13. LEVINAS Emmanuel

Éthique et infini

7. Le visage et 8. La responsabilité pour autrui

– E. Lévinas : ... Le visage est ce qui nous interdit de tuer.

– P. Nemo : Les récits de guerre nous disent en effet qu'il est difficile de tuer quelqu'un qui vous regarde en face.

– E. L. : Le visage est signification, et signification sans contexte. Je veux dire qu'autrui, dans la rectitude de son visage, n'est pas un personnage dans un contexte. D'ordinaire on est un « personnage » : on est professeur à la Sorbonne, vice-président du Conseil d'État, fils d'Un tel, tout ce qui est dans le passeport, la manière de se vêtir, de se présenter. Et toute signification, au sens habituel du terme, est relative à un tel contexte : le sens de quelque chose tient dans sa relation à autre chose. Ici, au contraire, le visage est sens à lui seul. Toi, c'est toi. En ce sens on peut dire que le visage n'est pas « vu ». Il est ce qui ne peut devenir un contenu que notre pensée embrasserait ; il est l'incontenable, il vous mène au-delà. C'est en cela que la signification du visage le fait sortir de l'être en tant que corrélatif d'un savoir. Au contraire, la vision est recherche d'une adéquation ; elle est par excellence ce qui absorbe l'être. Mais la relation au visage est d'emblée éthique. Le visage est ce qu'on ne peut tuer, ou du moins ce dont le sens consiste à dire : « Tu ne tueras point ». [...]

– E. L. : ... je parle de la responsabilité comme de la structure essentielle, première, fondamentale de la subjectivité. Car c'est en termes éthiques que je décris la subjectivité. L'éthique, ici, ne vient pas en supplément à une base existentielle préalable ; c'est dans l'éthique entendue comme responsabilité que se noue le nœud même du subjectif.

J'entends la responsabilité comme responsabilité pour autrui, donc comme responsabilité pour ce qui n'est pas mon fait, ou même ne me regarde pas ; ou qui précisément me regarde, est abordé par moi comme visage.

– P. N. : Comment, ayant découvert autrui dans son visage, le découvre-t-on comme celui envers qui on est responsable ?

– E. L. : En décrivant positivement le visage, et non seulement négativement. Vous vous souvenez de ce que nous disions : l'abord du visage n'est pas de l'ordre de la perception pure et simple, de l'intentionnalité qui va vers l'adéquation. Positivement, nous dirons que dès lors qu'autrui me regarde, j'en suis responsable sans même avoir à *prendre* de responsabilité à son égard ; sa responsabilité *m'incombe*. C'est une responsabilité qui va au-delà de ce que je fais. D'habitude on est responsable de ce qu'on fait soi-même. Je dis dans *Autrement qu'être*, que la responsabilité est initialement un *pour autrui*...

– P. N. : Je peux connaître quelqu'un à la perfection, mais cette connaissance ne sera jamais par elle-même une proximité ?

– E. L. : Non. Le lien avec autrui ne se noue que comme responsabilité, que celle-ci d'ailleurs, soit acceptée ou refusée, que l'on sache ou non comment l'assumer, que l'on puisse ou non faire quelque chose de concret pour autrui. Dire : me voici. Faire quelque chose pour un autre. Donner. Être esprit humain, c'est cela...

– P. N. : Mais autrui n'est-il pas aussi responsable à mon égard ?

– E. L. : Peut-être, mais ceci est *son* affaire. Un des thèmes fondamentaux, dont nous n'avons pas encore parlé, de *Totalité et Infini*, est que la relation intersubjective est une relation non symétrique. En ce sens, je suis responsable d'autrui sans attendre de réciproque, dut-il m'en coûter la vie. La réciproque, c'est *son* affaire. C'est précisément dans la mesure où entre autrui et moi la relation n'est pas réciproque, que je suis sujetion à autrui ; et je suis « sujet » essentiellement en ce sens. C'est moi qui supporte tout... La justice n'a de sens que si elle conserve l'esprit du dés-intéressement qui anime l'idée de la responsabilité pour l'autre homme... La subjectivité comme telle est initialement otage ; elle répond jusqu'à expier pour les autres. On peut se montrer scandalisé par cette conception utopique et, pour un moi, inhumaine... Mais l'humanité dans l'être historique et objectif, la percée même du subjectif, du psychisme humain... c'est l'être qui se défait de sa condition d'être : le dés-intér-essement... Être humain cela signifie : vivre comme si l'on n'était pas un être parmi les êtres. Comme si, par la spiritualité humaine, se renversaient les catégories de l'être, en un « autrement qu'être ».

Éthique et infini. Dialogue avec P. Némo sur France Culture, Paris, © Librairie Arthème Fayard et Radio France – Livre de Poche, 1982, p. 80 *sq*.

14. STRAUSS Léo

Droit naturel et histoire

Néanmoins, le besoin du droit naturel est aussi manifeste aujourd'hui qu'il l'a été durant des siècles et même des millénaires. Rejeter le droit naturel revient à dire que tout droit est positif, autrement dit que le droit est déterminé exclusivement par les législateurs et les tribunaux des différents pays. Or, il est évident qu'il est parfaitement sensé et parfois même nécessaire de parler de lois ou de décisions injustes. En passant de tels jugements, nous impliquons qu'il y a un étalon du juste et de l'injuste qui est indépendant du droit positif et lui est supérieur : un étalon grâce auquel nous sommes capables de juger le droit positif. Bien des gens aujourd'hui considèrent que l'étalon en question n'est tout au plus que l'idéal adopté par notre société ou notre « civilisation » tel qu'il a pris corps dans ses façons de vivre ou ses institutions. Mais, d'après cette même opinion, toutes les sociétés ont leur idéal, les sociétés cannibales pas moins que les sociétés policées. Si les principes tirent une justification suffisante du fait qu'ils sont reçus dans une société, les principes du cannibale sont aussi défendables et aussi sains que ceux de l'homme policé. De ce point de vue, les premiers ne peuvent être rejetés purement et simplement. Et puisque tout le monde est d'accord pour reconnaître que l'idéal de notre société est changeant, seule une triste et morne habitude nous empêcherait d'accepter en toute tranquillité une évolution vers l'état cannibale. S'il n'y a pas d'étalon plus élevé que l'idéal de notre société, nous sommes parfaitement incapables de prendre devant lui le recul nécessaire au jugement critique. Mais le simple fait que nous puissions nous demander ce que vaut l'idéal de notre société montre qu'il y a dans l'homme quelque chose qui n'est point totalement asservi à sa société et par conséquent que nous sommes capables, et par là obligés, de rechercher un étalon qui nous permette de juger de l'idéal de notre société comme de toute autre. Cet étalon ne peut être trouvé dans les besoins des différentes sociétés, car elles ont, ainsi que leur composants, de nombreux besoins qui s'opposent les une aux autres : la question de priorité se pose aussitôt. Cette question ne peut être tranchée de façon rationnelle si nous ne disposons pas d'un étalon qui nous permette de distinguer entre besoins véritables et besoins imaginaires et de connaître la hiérarchie des différentes sortes de besoins véritables. Le problème soulevé par le conflit des besoins sociaux ne peut être résolu si nous n'avons pas connaissance du droit naturel.

Natural Right and History, Chicago, 1953 ; trad. fr. Nathan M. et de Dampierre E., *Droit naturel et histoire*, Paris, Plon, 1954 (rééd. Flammarion, 1986, 320 p.).

15. RICŒUR Paul

Éthique et morale

Faut-il distinguer entre morale et éthique ? À vrai dire, rien dans l'étymologie ou dans l'histoire de l'emploi des mots ne l'impose : l'un vient du grec, l'autre du latin, et les deux renvoient à l'idée de mœurs (*éthos, mores*) ; on peut toutefois discerner une nuance, selon que l'on met l'accent sur ce qui est *estimé bon* ou sur ce qui *s'impose* comme *obligatoire*. C'est par convention que je réserverai le terme d'« éthique » pour la visée d'une vie accomplie sous le signe des actions estimées bonnes, et celui de « morale » pour le côté obligatoire, marqué par des normes, des obligations, des interdictions caractérisées à la fois par une exigence d'universalité et par un effet de contrainte. On reconnaîtra aisément dans la distinction entre visée de la vie bonne et obéissance aux normes l'opposition entre deux héritages : l'héritage aristotélicien, où l'éthique est caractérisée par sa perspective *téléologique* (de *télos*, signifiant « fin ») ; et un héritage kantien, où la morale est définie par le caractère d'obligation de la norme, donc par un point de vue *déontologique* (*déontologique* signifiant précisément « devoir »). Je me propose, sans souci d'orthodoxie aristotélicienne ou kantienne, de défendre :

1) la primauté de l'éthique sur la morale ;
2) la nécessité néanmoins pour la visée éthique de passer par le crible de la norme ;
3) la légitimité d'un recours de la norme à la visée, lorsque la norme conduit à des conflits pour laquelle il n'est pas d'autre issue qu'une *sagesse pratique* qui renvoie à ce qui, dans la visée éthique, est le plus attentif à la singularité des situations. Commençons donc par la visée éthique.

I. LA VISÉE ÉTHIQUE

Je définirai la visée éthique par les trois termes suivants : *visée de la vie bonne, avec et pour les autres, dans des institutions justes.* Les trois composantes de la définition sont également importantes.

Parlant d'abord de la vie bonne, j'aimerais souligner le mode grammatical de cette expression typiquement aristotélicienne. C'est encore celui de l'*optatif* et non déjà celui de l'*impératif.* C'est, au sens fort du mot, un souhait : « Puissé-je, puisses-tu, puissions-nous vivre bien ! » ... Mais le souci de soi est-il un bon point de départ ? Ne vaudrait-il pas mieux partir du souci de l'autre ? Si j'insiste néanmoins sur cette première composante, c'est précisément pour souligner que le terme « soi », que j'aimerais associer à celui d'« estime » au plan éthique fondamental, réservant celui de « respect » pour le niveau moral, déontologique, de notre investigation, ne se confond aucunement avec le moi, donc à une position égologique que la rencontre d'autrui viendrait nécessairement subvertir. Ce qui est fondamentalement estimable en soi-même, ce sont deux choses : d'abord la capacité de choisir pour des raisons, de préférer ceci à cela, bref, la capacité d'agir *intentionnellement* ; c'est ensuite la capacité d'introduire des changements dans le cours des choses, de commencer quelque chose dans le monde, bref la capacité d'*initiative.* En ce sens l'estime de soi est le moment réflexif de la *praxis* [...].

Passons au deuxième moment : vivre bien *avec et pour les autres.* Comment la seconde composante de la visée éthique, que je désigne du beau nom de « sollicitude », enchaîne-t-elle avec la première ? [...] Ma thèse est que la sollicitude ne s'ajoute pas du dehors à l'estime de soi, mais qu'*elle en déplie la dimension dialogale implicite.* Estime de soi et sollicitude ne peuvent se vivre et se penser l'une sans l'autre. Dire *soi* n'est pas dire *moi. Soi* implique l'autre que soi, afin que l'on puisse dire de quelqu'un qu'il s'estime soi-même comme un autre. ... Autrui est ainsi celui qui peut dire *je* comme moi et, comme moi, se tenir pour un agent, auteur et responsable de ses actes. Sinon, aucune règle de réciprocité ne serait possible. Le miracle de la réciprocité, c'est que les personnes sont reconnues comme insubstituables l'une à l'autre dans l'échange même. Cette *réciprocité des insubstituables* est le secret de la sollicitude. [...]

Vivre bien, avec et pour l'autre, *dans des institutions justes.* Que la visée du bien vivre enveloppe de quelque manière le sens de la justice, cela est impliqué dans la notion même de l'autre. L'autre est aussi l'autre que le *tu.* Corrélativement, la justice s'étend plus loin que le face-à-face. Deux assertions sont ici en jeu : selon la première le bien-vivre ne se limite pas aux relations interpersonnelles, mais s'étend à la vie dans des institutions ; selon la seconde, la justice présente des traits éthiques qui ne sont pas contenus dans la sollicitude, à savoir pour l'essentiel une exigence d'égalité d'une autre sorte que celle de l'amitié. [...]

II. LA NORME MORALE

À la deuxième partie de cette étude revient la tâche de justifier la deuxième proposition de notre introduction, à savoir qu'il est nécessaire de soumettre la visée éthique à l'épreuve de la norme. [...] C'est sur le lien entre obligation et formalisme que va se concentrer cette deuxième partie, en gardant pour fil conducteur les trois composantes de la visée éthique.

À la première composante de la visée éthique, que nous avons appelée « souhait de la vie bonne », correspond, du côté de la morale, au sens précis que nous avons donné à ce terme, l'exigence d'*universalité.* Le passage par la norme est en effet lié à l'exigence de rationalité qui, en interférant avec la visée de la vie bonne, se fait *raison pratique.* Or, comment s'exprime l'exigence d'universalité ? Essentiellement comme exigence d'universalisation. À ce critère se reconnaît le *kantisme.* L'exigence d'universalité, en effet, ne peut se faire entendre que comme règle *formelle*, qui ne dit pas ce qu'il faut faire, mais à quels critères il faut soumettre les maximes de l'action : à savoir précisément, que la maxime soit universalisable, valable pour tout homme, en toutes circonstances et sans tenir compte des conséquences. [...]

C'est pour compenser ce vide du formalisme que Kant a introduit le second impératif catégorique, dans lequel nous pouvons reconnaître l'équivalent au plan moral, de la sollicitude au plan éthique. Je rappelle les termes de la reformulation de l'impératif catégorique qui va permettre d'élever le respect au même rang que la sollicitude : « Agis toujours de telle façon que tu traites l'humanité dans ta propre personne et dans celle d'autrui, non pas seulement comme un moyen, mais toujours aussi comme une fin en soi. » Cette idée de la *personne comme fin en soi* est tout à fait décisive : elle équilibre le formalisme du premier impératif. C'est ici qu'on demandera sans doute ce que le respect ajoute à la sollicitude et, en général, la morale à l'éthique. Ma réponse sera brève : c'est à cause de la *violence* qu'il faut passer de l'éthique à la morale. [...] Cela va depuis l'influence jusqu'au meurtre et à la torture, en passant par la violence physique, le vol et le viol, la contrainte psychique, la tromperie, la ruse, etc. *La morale en ce sens, est la figure que revêt la sollicitude face à la violence et à la menace de la violence.* À toutes les figures du mal de la violence répond l'interdiction morale. Là réside sans doute la raison ultime pour laquelle la forme négative de l'interdiction est inexpugnable. C'est ce que Kant a parfaitement aperçu. [...]

Il me reste à dire quelques mots de la transformation de l'idée de *justice* lorsqu'elle passe du plan éthique au plan moral. On a vu que cette transition était préparée par le quasi-formalisme de la vertu de justice chez Aristote. La formalisation de l'idée de justice est complète chez un auteur comme J. Rawls dans *Théorie de la justice*, à la faveur d'une conjonction entre le point de vue déontologique d'origine kantienne et la tradition contractuliste qui offre pour la justification des principes de la justice le cadre d'une fiction — la fiction d'un contrat social hypothétique, anhistorique, issu d'une délibération rationnelle menée dans ce cadre imaginaire. Rawls a donné le nom de *fairness* à la condition d'égalité dans laquelle sont supposés se trouver les partenaires d'une situation originelle délibérant sous le voile d'ignorance quant à leur sort réel dans une société réelle. *(L'auteur conclura cette partie en montrant que sous le formalisme de la théorie joue, en fait — dans le choix du maximin — l'élan de la sollicitude rencontré au niveau éthique.)*

III. LA SAGESSE PRATIQUE

J'aimerais donner le début d'une justification à la troisième thèse énoncée au début, à savoir qu'un certain recours de la norme morale à la visée éthique est suggéré par les *conflits* qui naissent de l'application même des normes à des situations concrètes. [...] Guerre des valeurs ou guerre des engagements fanatiques, le résultat est le même, à savoir la naissance d'un *tragique de l'action* sur le fond d'un conflit de devoir. C'est pour faire face à cette situation qu'une *sagesse pratique* est requise, sagesse liée au jugement moral en situation et pour laquelle la conviction est plus décisive que la règle elle-même. Cette conviction n'est toutefois pas arbitraire, dans la mesure où elle fait recours à des ressources du sens éthique le plus originaire qui ne sont pas passées dans la norme.

Je donnerai trois exemples, pris chacun dans une des trois composantes de l'éthique : *estime de soi, sollicitude, sens de la justice.*

Un conflit naît au niveau de la première composante d'estime de soi, dès lors qu'on lui applique la *règle formelle d'universalisation*, dont nous avons dit plus haut qu'elle est le socle de l'autonomie du sujet moral. *(Ainsi, poursuit l'auteur, de tels conflits opposent la morale des droits de l'homme et l'apologie des différences culturelles. Nous avons à chercher un équilibre réfléchi entre universalisme et historicité)* [... Seule une discussion au niveau concret des cultures pourrait dire, au terme d'une longue histoire encore à venir, quels universaux prétendus deviendront des universaux reconnus.

Je propose un deuxième exemple de conflit de devoirs que j'emprunte à la sphère éthique de la sollicitude et de son équivalent moral, le respect. *(L'auteur cite les exemples possibles qu'il ne traitera pas, comme la vérité due au mourant ou l'euthanasie, ou l'avortement. Il prend comme exemple la pratique médicale dans des situations à hauts risques comme l'internement psychiatrique, le régime carcéral, voire la participation à l'exécution de la peine capitale.)* [...] Il n'y a plus de règle pour trancher entre les règles, mais, une fois encore, le recours à la sagesse pratique proche de celle qu'Aristote désignait du terme de *phronésis* (que l'on traduit par prudence) [...].

Le dernier exemple de jugement moral en situation que je propose relève du problème de la justice déjà évoqué deux fois, au plan éthique avec le juste et l'injuste, puis au plan moral avec la tradition contractualiste. *(L'hétérogénéité des biens à attribuer crée des conflits à propos de la justice : comment hiérarchiser les valeurs qui sont attachées à ces biens, sécurité, liberté, légalité, solidarité... ?).* [...] Seul le débat public, dont l'issue reste aléatoire, peut donner naissance à un certain ordre de priorité. [...] Cette sagesse pratique n'est plus une affaire personnelle : c'est si l'on peut dire une *phronésis* à plusieurs, publique comme le débat lui-même. C'est ici que l'équité s'avère être supérieure à la justice abstraite. [...] Et Aristote de conclure : « Telle est la nature de l'équitable : c'est d'être un correctif de la loi, là où la loi a manqué de statuer à cause de sa généralité » (*Éthique à Nicomaque*, V. 14, 1137b 26-27). L'équité s'avère ainsi être un autre nom du sens de la justice, quand celui-ci a traversé les conflits suscités par l'application même de la règle de justice.

« Éthique et morale », *in : L'Éthique dans le débat public, Revue de l'Institut catholique de Paris*, Paris, avril-juin 1990.
Cf. *in :* RICŒUR P., *Lectures I. Autour du politique*, Paris, © Éditions du Seuil, 1991, p. 256 *sq.*

16. WEBER Max

Le savant et le politique

« Toute activité orientée selon l'éthique peut être subordonnée à deux maximes totalement différentes et irréductiblement opposées. Elle peut s'orienter selon l'éthique de la responsabilité ou selon l'éthique de la conviction. Cela ne veut pas dire que l'éthique de conviction est identique à l'absence de responsabilité et l'éthique de responsabilité à l'absence de conviction. Il n'en est évidemment pas question. Toutefois il y a une opposition abyssale entre l'attitude de celui qui agit selon les maximes de l'éthique de conviction — dans un langage religieux nous dirions : « Le chrétien fait son devoir et en ce qui concerne le résultat de l'action il s'en remet à Dieu » —, et l'attitude de celui qui agit selon l'éthique de responsabilité qui dit : « Nous devons répondre des conséquences prévisibles de nos actes. » Vous perdez votre temps à exposer, de la façon la plus persuasive possible, à un syndicaliste convaincu de la vérité de l'éthique de conviction que son action n'aura d'autre effet que celui d'accroître les chances de la réaction, de retarder l'ascension de sa classe et de l'asservir davantage, il ne vous croira pas. Lorsque les conséquences d'un acte fait par pure conviction sont fâcheuses, le partisan de cette éthique n'attribuera pas la responsabilité à l'agent, mais au monde, à la sottise des hommes ou encore à la volonté de Dieu qui a créé les hommes ainsi. Au contraire le partisan de l'éthique de la responsabilité comptera justement avec les défaillances communes de l'homme et il estimera ne pas pouvoir se décharger sur les autres des conséquences de sa propre action pour autant qu'il aura pu les prévoir. Il dira donc : « Ces conséquences sont imputables à ma propre action. » [...] Mais cette analyse n'épuise pas le sujet. Il n'existe aucune éthique au monde qui puisse négliger ceci : pour atteindre des fins « bonnes », nous sommes la plupart du temps obligés de compter avec, d'une part des moyens moralement malhonnêtes ou pour le moins dangereux, et d'autre part la possibilité ou encore l'éventualité des conséquences fâcheuses. Aucune éthique au monde ne peut nous dire non plus à quel moment et dans quelles mesure une fin moralement bonne justifie les moyens et les conséquences moralement dangereux [...]

On voit surgir subitement de partout des hommes politiques animés par l'esprit de l'éthique de conviction et qui proclament : « Ce n'est pas moi mais le monde qui est stupide et vulgaire ; la responsabilité des conséquences n'incombe pas à moi mais aux autres au service desquels je travaille [...].

[...] Alors je vous le dis très franchement, je commence d'abord par me renseigner sur l'équilibre intérieur de ces partisans de l'éthique de conviction. J'ai l'impression que, neuf fois sur dix, je me trouverai en présence d'outres pleines de vent qui n'ont pas réellement conscience des responsabilités qu'ils assument, mais qui se grisent au contraire de sensations romantiques. Cela ne m'intéresse guère humainement et ne m'émeut en aucune façon. Par contre je me sens bouleversé très profondément par l'attitude d'un homme mûr qui se sent de toute son âme responsable des conséquences de ses actes et qui, pratiquant l'éthique de la responsabilité, en vient à un certain moment à déclarer : « Je ne puis faire autrement. Je m'arrête là ! » Une telle attitude est authentiquement humaine et elle est émouvante. Chacun de nous, si son âme n'est pas encore entièrement morte, peut se trouver un jour dans une situation pareille. On le voit maintenant : l'éthique de la conviction et l'éthique de la responsabilité ne sont pas contradictoires, mais elles se complètent l'une l'autre et constituent ensemble l'homme authentique, c'est-à-dire un homme qui peut prétendre à la « vocation politique ».

Wissenschaft als Beruf, Politik als Beruf, Conférences à l'Université de Munich en 1918 ; trad. fr. Freund J., *Le savant et le politique,* Paris, Plon, 1959, nouvelle éd. 1963, 186 p.

17. ARENDT Hannah

Responsabilité personnelle et régime dictatorial

(L'auteur, philosophe, juive allemande, expatriée aux États-Unis s'interroge sur la responsabilité des Allemands face au nazisme.)

Ceux qui n'ont pas participé au système et que la majorité a qualifié d'irresponsables sont les seuls individus qui aient osé juger par eux-mêmes, et ils ont été en mesure de le faire non pas parce qu'ils possédaient un meilleur système de valeur ou que les anciennes normes du bien et du mal demeuraient solidement ancrées dans leur esprit et dans leur conscience. La raison en est, selon moi, que leur conscience ne fonctionnait pas sur un mode pour ainsi dire automatique, comme si nous disposions d'un ensemble de règles, acquises ou innées, que nous appliquons ensuite au cas particulier lorsque celui-ci survient, si bien que toute expérience ou situation nouvelle se trouve déjà jugée d'avance et qu'il ne nous reste plus qu'à exprimer ce que nous connaissions ou possédions auparavant. Ils usaient selon moi d'un tout autre critère : ils se demandaient dans quelle mesure ils pourraient encore vivre en paix avec eux-mêmes après avoir commis certaines actions ; et ils ont décidé qu'il était préférable de ne rien faire, non pas parce qu'ils rendrait ainsi le monde meilleur, mais parce que c'est à cette seule condition qu'ils pourraient continuer à vivre en leur propre compagnie. Ils ont donc également choisi de mourir lorsqu'on les a obligés à participer [...] ils n'étaient pas disposés à vivre avec un assassin : leur propre personne.

Cette sorte de jugement ne présuppose pas qu'il faille être doué d'une intelligence très développée ni versé dans les questions éthiques, il suffit simplement d'avoir l'habitude de vivre avec soi-même sur un mode explicite, c'est-à-dire de se livrer à ce dialogue silencieux avec soi que, depuis Socrate et Platon, nous avons coutume d'appeler penser [...] Les personnes auxquelles on peut se fier, dans de telles circonstances, ne sont pas celles qui chérissent les valeurs et sont fermement attachées aux normes et aux critères éthiques. Comme nous le savons désormais, cette attitude peut changer du jour au lendemain, et ce qui subsiste alors, c'est l'habitude de l'adhésion. Ceux qui doutent et pratiquent le scepticisme sont beaucoup plus fiables, non parce que le scepticisme est une bonne chose, ou le doute une saine attitude, mais parce que ces deux catégories de personnes ont l'habitude d'examiner les problèmes et de se forger leur propre opinion. On préférera par dessus tout ceux qui savent que, quoi qu'il arrive par ailleurs, nous sommes condamnés, aussi longtemps que nous vivons, à demeurer en compagnie de nous-mêmes.

Personal Responsability under Dictatorship, Conférence, Boston, mars 1964, éd. *in : Listener*, août 1964 ; trad. de Launay M.I., « Responsabilité personnelle et régime dictatorial », *in :* ARENDT H., *Penser l'événement*, Paris, © Belin, 1989, p. 102-103.

18. CODE DE NUREMBERG (1947)

1 – Le consentement volontaire du sujet humain est absolument essentiel. Cela veut dire que la personne intéressée doit jouir de capacité légale totale pour consentir : qu'elle doit être laissée libre de décider, sans intervention de quelque élément de force, de fraude, de contrainte, de supercherie, de duperie ou d'autres formes de contrainte ou de coercition. Il faut aussi qu'elle soit suffisamment renseignée, et connaisse toute la portée de l'expérience pratiquée sur elle, afin d'être capable de mesurer l'effet de sa décision. Avant que le sujet expérimental accepte, il faut donc le renseigner exactement sur la nature, la durée, et le but de l'expérience, ainsi que sur les méthodes et moyens employés, les dangers et les risques encourus, et les conséquences pour sa santé ou sa personne, qui peuvent résulter de sa participation à cette expérience.
L'obligation et la responsabilité d'apprécier les conditions dans lesquelles le sujet donne son consentement incombent à la personne qui prend l'initiative et la direction de ces expériences ou qui y travaille. Cette obligation et cette responsabilité s'attachent à cette personne, qui ne peut les transmettre à nulle autre sans être poursuivie.

2 – L'expérience doit avoir des résultats pratiques pour le bien de la société impossibles à obtenir par d'autres moyens ; elle ne doit pas être pratiquée au hasard et sans nécessité.

3 – Les fondements de l'expérience doivent résider dans les résultats d'expériences antérieures faites sur des animaux, et dans la connaissance de la genèse de la maladie ou des questions à l'étude, de façon à justifier par les résultats attendus l'exécution de l'expérience.

4 – L'expérience doit être pratiquée de façon à éviter toute souffrance et tout dommage physique ou mental, non nécessaires.

5 – L'expérience ne doit pas être tentée lorsqu'il y a une raison *a priori* de croire qu'elle entraînera la mort ou l'invalidité du sujet, à l'exception des cas où les médecins qui font les recherches servent eux-mêmes de sujets à l'expérience.

6 – Les risques encourus ne devront jamais excéder l'importance humanitaire du problème que doit résoudre l'expérience envisagée.

7 – On doit faire en sorte d'écarter du sujet expérimental toute éventualité, si mince soit-elle, susceptible de provoquer des blessures, l'invalidité ou la mort.

8 – Les expériences ne doivent être pratiquées que par des personnes qualifiées. La plus grande aptitude, et une extrême attention sont exigées tout au long de l'expérience, de tous ceux qui la dirigent ou y participent.

9 – Le sujet humain doit être libre, pendant l'expérience, de faire interrompre l'expérience, s'il estime avoir atteint le seuil de résistance, mentale ou physique, au-delà duquel il ne peut aller.

10 – Le scientifique chargé de l'expérience doit être prêt à l'interrompre à tout moment, s'il a une raison de croire que sa continuation pourrait entraîner des blessures, l'invalidité ou la mort pour le sujet expérimental.

Extrait du jugement du Tribunal Militaire Américain, Nüremberg, 1947, Cas K. Brandt ; trad. fr. revue *in :* BAYLE F., *Croix gammée contre caducée. Les expériences humaines en Allemagne pendant la deuxième guerre mondiale*, Neustadt, Palatinat, Commmission scientifique des crimes de guerre, 1950. Cf. *in* AMBROSELLI C., *L'éthique médicale*, Paris, PUF, « Que-sais-je ? », n° 2422, 1988, p. 105.

19. SERMENT D'HIPPOCRATE

« Je jure par Apollon, médecin, par Esculape, par Hygie et Panacée, par tous les dieux et déesses, et les prend à témoin que j'accomplirai, selon mes forces et mes capacités, ce serment tel qu'il est écrit.

Je regarderai comme mon père celui qui m'a enseigné la médecine, et je partagerai avec lui tout ce dont il aura besoin pour vivre. Je regarderai ses enfants comme mes frères.

Je prescrirai aux malades le régime qui leur convient, avec autant de savoir et de jugement que je pourrai, et je m'abstiendrai à leur égard de toute intervention malfaisante ou inutile.

Je ne conseillerai jamais à personne d'avoir recours au poison et j'en refuserai à ceux qui m'en demanderont. Je ne donnerai à aucune femme de remèdes abortifs.

Je conserverai ma vie pure et sainte aussi bien que mon art.

Je ne pratiquerai pas d'opérations dont je n'aurai pas l'habitude, mais les laisserai à ceux qui s'en occupent spécialement.

Lorsque j'irai visiter un malade, je ne penserai qu'à lui être utile, me préservant bien de tout méfait volontaire, et de toute corruption avec les hommes et les femmes.

Tout ce que je verrai ou entendrai dans la société, pendant l'exercice ou même hors de l'exercice de ma profession, et qui ne devra pas être divulgué, je le tiendrai secret, le regardant comme une chose sacrée.

Si je garde ce serment sans l'enfreindre en quoi que ce soit, qu'il me soit accordé de jouir heureusement de la vie et de mon art, et d'être honoré à jamais parmi les hommes. Si j'y manque et me parjure, qu'il m'arrive tout le contraire. »

Cf. *in* AMBROSELLI C., *op. cit.*, p. 116.

20. SERMENT MÉDICAL

« Je promets et je jure d'être fidèle aux lois de l'honneur et de la probité dans l'exercice de la Médecine. Je donnerai mes soins gratuits à l'indigent et n'exigerai jamais un salaire au-dessus de mon travail. Admis dans l'intérieur des maisons, mes yeux ne verront pas ce qui s'y passe ; ma langue taira les secrets qui me seront confiés, et mon état ne servira pas à corrompre les mœurs ni à favoriser le crime. Respectueux et reconnaissant envers mes Maîtres, je rendrai à leurs enfants l'instruction que j'ai reçu de leurs pères.

Que les hommes m'accordent leur estime si je suis fidèle à mes promesses ! Que je sois couvert d'opprobre et méprisé de mes confrères si j'y manque ».

Adopté par le Conseil National, le 25 juin 1976, en application de l'art. 89 du Code de déontologie médicale, *in :* ORDRE NATIONAL DES MÉDECINS, *Guide d'exercice professionnel*, Paris, Masson, 16e éd., 1991, p. 194.

EXERCICES

QUESTIONNAIRE À CHOIX MULTIPLE (QCM)

QUESTIONS

1. Quelles sont les affirmations compatibles avec un raisonnement moral téléologique ?
   a) Le moindre mal est un bien
   b) Les conséquences d'un acte entrent dans sa valeur morale
   c) La morale est application de principes universels
   d) Il faut maximiser l'avantage global
   e) On doit faire son devoir
2. Quels sont les principes de la réflexion morale nord-américaine ?
   a) principe de justice
   b) principe de bienfaisance
   c) principe de non-malfaisance
   d) principe de responsabilité
   e) principe d'autonomie
3. Quelles sont les affirmations compatibles avec un raisonnement moral hétéronomique ?
   a) La loi morale est donnée par Dieu
   b) Il faut laisser faire la nature
   c) Les lois justes sont instaurées par la seule démocratie
   d) Le visage d'autrui est un appel absolu à la responsabilité
   e) L'obligation morale est d'agir selon un principe rationnel dont nous puissions vouloir qu'il ait une valeur universelle
4. Quelles sont les affirmations compatibles avec un raisonnement moral déontologique ?
   a) Le moindre mal est un bien
   b) Le moindre mal est un mal
   c) Tout jugement moral peut être construit au cas par cas
   d) Seule la bonne volonté est bonne
   e) On doit faire son devoir indépendamment des conséquences
5. Quelle est la particularité du raisonnement moral religieux (chrétien) ?
   a) Il est déontologique et autonomique
   b) Il est déontologique et hétéronomique
   c) Il est téléologique et autonomique
   d) Il est téléologique et hétéronomique
   e) Aucune réponse
6. La distinction des moyens « ordinaires » à mettre en œuvre en réanimation et des moyens « extraordinaires », dont il est moralement licite de s'abstenir (indiquez ce qui est vrai)
   a) est une distinction casuistique
   b) est définie pour la première fois à la conférence d'Asilomar, en février 1975
   c) apparaît dans une conférence internationale du Pape Pie XII à des médecins, en 1957
   d) est réfutée comme immorale par cette même conférence pontificale
   e) apparaît dans le Code de Nuremberg
7. Que veut dire le mot grec *nomos* ?
   a) La liberté
   b) La loi
   c) La suffisance à soi-même
   d) La conscience morale
   e) L'action
8. Dans le cas de Nancy Cruzan, en 1988, la Cour Suprême des États-Unis, autorisa l'arrêt de la ventilation artificielle s'il était avéré que :

a) la jeune femme n'était pas enceinte
b) la durée du coma était supérieure à 6 mois
c) la jeune femme avait, antérieurement à son coma, refusé une telle survie artificielle
d) la famille avait donné son accord
e) aucune réponse

9. La même année sont publiés *La fabrique du corps humain* du grand anatomiste Vésale et *Des révolutions des orbes célestes* de Copernic, qui présente la première hypothèse héliocentrique. C'est en :
a) 1650
b) 1672
c) 1467
d) 1543
e) aucune de ces dates

10. Quel est l'auteur qui affirmera, le premier, l'autonomie du politique (la société humaine instituée n'est fondée ni sur la Nature, ni sur le droit divin, mais sur la volonté des hommes et ne peut durer que par elle) ?
a) Saint-Augustin
b) Rousseau
c) Hobbes
d) Machiavel
e) Bodin

11. Les lois votées par le parlement français en juillet 1994, portent sur
a) « Le respect du corps humain »
b) « La protection des personnes qui se prêtent à des recherches biomédicales »
c) « Le don et l'utilisation des éléments et produits du corps humain, l'Assistance Médicale à la Procréation et le Diagnostic Prénatal »
d) « Le traitement des données nominatives ayant pour fin la recherche dans le domaine de la santé »
e) « Les problèmes de la fin de vie, de la réanimation et de la médecine d'urgence, et la gestion des soins palliatifs »

12. La définition de la mort par la mort cérébrale (électro-encéphalogramme isoélectrique, « plat »)
a) date, en France, d'une circulaire de 1968
b) est partagée par des législations très différentes de la nôtre, comme celle du Japon
c) peut se rattacher au cartésianisme
d) est liée à une vision dualiste de l'homme
e) aucune réponse

Dans ce texte de Kant, extrait de *La Critique de la raison Pure* : « Pour éclaircir le principe régulateur de la raison par un exemple tiré de l'usage empirique, non pour le confirmer, prenons un acte volontaire, par exemple, un mensonge pernicieux, par lequel un homme a introduit un certain désordre dans la société, dont on recherche d'abord les raisons déterminantes, qui lui ont donné naissance, pour juger ensuite comment il peut lui être imputé avec toutes ses conséquences. Sous le premier point de vue, on pénètre le caractère......... (1) de cet homme jusque dans ses sources que l'on recherche dans la mauvaise éducation, dans les mauvaises fréquentations, en partie aussi dans la méchanceté d'un naturel insensible à la honte, qu'on attribue en partie à la légèreté et à l'inconsidération, sans négliger les circonstances tout à fait occasionnelles qui ont pu influer. Dans tout cela on procède comme on le fait, en général, dans la recherche de la série des causes déterminantes d'un effet......... (2) donné. Or, bien que l'on croie que l'action soit déterminée par là, on n'en......... (3) pas moins l'auteur, et cela, non pas à cause de son mauvais naturel, non pas à cause des circonstances qui ont influé sur lui, et non pas même à cause de sa conduite passée ; car on......... (4) qu'on peut laisser tout à fait de côté ce qu'a été cette conduite et regarder la série écoulée des conditions comme non avenue, et cette action comme entièrement inconditionnée par rapport à l'état antérieur, comme si l'auteur commençait absolument avec elle une série de conséquences. Ce blâme se fonde sur une loi de la raison où l'on regarde celle-ci comme une cause qui a pu et a dû déterminer autrement la conduite de l'homme, indépendamment de toutes les conditions empiriques nommées. Et l'on n'envisage pas la causalité de la raison comme une sorte de concours, mais comme complète en elle-même, alors même que les mobiles sensibles ne lui seraient pas du tout favorables mais tout à fait contraires ; l'action est attribuée au caractère intelligible de l'auteur : il est entièrement coupable à l'instant où il ment ; par conséquent, malgré toutes les conditions empiriques de l'action, la raison était pleinement......... (5), et cet acte doit être attribué entièrement à sa négligence ».

13. (1) est à remplacer par :
    a) rationnel
    b) social
    c) empirique
    d) particulier
    e) aucune réponse
14. (2) est à remplacer par :
    a) psychologique
    b) naturel
    c) social
    d) humain
    e) aucune réponse
15. (3) est à remplacer par :
    a) punit
    b) critique
    c) blâme
    d) accuse
    e) aucune réponse
16. (4) est à remplacer par :
    a) admet
    b) sait
    c) démontre
    d) suppose
    e) conclut
17. (5) est à remplacer par :
    a) libre
    b) elle-même
    c) coupable
    d) déterminée
    e) lucide
18. Quelles sont les composantes de la condition humaine partagée, selon Sartre ?
    a) être au travail
    b) être avec les autres
    c) être au monde
    d) être libre
    e) être mortel
19. Quelles sont les caractéristiques de l'éthique de H. Jonas ? Elle est :
    a) non simultanée
    b) réciproque
    c) hétéronomique
    d) anti-naturaliste
    e) conséquentialiste
20. Que veut dire l'expression QALY ?
    a) Années de vie gagnées pondérées par la qualité
    b) Label de qualification
    c) Échelle de qualité de vie Nord-américaine
    d) Système d'évaluation de la qualité des services hospitaliers
    e) Aucune réponse
21. L'avis du Comité National Consultatif d'Éthique français de décembre 1986, sur le moratoire à propos de certaines recherches sur l'embryon :
    a) s'inscrit dans la logique de la « lettre de Berg » de juillet 1974
    b) s'inscrit dans « l'heuristique de la peur » de H. Jonas
    c) définit l'embryon

d) est construit sur une réciprocité des droits et devoirs
e) déclare tout moratoire injustifiable en raison du « droit à la recherche scientifique »

22. Le principe « Les inégalités sociales et économiques doivent être organisées de façon à ce qu'elles soient attachées à des positions et des fonctions ouvertes à tous (égalité des chances) » est lexicalement, dans la théorie de la justice de J. Rawls,
a) le premier principe
b) le deuxième principe
c) le troisième principe
d) le quatrième principe
e) ce principe n'appartient pas à la théorie de la justice de J. Rawls

23. Le Code de Nuremberg
a) date de 1947
b) traite du consentement dans son premier article
c) autorise une rétention d'information si celle-ci peut être anxiogène pour le sujet humain
d) interdit la résiliation du consentement une fois l'expérimentation en cours
e) impose une phase expérimentale antérieure sur l'animal

24. « Ne faites pas à autrui ce qu'il ne se serait pas fait à lui-même et faites lui ce que vous vous êtes engagés, en accord avec lui-même, à lui faire » : de qui est cet impératif de la moralité ?
a) J. Habermas
b) Kant
c) H. Jonas
d) T. Engelhardt
e) P. Ricœur

Dans ce texte de J. Habermas, extrait de *Morale et communication* : « ...il est impossible par voie......... (1), de venir à bout des problèmes qui doivent être résolus dans les argumentations morales... En entrant dans une argumentation morale, ceux qui y prennent part poursuivent, dans une attitude réflexive, leur activité......... (2) afin de rétablir un consensus qui a été troublé. Les argumentations morales servent donc à résorber, dans le consensus, les conflits nés dans l'action. Or, des conflits qui surgissent dans le cadre d'interactions gouvernées par des normes proviennent directement d'une perturbation dans l'entente mutuelle sur les normes. La réparation peut donc seulement consister à garantir le fait que l'on approuve et reconnaît......... (3) l'exigence de validité qui s'est en un premier temps trouvée contestée ».

25. (1) est à remplacer par :
a) logique
b) juridique
c) politique
d) monologique
e) casuistique

26. (2) est à remplacer par :
a) rationnelle
b) morale
c) communicationnelle
d) sociale
e) politique

27. (3) est à remplacer par :
a) collectivement
b) intersubjectivement
c) momentanément
d) rationnellement
e) définitivement

28. Dans la théorie morale de T. Engelhardt, a-t-on l'obligation morale de transfuser un témoin de Jéhovah qui refuse une transfusion sanguine ?
a) oui
b) non

« Rejeter le droit naturel revient à dire que tout droit est positif, autrement dit que le droit est déterminé exclusivement par les législateurs et les tribunaux des différents pays. Or, il est évident qu'il est parfaitement sensé et parfois même nécessaire de parler de lois ou de décisions injustes. En posant de tels jugements, nous impliquons qu'il y a un étalon du juste et de l'injuste qui est indépendant du droit positif et lui est supérieur : un étalon grâce auquel nous sommes capables de juger le droit positif... Le simple fait que nous puissions nous demander ce que vaut l'idéal de notre société montre qu'il y a dans l'homme quelque chose qui n'est point totalement asservi à sa société et par conséquent que nous sommes capables, et par là obligés, de rechercher un étalon qui nous permette de juger l'idéal de notre société comme de toute autre ».

29. Ce texte de Léo Strauss soutient :
    a) la thèse du positivisme juridique
    b) la primauté du légal sur le juste
    c) l'existence d'un droit naturel
    d) la primauté du juste sur le légal
    e) l'hypothèse des Droits de l'Homme, au sens du XVIIIe siècle
30. Le préambule de la Constitution française de 1946 :
    a) définit des « droits-libertés »
    b) définit des « droits-créances »
    c) garantit à tous la protection de la santé
    d) est dans le préambule de notre actuelle Constitution
    e) aucune réponse
31. Le serment d'Hippocrate :
    a) autorise l'avortement
    b) interdit l'avortement
    c) interdit l'euthanasie active
    d) impose le secret médical
    e) impose le principe de non-malfaisance

CORRECTION DU QCM

1. a – b – d
2. a – b – c – e
3. a – b – d
4. b – d – e
5. b
6. a – c
7. b
8. c
9. d
10. d
11. a – c – d
12. a – c – d
13. c
14. b
15. c
16. d
17. a
18. a – b – c – e
19. a – c – e
20. a
21. a – b
22. b
23. a – b – e
24. d
25. d
26. c
27. b
28. b
29. c – d – e
30. b – c – d
31. b – c – d – e

QUESTIONNAIRE À RÉPONSES OUVERTES COURTES (QROC)

COMITÉ CONSULTATIF NATIONAL D'ÉTHIQUE, *Avis n° 8*, cf. *supra* p. 118 à 124 *(les questions portent très précisément sur les différents passages indiqués par leur titre ou sous-titre, en suivant le texte dans son ordre)*

QUESTIONS

AVIS

1. Quelle est la nature du concept de personne humaine potentielle ? Que n'est-il pas ?
2. Quel est le mode de raisonnement moral refusé dans la dernière phrase citée ?
3. Quel est le mode de raisonnement moral implicite de cette dernière phrase ?

RAPPORT ÉTHIQUE

Introduction

4. Quelles sont les deux valeurs fondamentales posées par le texte ?
5. Quels sont les deux modes de justification refusés ?
6. Quel(s) est (sont) le(s) argument(s) employé(s) pour refuser le deuxième ?
7. À quelle attitude éthique se range finalement le CCNE ?

Légitimité, étendue et modalité d'une régulation normative.

8. Quelle valeur fondamentale est opposée à la régulation normative ?
9. Pourquoi les deux seules clauses seraient-elles alors que : le consentement soit éclairé et libre, et la qualité des services proposés garantie ?
10. Pourquoi la valeur de la question 8 est-elle réfutée comme justificative ?
11. (Hors-texte) Pourquoi les avis du Comité n'ont-ils pas de valeur juridique ?
12. Quand une législation spécifique sur ces questions sera-t-elle votée par le Parlement ?

Fondements éthiques des interventions et recherches sur l'embryon in vitro

– Position méthodologique du problème

13. Quelles sont les deux démarches éthiques écartées par le CCNE ?
14. Pourquoi ? Donner l'argument du texte contre chacune.
15. À quelle démarche éthique se résout le CCNE ?
16. Quels sont les trois principes de cette démarche ?

La notion de personne humaine potentielle est-elle fondée en raison ?

17. Quelle est la justification du mot « potentielle » ?
18. Quelle objection peut-on faire à l'emploi de ce mot ?
19. Comment peut-on réfuter cette objection elle-même ?
20. Et pourtant, quelle est la conclusion du CCNE ?
21. Quel serait le concept scientifique recevable ?
22. À quel problème éthique et juridique très précis fait allusion l'expression « sa quête future d'identité » ?

Conséquences quant aux principes éthiques de la recherche sur l'embryon humain

23. À quelle philosophie se réfère implicitement le paragraphe : « Respecter la personne humaine... » ?

24. Quel est le mode de raisonnement moral refusé dans le § suivant : « Les conditions naturelles... » ?
25. Quel est le mode de raisonnement moral refusé dans le § suivant : « L'état actuel de nos... » ?
26. Quelle est la troisième justification refusée par le § suivant : « La formulation par une ou... » ?
27. Que permet de préserver le respect de l'aléatoire, de la « loterie génétique » ?

La tentative d'arbitrage des conflits de valeurs ou d'intérêts

28. Quelles sont les trois attitudes du CCNE pour arbitrer les conflits de valeurs ?

Conclusion

29. Quel mot indique que la position du CCNE s'appuie sur le *postulat* kantien de la liberté de l'homme ?
30. Quelle est la valeur considérée comme fondamentale et ultime par le CCNE ?

CORRECTION DU QROC

1. Le concept de « personne potentielle » est un concept éthique ; il n'est pas scientifique.
2. Ce qui est refusé c'est un mode de raisonnement utilitariste, fondé sur un calcul des avantages et des risques.
3. Le raisonnement est de type déontologique kantien (anti-sacrificiel) : en aucun cas une personne humaine ne peut être considérée comme une chose.
4. Les deux valeurs fondamentales sont le respect de la dignité humaine et le respect de la science.
5. Les deux modes de justification refusés sont le naturalisme et la référence aux règles de mœurs (ou justification par le droit positif).
6. Le deuxième mode de justification est refusé parce que :
   – le droit français actuel (de l'ITG et de l'IVG) traite des embryons implantés et non des embryons *in vitro* ;
   – le droit n'a nullement résolu la question éthique de nos comportements à l'égard de l'embryon ; elle l'a seulement renvoyée à la conscience individuelle de chacun.
7. Le CCNE se range à une attitude pragmatique et prudentielle : rechercher un accord sur une déontologie de la pratique.
8. On oppose la liberté des médecins, des chercheurs et des patients à toute régulation normative de la recherche sur l'embryon.
9. Si la seule valeur est la liberté des individus, il faut et il suffit de garantir les conditions d'exercice de cette liberté (consentement libre et éclairé) et les conditions contractuelles (qualité du service fourni).
10. Poser comme valeur première la liberté individuelle suppose, d'une part, que l'on situe l'éthique au niveau de la conscience individuelle et, d'autre part, que la conscience individuelle soit rationnelle ; or, la médecine du désir (d'enfant) met en jeu des mécanismes de pouvoir dont la maîtrise ne relève pas de l'individu, et, d'autre part, elle introduit une irrationalité très forte dans les consciences : celle du désir.
11. Le Comité Consultatif National d'Éthique, comme son nom l'indique, est un organe consultatif, qui ne dispose d'aucune légitimité démocratique, ses membres ne sont pas élus.
12. Une législation spécifique a été votée par le Parlement français, le 29 juillet 1994.
   – Loi n° 94-653 du 29 juillet 1994 relative au respect du corps humain (*J.O.* 30 juillet 1994, p. 11056 et *sq.*)
   – Loi n° 94-654 du 29 juillet 1994 relative au don et à l'utilisation des éléments et produits du corps humain, à l'assistance médicale à la procréation et au diagnostic prénatal (*J.O.* 3 à juillet 1994, p. 11060 *sq.*)
13. Le texte écarte une démarche déontologique forte à partir d'un principe absolu fondateur (c'est-à-dire une définition de la personne humaine) ; il écarte également une démarche pragmatique de résolution utilitariste au cas par cas.
14. La première démarche est écartée au nom du respect du pluralisme des courants de pensée.
   La seconde démarche est écartée car, dans le jugement au cas par cas des risques et avan-

tages, entre nécessairement en jeu une échelle de valeurs, donc un principe premier de hiérarchisation : on sort alors du pragmatisme et l'on revient à la première position.

15. Le CCNE propose la recherche « d'attitudes susceptibles de recueillir l'adhésion générale ou du moins l'assentiment le plus large possible », c'est-à-dire que le CNCE pose comme valeur première le processus démocratique de décision, la loi de la majorité.
16. Les trois principes liés à cette position sont :
– L'usage maximal de la raison (dans l'explicitation des principes et la recherche de cohérence).
– La formulation de règles (contre le relativisme) circonstanciées (contre l'absolu).
– Le principe d'abstention (moratoire ou interdiction) quand des risques encore inévaluables sont susceptibles d'être prohibitifs (« heuristique de la peur »).
17. La justification de ce mot est scientifique : « nombre de propriétés biophysiques de l'être personnel apparaissent de façon progressive au cours du développement de l'embryon... ».
18. On peut objecter à cette justification du mot que « des propriétés comme la conscience n'appartiennent nullement à une cellule... mais présupposent un niveau d'organisation beaucoup plus tardif ».
19. On peut objecter à ce contre-argument que « les conditions nécessaires, sinon suffisantes, au développement de ces niveaux d'organisation biologique complexes sont présentes dès la conception dans le génome de l'individu ».
20. Le texte dit bien « conditions nécessaires, *sinon suffisantes* » et conclut donc que le concept de « personne humaine potentielle » est éthique et non purement biologique.
21. Le concept scientifique recevable serait celui de « potentialité de personne humaine ».
22. Ce qui est en jeu derrière cette formule, c'est la question de l'anonymat des donneurs (sperme) et donneuses (ovules) dans les PMA et du droit de l'enfant à connaître sa filiation, par exemple par un recours à une recherche de paternité naturelle. Cf. à ce sujet la saisine du Conseil constitutionnel (*J.O.* 29 juillet 1994, p. 11024, 11025 et 11033)
23. Ce paragraphe reprend la thèse kantienne telle qu'elle apparaît dans *Les Fondements de la Métaphysique des Mœurs.*
24. Le naturalisme est de nouveau écarté ici.
25. Le paragraphe suivant écarte la justification par l'état des institutions et des mœurs, par le droit positif.
26. Enfin, le paragraphe suivant écarte la justification par le respect de la liberté des demandeurs et des chercheurs (à cause du désir).
27. Le respect de l'aléatoire permet de préserver la non-détermination de l'embryon par l'homme, qui distingue la procréation de la production et donc l'embryon de la chose. Cette non-détermination de l'embryon par l'homme assure sa liberté.
28. Le CCNE adopte trois attitudes dans la résolution des conflits :
– Recherche du moindre mal (tolérer la destruction des embryons surnuméraires).
– Moratoire sur certaines pratiques, en attendant une législation (don d'embryons).
– Contrôle et encadrement de certaines pratiques, avec, au cas par cas, examen par le Comité d'éthique (recherche sur l'embryon sans bénéfice direct).
29. Le mot « croyance » que le CCNE oppose à démontrable renvoie à la thèse kantienne (cf. TEXTE n° 6) de la liberté de l'homme comme postulat de la raison pratique : affirmer que l'homme est un être libre, ce n'est pas formuler une vérité démontrable, c'est énoncer un postulat sur l'humanité (que nous sommes et que nous voulons être).
30. Le CCNE est attaché au respect du pluralisme, c'est-à-dire à la démocratie.

BIBLIOGRAPHIE

PHILOSOPHIE *(Bibliographie volontairement minimale : nous avons choisi un seul titre pour chaque grande théorie abordée)*

1. ARISTOTE, *Ηθικων Νικομαχειων*, Texte grec, Oxford, L. Bywater, 1894, 22e éd. 1991, 264 p. ; trad. Tricot J., *Éthique à Nicomaque*, Paris, Vrin, 7e éd 1990, 541 p.
2. AUBENQUE P., *La prudence chez Aristote*, Paris, PUF, 1963, 2e éd. augmentée, 1993, 220 p.
3. SAINT AUGUSTIN, *Confessionum Libri*, éd. de réf. Teubner, Leipzig, 1834, 381 p. ; trad. Trabucco J., *Les Confessions*, Paris, Garnier-Flammarion, 1964, rééd. 1994, 382 p.
4. MAURY J.-P., *Galilée. Le messager des étoiles*, Paris, Gallimard-Découvertes, 1986, 160 p.
5. DESCARTES R., *Meditationum de prima philosophia, Méditations métaphysiques touchant la première philosophie*, texte latin, Paris, 1641, Amsterdam, 1642, texte français, Paris, 1647. Texte latin et texte français, suivis des *Objections et Réponses*, Paris, PUF, 1956, 5e éd. 1968, 318 p.
6. MAURY J.-P., *Newton et la mécanique céleste*, Paris, Gallimard, coll. « Découvertes », 1990, 144 p.
7. KANT E., *Grunlegung zur Metaphysik der Sitten*, 1785, éd. de réf. Académie de Berlin, tome IV, p. 385-463 ; trad. Delbos V., *Fondements de la métaphysique des mœurs*, Paris, Delagrave, 1969, 210 p. (ou trad. Renaut A., *Métaphysique des mœurs I. Fondation*, Paris, Flammarion, 1994, 207 p.).
8. PHILONENKO A., *L'œuvre de Kant*, Paris, Vrin, tome I 1969, tome II 1972, 356 p., 292 p.
9. ROUSSEAU J.-J., *Du contrat social ou principes du droit politique*, Amsterdam, Rey, 1762. Une éd. de réf. commentée et annotée : *Du contrat social*, Paris, Aubier-Montaigne, 1943, par Halbwachs M., 462 p. (Une éd. simple : Paris, Garnier-Flammarion, 1966, 188 p.)
10. MARX K. et ENGELS F., *Manifest der Kommunistischen Partei*, Londres, Burghard, 1848, trad. Lafargue L., revue par Engels, *Le manifeste du Parti Communiste* (avec fac-similé de l'éd. originale), Paris, Champ Libre, 1983, 110 p. (Une éd. commentée Paris, Nathan-Intégrales de philo, 1981, 96 p.).
11. MARX K., *Zur Kritik der politischen Ökonomie*, Berlin, Duncker, 1859 ; trad. Rubel M. et Evrard L., *Critique de l'économie politique*, Paris, Gallimard, coll. « Pléiade », 1965, p. 271-452.
12. NIETZSCHE F., *Zur Genealogie der Moral*, Naumann, 1887 ; texte de réf. *Œuvres philosophiques complètes* par Coli G. et Montinari M, Berlin, W. de Gruyter, 1968 ; trad. Heim C., Hildebrand I. et Gratien J., *Généalogie de la morale*, Paris, Gallimard, 1971, t. VII, p. 213-347. (Une éd. présentée et annotée par Deschamps J., Paris, Nathan-Intégrales de philo, 1981, 240 p.)
13. FREUD S., *Vorlesungen zur Einführung in die Psychoanalyse*, leçons prononcées en 1904 à la Clark University, Worcester (Mass.), éd. *in : Amer. Journal of Psychology*, 1908 ; trad. Le Lay Y., *Cinq leçons sur la psychanalyse*, Paris, Payot, 1974, 158 p. (Les œuvres complètes de Freud sont en cours de publication aux PUF, Paris, depuis 1989, sous la dir. de Laplanche J., Bourguignon A., Cotet P., XXII volumes sont prévus. Sept volumes sont déjà parus).
14. HEIDEGGER M., *Über den Humanismus*, écrit à J. Beaufret en 1946, Bern, Francke, 1947 ; trad. Munier R., *Lettre sur l'humanisme*, Paris, Aubier, 1964, rééd. 1983, 192 p.
15. LÉVI-STRAUSS C., *Anthropologie structurale (articles de 1944 à 1956)*, Paris, Plon, 1958, rééd. 1972, 452 p.
16. LÉVI-STRAUSS C., *Anthropologie structurale II (articles de 1952 à 1973)*, Paris, Plon, 1973, 450 p.
17. FERRY L. et RENAUT A., *La pensée 68. Essai sur l'antihumanisme contemporain*, Paris, Gallimard, 1985, 294 p.
18. SARTRE J.-P., *L'existentialisme est un humanisme*, Conf. 1946 ; Paris, Nagel, 1946, rééd. 1970, 142 p.

19. DUPUY J.-P., *Le sacrifice et l'envie. Le libéralisme aux prises avec la justice sociale*, Paris, Calmann-Lévy, 1992, 374 p.
20. JONAS H., *Das Prinzip Verantwortung. Versuch einer Ethik für die technologische Zivilisation*, Frankfurt, Insel Verlag, 1979 ; trad. J. Greisch J., *Le principe responsabilité. Une éthique pour la civilisation technologique*, Paris, Cerf, 1991, 336 p.
21. MILL J. St., *Utilitarianism*, écrit 1850-60, publié *in : Fraser's Magazine*, oct. nov. déc. 1861 ; trad. Tanesse G., *L'utilitarisme*, Paris, Flammarion, 1964, rééd. 1988, 186 p.
22. SIDGWICK H., *The Methods of Ethics*, Londres, Macmillan, 1874, 3e éd. 1884.
23. HARE R.M., *The Language of Morals*, Oxford, Clarendon, 1952, rééd. 1961, 203 p.
24. HARE R.M., *Moral Thinking. Its Levels, Method and Point*, Oxford, Oxford Un. Pr.,1981, 242 p.
25. WILLIAMS B., *Ethics and the Limits of Philosophy*, London, W. Collins, 1985 ; trad. Lescourret M.A., *L'éthique et les limites de la philosophie*, Paris, Gallimard, 1990, 248 p.
26. HOTTOIS G., dir., *Au fondement d'une éthique contemporaine. H. Jonas et H.T. Engelhardt*, Paris, Vrin, 1993, 250 p.
27. ENGELHARDT H.T., *The Foundations of Bioethics*, New York, Oxford Un. Pr., 1986, 398 p.
28. RAWLS J., *A Theory of Justice*, Harvard, Belknap Harvard Un. Pr., 1971 ; trad. Audard C., *Théorie de la justice*, Paris, Seuil, 1987, 668 p.
29. HABERMAS J., *Erlaüterungen zur Diskursethik*, Frankfurt a. M., Suhrkamp Verlag, 1991 ; trad. Hunyadi M., *De l'éthique de la discussion*, Paris, Cerf, 1992, 202 p.
30. HABERMAS J., *Moralbewusstsein und kommunikatives Handeln*, Frankfurt a. M, Suhrkamp Verlag, 1983 ; trad. Bouchindhomme C., *Morale et communication. Conscience morale et activité communicationnelle*, Paris, Cerf, 1991, 212 p.
31. APEL K.O., *Normative Begründung der « Kritischen Theorie » durch Rekurs auf lebensweltliche Sittlichkeit ? Ein transzendentalpragmatisch orientierter Versuch, mit Habermas gegen Habermas zu denken*, Frankfurt a. M., Suhrkamp Verlag, 1989 ; trad. Charrière M., *Penser avec Habermas contre Habermas*, Paris, L'Éclat, 1990, 60 p.
32. RECANATI F., dir., *Éthique et philosophie politique*, Paris, O. Jacob, coll. « L'âge de la science », 1988, 234 p.
33. LEVINAS E., *Éthique et infini*, Paris, Fayard-Livre de poche, 1982, 122 p.
34. LEVINAS E., *Le temps et l'autre*, Paris, Arthaud, 1947 ; Montpellier, Fata Morgana, 1979, 4e rééd, Paris, PUF, 1991, 94 p.
35. STRAUSS Léo, *Natural Right and History*, Chicago, 1953 ; trad. Nathan M. et de Dampierre E., *Droit naturel et Histoire*, Paris, Plon, 1954, rééd. Flammarion coll. « Champs », 1986, 320 p.
36. RENAUT A. et SOSOE L., *Philosophie du droit*, Paris, PUF, 1991, 484 p.
37. RICŒUR P., *Lectures I. Autour du politique*, Paris, Seuil, 1991, 412 p (articles de 1949 à 1991).
38. RICŒUR P., *Soi-même comme un autre*, Paris, Seuil, 1990, 430 p.
39. WEBER M., *Wissenschaft als Beruf, Politik als Beruf*, Conférence 1919 ; trad. Freund J., *Le savant et le politique*, Paris, Plon, 1959, rééd. 1963, 186 p.

QUELQUES ESSAIS RÉCENTS *(Qui apportent un éclairage original et stimulant)*

40. BAUD J.-P., *L'affaire de la main volée. Une histoire juridique du corps*, Paris, Seuil, 1993, 252 p.
41. COMAT P., *Les images du corps*, Paris, Gallimard coll. « Découvertes », 1993, 160 p.
42. DAMASIO R., *Descartes'Error. Emotion, Reason and the Human Brain*, Putnam Books, 1994 ; trad. Blanc M., *L'erreur de Descartes. La raison des émotions*, Paris, O. Jacob, 1995, 368 p.
43. DOMENACH J.-M., *La responsabilité. Essai sur le fondement du civisme*, Paris, Hatier, 1994, 80 p.
44. GODBOUT J., *L'esprit du don*, Montréal, Paris, La Découverte, 1992, 346 p.
45. GOFFI J.-Y., *Le philosophe et ses animaux*, Nîmes, J. Chambon, 336 p.
46. HAMON H., *Nos médecins*, Paris, Seuil, 1994, 352 p.
47. HOFFE O., *Lexicon der Ethik*, München, Beck'sche Verl., 1986 ; trad. Sosoe L. K., *Petit dictionnaire d'éthique*, Paris, Cerf, 1993, 372 p.

48. LE BRETON D., *Anthropologie du corps et modernité,* Paris, PUF, 1990, 2e éd. 1992, 264 p.
49. LENOIR F., dir., *Le temps de la responsabilité,* Paris, Fayard, 1991, 272 p. (collectif, 18 auteurs, bioéthique, environnement, développement, entreprise, médias, politique, philosophie).
50. LIPOVETSKY G., *Le crépuscule du devoir. L'éthique indolore des nouveaux temps démocratiques,* Paris, Gallimard, 1992, 296 p.
51. REY R, *Histoire de la douleur,* Paris, La Découverte, 1993, 414 p.
52. VOVELLE M., *L'heure du grand passage, chronique de la mort,* Paris, Gallimard coll. « Découvertes », 1993, 160 p.

BIOÉTHIQUE

• *Ouvrages singuliers (la plupart de réflexion fondamentale sur l'éthique médicale, certains sur une seule question d'éthique médicale)*

53. AMBROSELLI C., *L'éthique médicale,* Paris, PUF, 1988, 128 p.
54. ATLAN H, *À tort et à raison : intercritique de la science et du mythe,* Paris, Seuil, 1986, 448 p.
55. BEAUCHAMP T. et CHILDRESS J., *Principles of Biomedical Ethics,* Oxford, Oxford Un. Pr., 1979, 3e éd. 1989, 470 p.
56. BERNARD J., *De la biologie à l'éthique,* Paris, Buchet Chastel, 1990, 310 p.
57. BERNARD J., *La bioéthique,* Paris, Flammarion, 1994, 125 p.
58. BESANCENEY J.-C., *Initiation à la bioéthique,* Paris, Centurion-Infirmières d'aujourd'hui, 1991, 194 p.
59. CABALLERO, dir., *Drogues et droits de l'homme en France,* Paris, Delagrave, 1992, 154 p.
60. CADORE B., *L'expérience bioéthique de la responsabilité,* Louvain, Erasme, Montréal, Fides, 1994, 204 p.
61. CANGUILHEM G., *Le normal et le pathologique, I. Essai sur quelques problèmes concernant le normal et le pathologique* (Thèse de médecine, 1943), *II. Nouvelles réflexions concernant le normal et le pathologique* (1963-66), Paris, PUF, 1966 ; 3e éd. Paris, PUF, 1991, 224 p.
62. CONCHE M., *Le fondement de la morale,* Paris, PUF, 1993, 150 p. (Méditation philosophique qui rencontre de nombreuses situations d'éthique médicale).
63. CONGRÉGATION POUR LA DOCTRINE DE LA FOI, *Le don de la vie,* 22 février 1987, Paris, Cerf, 1987, 58 p.
64. DEGOS L., *Les greffes d'organes. Un exposé pour comprendre, un essai pour réfléchir,* Paris, Flammarion, 1994, 128 p.
65. DELAISI G. et VERDIER P., *Enfant de personne,* Paris, O. Jacob, 1994, 364 p.
66. DELFOSSE M.L., *L'expérimentation médicale sur l'être humain. Construire les normes, construire l'éthique,* Bruxelles, De Boeck, 1993, 356 p.
67. FAGOT-LARGEAULT A., *L'homme bioéthique. Pour une déontologie de la recherche sur le vivant,* Paris, Maloine, 1985, 248 p.
68. GILLON R., *Philosophical Medical Ethics,* New York, Chichester, 1985, 190 p.
69. GLEIZE C., *Vers l'autre rive. Une femme face au cancer,* Fribourg, Paris, Saint-Paul, 1993, 174 p.
70. GROS F., *La civilisation du gène,* Paris, Hachette, 1989, 138 p.
71. GROS F., *Les secrets du gène,* Paris, O. Jacob, 1986, 414 p.
72. HIRSCH E., *Médecine et éthique. Le devoir d'humanité,* Paris, Cerf, 1990, 478 p.
73. HOTTOIS G., *Le paradigme bioéthique,* Bruxelles, De Boeck Université, 1990, 216 p.
74. KATZ J., *The Silent World of Doctor and Patient,* New York, C. Macmillan, 1984.
75. KEMP P., Introduction à ANDERSEN D., *Medicinks Etik,* Copenhague, FADL, 1985, trad. Jacquet-Tisseau E. M., *Éthique et médecine,* Paris, Tierce-Médecine, 1987, 144 p.
76. KUBLER-ROSS E., *On death and dying,* New York, Macmillan, 1969 ; trad. Jubert C., *Les derniers instants de la vie,* Genève, Labor et Fides, 1975, 280 p.
77. LEVINE R., *Ethics and Regulation of Clinical Research,* Baltimore, Münich, Urban-Schwatzenberg, 1981, 300 p.
78. LUCAS P., *Dire l'éthique,* Arles, INSERM-Actes Sud, 1990, 198 p.
79. MISRAHI R., *Signification de l'éthique. Pour l'application de l'éthique aux problèmes de la vie et de la santé,* Paris, Les empêcheurs de penser en rond, 1995, 185 p.

80. MORETTI J.-M. et DINECHIN O., *Le défi génétique*, Paris, Le Centurion, 1984, 164 p.
81. SALAMAGNE M. et HIRSCH E., *Accompagner jusqu'au bout de la vie*, Paris, Cerf, 1992, 150 p.
82. SEVE L., *Pour une critique de la raison bioéthique*, Paris, O. Jacob, 1994, 418 p.
83. THÉVENOT X., *La bioéthique*, Paris, Centurion, 126 p.
84. TESTART J., *Le désir du gène*, Paris, Bourin, 1992, 286 p. Cf aussi TESTART J., dir., *Le magasin des enfants*, Paris, Bourin, 1990, rééd. 1994, 507 p.
85. THOMAS J.-P., *Misère de la bioéthique*, Paris, Albin Michel, 1990, 312 p.
86. THOMAS J.-P., *Les fondements de l'eugénisme*, Paris, PUF, coll. « Que sais-je ? », 1995, 128 p.
87. QUERE F., *L'éthique et la vie*, Paris, O. Jacob, 1991, 342 p.
88. RUFFIE J., *Naissance de la médecine prédictive*, Paris, O. Jacob, 1993, 478 p. (plus informatif que réflexif).
89. VERSPIEREN P., *Face à celui qui meurt. Euthanasie. Acharnement thérapeutique. Accompagnement*, Paris, Desclée de Brouwer, 1984, 208 p.
90. VILLEY R., *Histoire du secret médical*, Paris, Seghers, 1986, 242 p.

• *Ouvrages collectifs (dans lesquels on trouvera des articles, qui abordent, pour la plupart, des questions particulières d'éthique médicale)*

Deux ouvrages fondamentaux :

91. HOTTOIS G. et PARIZEAU M.H., dir., *Les mots de la bioéthique. Un vocabulaire encyclopédique*, Bruxelles, De Boeck Université, 1993, 376 p.
92. COMITÉ CONSULTATIF NATIONAL D'ÉTHIQUE, Xe Anniversaire. *Les avis de 1983 à 1993*, Paris, CCNE-INSERM, 1993, 368 p.

93. BAUDOUIN J.-L. et C. LABRUSSE-RIOU C., *Produire l'homme : de quel droit ? Étude juridique et éthique des procréations artificielles*, Paris, PUF, 1987, 288 p.
94. CENTRE UNIVERSITAIRE DE RECHERCHES ADMINISTRATIVES ET POLITIQUES DE PICARDIE, *Bioéthique et droit*, Paris, PUF, 1988, 302 p.
95. CHANGEUX J.-P., dir., *Fondements naturels de l'éthique*, Paris, Odile Jacob, 1993, 334 p. (12 auteurs).
96. CONSEIL DE L'EUROPE, *Éthique et génétique humaine. Actes du IIe symposium du Conseil de l'Europe sur la bioéthique*, éd. Conseil de l'Europe, 1994, 332 p.
97. DURAND H., BICLET P., HERVÉ C., dir., *Éthique et pratique médicale*, Paris, Doin-AP.HP, 1995, 224 p.
98. EDELMAN B., HERMITTE M. A., LABRUSSE-RIOU C., *L'homme, la nature, le droit*, Paris, Bourgois, 1988, 392 p. (6 auteurs).
99. EHRENBERG A., dir., *Penser la drogue, penser les drogues, I. État des lieux, II. Les marchés interdits de la drogue, III. Bibliographies*, Paris, Descartes, 1992, 214, 240, 266 p. (II, dir. SCHIRAY M.).
100. ELSTER J. et HERPIN N., dir., *Éthique des choix médicaux*, Arles, Actes Sud, 1992, 166 p.
101. INSERM, *Éthique médicale et Droits de l'Homme*, Arles, Actes Sud-INSERM, 1988, 352 p. (cinq débats, au Centre G. Pompidou, mars-avril 1987).
102. LAUNOIS R. et REGNIER F., dir., *Décision thérapeutique et qualité de vie*, Montrouge, J. Libbey Eurotext, 184 p.
103. MANUEL C. et SAN MARCO J.L., *SIDA. Les enjeux éthiques*, Paris, Doin, 1994, 276 p.
104. MEDIASEVRES, Département d'éthique biomédicale du Centre Sèvres (centre de recherche et d'enseignement théologiques), *Textes de référence pour l'enseignement de l'éthique biomédicale*, Paris, Médiasèvres, 1995, 2 tomes, 284 p. (Précieux recueils de textes : législatifs, déontologiques, philosophiques, juridiques, articles de la presse médicale...)
105. NOVAES S., dir., *Biomédecine et devenir de la personne*, Paris, Seuil, 1991, 352 pages. (10 auteurs).
106. PARIZEAU M. H., dir., *Les fondements de la bioéthique*, Bruxelles, De Boeck Université, Bruxelles, 1992, 198 p. (9 auteurs).
107. ROGERS A. et DURAND DE BOUSINGEN D., *Une bioéthique pour l'Europe*, éd. Conseil de l'Europe, 1995, 390 p. (cet ouvrage contient en annexe les textes européens relatifs à la bioéthique et le projet de Convention de bioéthique, p. 263-390).

108. SINGER P., dir., *Applied Ethics*, Oxford, Oxford Un. Pr., 1988, 264 p. (Un autre ouvrage collectif anglo-saxon : LOCKWOOD M., dir., *Moral Dilemmas in Modern Medicine*, Oxford, Oxford Un. Pr., 1985, 260 p.)
109. VERSPIEREN P., *Biologie, médecine et éthique : Les textes du Magistère catholique*, Paris, Centurion, 1987, 500 p.
110. Revue *COMMUNIO, Conscience ou consensus ? Dossier : Le Comité consultatif national d'éthique*, Paris, Mame, 1993, XVIII-1993-5, n° 109, 138 p.
111. *REVUE DE MÉTAPHYSIQUE ET DE MORALE, La bioéthique*, Paris, t. 92, n° 3, août, sept. 1987, p. 290-431.
112. Revue *POUVOIRS, Bioéthique*, Paris, PUF, 1991, n° 56, 220 p.
113. Revue *RAISON PRÉSENTE, La maîtrise du vivant*, Paris, Nouv. éd. rationalistes, 1993, n° 105, 252 p.
114. Revue *RECHERCHES DE SCIENCES RELIGIEUSES, Approches éthiques et théologiques des problèmes de la vie*, Paris, 1994, t. 82, n° 4, p. 487-644.

• *Textes officiels (législatifs ou consultatifs)*[1]

115. LOI du 7 juillet 1949 permettant la pratique de la greffe de la cornée grâce à l'aide de donneurs d'yeux volontaires (*Journal Officiel* du 8 juillet 1949, p. 6702).
116. LOI du 21 juillet 1952 sur l'utilisation thérapeutique du sang humain, de son plasma et de leurs dérivés (*J.O.* du 22 juillet 1952, p. 7357-7358).
117. LOI n° 70-1320 du 31 décembre 1970 relative aux mesures sanitaires de lutte contre la toxicomanie et à la répression du trafic et de l'usage illicite des substances vénéneuses (*J.O.* du 3 janvier 1971, p. 74-76).
118. LOI du 3 janvier 1972 sur la filiation (*J.O.* du 5 janvier 1972, p. 145-152).
119. LOI (dite « LOI VEIL ») n° 75-17 du 17 janvier 1975 relative à l'interruption volontaire de grossesse (*J.O.* du 18 01 75, p. 739-741).
120. LOI (dite « LOI CAILLAVET ») n° 76-1181 du 22 décembre 1976 relative aux prélèvements d'organes (*J.O.* du 23 décembre 1976, p. 7365) (Décret n° 78-501 du 31 mars 1978 – *J.O.* du 4 avril 1978).
121. LOI n° 78-17 du 6 janvier 1978 relative à l'informatique, aux fichiers et aux libertés (*J.O.* du 7 janvier 1978, p. 227-231).
122. LOI (dite « LOI HURIET ») n° 88-1138 du 20 décembre 1988 relative à la protection des personnes qui se prêtent à des recherches biomédicales (*J.O.* du 22 décembre 1988).
Cette loi a été modifiée par la loi n° 90-86 du 23 01 1990 (*J.O.* du 25 01 90), la loi n° 90-549 du 02 07 90 (*J.O.* 05 07 90), la loi n° 91-73 du 18 01 91 (*J.O.* 20 01 91), la loi n° 92-1336 du 16 12 92 (*J.O.* 23 12 92), la loi n° 93-5 du 04 01 93 (*J.O.* 05 01 93) et la loi n° 94-630 du 25 07 94 (*J.O.* 26 07 94).
123. LOI du 27 juin 1990 relative aux droits et à la protection des personnes hospitalisées en raison de troubles mentaux et à leurs conditions d'hospitalisation (*J.O.* du 30 juin 1990, p. 7664-7668).
124. LOI n° 92-654 du 13 juillet 1992 relative au contrôle de l'utilisation et de la dissémination des organismes génétiquement modifiés (*J.O.* du 16 juillet 1992, p. 9523-9527).
125. DÉCRET (dit « Code de déontologie infirmière ») du Ministère de la santé et de l'action humanitaire n° 93-221 du 16 février 1993 relatif aux règles professionnelles des infirmiers et infirmières (*J.O.* du 18 février 1993). Complété par Décret n° 93-345 du 15 mars relatif aux actes professionnels et à l'exercice de la profession d'infirmier (*J.O.* du 16 mars 1993, p. 4098 *sq.*).
126. LOI n° 94-548 du 1er juillet 1994 relative au traitement de données nominatives ayant pour fin la recherche dans le domaine de la santé (*J.O.* du 2 juillet 1994, p. 9559-9560)
127. LOI n° 94-653 du 29 juillet 1994 relative au respect du corps humain (*J.O.* 30 juillet 1994, p. 11056 *sq.*).
128. LOI n° 94-654 du 29 juillet 1994 relative au don et à l'utilisation des éléments et produits du corps humain, à l'assistance médicale à la procréation et au diagnostic prénatal (*J.O.* 30 juillet 1994, p. 11060 *sq.*).
129. Décret portant CODE DE DÉONTOLOGIE MÉDICALE, n° 95-1000 du 6 septembre 1995 (*J.O.* 08-09-95, p. 13305-13310).

1. Plusieurs de ces textes sont reproduits en [104].

130. *Dictionnaire permanent. bioéthique et biotechnologies*, Paris, Éditions Législatives, Mensuel (Parution depuis janvier 1994) (Ce dictionnaire, établi par des juristes, est une mise à jour législative régulière par bulletin mensuel).
131. *Ordre national des medecins, Guide d'exercice professionnel*, Paris, Masson, 16e éd. 1991, 676 p. (Cet ouvrage contient de nombreux textes législatifs relatifs à l'exercice de la médecine).
132. RAPPORT du CONSEIL D'ÉTAT, *Sciences de la vie. De l'éthique au droit*, Paris, La Documentation française, 1988, n° 4855, 208 pages (dit « Rapport Braibant »).
133. RAPPORT au Premier Ministre, Lenoir N., dir., *I. Aux frontières de la vie : une éthique biomédicale à la française. II. Aux frontières de la vie : paroles d'éthique*, Paris, La Documentation Française, 1991, 238 p. et 478 p.(dit « Rapport Lenoir »).
134. RAPPORT PARLEMENTAIRE D'INFORMATION, Sérusclat F., dir., *Les sciences de la vie et les droits de l'homme : bouleversement sans contrôle ou législation à la française*, Paris, Assemblée Nationale, 1992, n° 2588.
135. RAPPORT PARLEMENTAIRE D'INFORMATION, Bioulac B., dir., *La bioéthique*, Paris, Assemblée Nationale, 1992, n° 2565.
136. RAPPORT PARLEMENTAIRE D'INFORMATION, Chevalier D., dir., *La biodiversité et la préservation du patrimoine génétique*, Paris, Assemblée Nationale, n° 2713.
137. RAPPORT AU PREMIER MINISTRE par Mattéi J.F., *La vie en questions : pour une éthique biomédicale*, Paris, La Documentation française, coll. des Rapports officiels, 1994 (dit « Rapport Mattéi »).
138. RAPPORT DU SÉNAT, Neuwirth L., dir., *Prendre en charge la douleur*, Paris, Rapports du Sénat, 1994-95, n° 138, 224 p.
139. COMITÉ CONSULTATIF NATIONAL D'ÉTHIQUE, *Recherche biomédicale et respect de la personne humaine*, Paris, Documentation française, 1987, 78 p.
140. COMITÉ CONSULTATIF NATIONAL D'ÉTHIQUE, *Éthique et connaissance*, Paris, Documentation française, 1990, 84 p.
141. COMITÉ CONSULTATIF NATIONAL D'ÉTHIQUE, *Éthique et pédiatrie*, Paris, Documentation française, 1992, 136 p.
142. COMMISSION WARNOCK (G.B.), *Report of the committee of inquiry into human fertilisation and embryology*, London, 1984 ; trad., *Fécondation et embryologie humaine*, Paris, La Documentation Française, 1985, 158 p.
143. RAPPORT DES MINISTÈRES FÉDÉRAUX ALLEMANDS DE LA RECHERCHE ET DE LA JUSTICE, *In vitro-Fertilisation, Genomoanalyse und Gentherapie*, Schweitzer Verl., 1985 ; trad. *Fécondation in vitro, analyse du génome et thérapie génique*, Paris, Documentation française, 1987, 98 p.
144. THE NATIONAL COMMISSION for the Protection of Human Subject of Biomedical and Behavioral Research, *The Belmont Report*, 1978 ; trad. *in : Cahiers de Bioéthique*, Québec, Pr. Un. de Laval, 1982, n° 4, 233-250.

• *Revues*

145. *ÉTHIQUE* (Revue trimestrielle de recherche interdisciplinaire, *philosophie, biologie, médecine, droit, histoire, théologie*, parution depuis été 1991, Éditions Universitaires – Groupe Mame, Abonnement Éthique/Iotadis, 30 rue de la Passerelle, 93160 Noisy-le-Grand).
n° 1 *La tentation biocratique*, n° 2 *L'homme et son corps*, n° 3 *L'embryon I* (1991), n° 4 *L'embryon II*, n° 5 *Sexe à problème*, n° 6/7 *Vivre la mort médicalisée* (1992), n° 8 *La responsabilité I*, n° 9 *La responsabilité II*, n° 10 *SIDA I* (1993), n° 11 *Est-il indigne de mourir ?* n° 12 *SIDA II*, n° 13 *L'écologie, humanisme ou naturalisme ?*, n° 14 *Éthique et déterminisme* (1994), n° 15 *Éthique à problèmes*, n° 16 *L'accueil de l'enfant malformé*, n° 17 *L'exigence morale*(1995).
146. *LAENNEC. Médecine, santé, société* (Revue trimestrielle du Centre Laennec, 12 rue d'Assas 75006 Paris. Parution depuis 1952).
147. *MÉDECINE ET DROIT. Information éthique et juridique du praticien* (Revue bimestrielle, Publications Elsevier, 141 rue de Javel, 75015 Paris. Parution depuis juillet/août 1993).
148. *LES CAHIERS DU COMITÉ CONSULTATIF D'ÉTHIQUE pour les sciences de la vie et de la santé* (Revue trimestrielle du CCNE, 71 rue St Dominique, 75007 Paris. Parution depuis octobre 1994).

149. *AGORA. Éthique, médecine et société* (Revue trimestrielle, 33 bd de Picpus, 75571 Paris Cedex 12. Parution depuis 1986).
150. *ETHICA* (Revue trimestrielle de l'association « Éthique et société ». NHA-M Mella Édition, 1 place Louise, 69003 Lyon).
151. *LE SUPPLÉMENT. Revue d'éthique et de théologie morale* (Revue trimestrielle, Cerf, 29 Bd Latour Maubourg, 75007 Paris. Presque tous les numeros de cette revue comportent un ou des article(s) sur l'éthique médicale).

– Signalons plusieurs numeros de la revue :

152. *AUTREMENT*[1] (Abonnements 17 rue du Louvre 75001 Paris, ou au numéro en librairie)
– *Autres médecines, autres mœurs,* Mutations, n° 85, 1985, 236 p.
– *La mort à vivre. Approches du silence et de la souffrance,* Mutations, n° 87, fév. 1987, 220 p.
– *À quoi pensent les philosophes ? Interrogations contemporaines,* Mutations, n° 102, nov 1988, 260 p.
– *L'hôpital à vif. État des lieux,* Mutations, n° 109, 1989, 232 p.
– *Le défi bioéthique. La médecine entre l'espoir et la crainte,* Mutations, n° 120, mars 1991, 224 p.
– *Être vieux. De la négation à l'échange,* Mutations, n° 124, oct. 1991, 192 p.
– *Le corps surnaturé. Le sport entre science et conscience,* Sciences en société, n° 4, avr 1992, 208 p.
– *Esprit des drogues. La dépendance hors la loi ?* Mutations-poche, n° 14, 1993, 286 p.
– *La responsabilité. La condition de notre humanité,* Morale, n° 14, janv. 1994, 288 p.
– *Souffrances. Corps et âme, épreuves partagées,* Mutations, n° 142, fév. 1994, 222 p.
– *La justice. L'obligation impossible,* Morales, n° 16 oct 1994, 216 p.

– Signalons les publications du CCNE :

153. *PANORAMA de presse en éthique biomédicale* (Mensuel à partir de journaux français. Parution depuis 1984).
154. *REVUE BIBLIOGRAPHIQUE* trimestrielle « Éthique et sciences de la vie et de la santé » (À partir des bases internationales MEDLINE, BIOETHICS, PASCAL, FRANCIS. Parution depuis1985).
155. *REVUE DE SOMMAIRES en éthique biomédicale* (Mensuel à partir de revues françaises et étrangères. Parution depuis 1992).
156. *JOURNAL INTERNATIONAL DE BIOÉTHIQUE / INTERN. J. of BIOETH.* (Revue trimestrielle, éd. Lacassagne, Lyon, diff. ESKA, 27 rue Dunois, 75013 Paris. Parution depuis1990).

– Parmi un choix immense de revues étrangères, voici quelques titres :

157. *BIOETHICS* (Oxford, GB, Cambridge, USA, Blackwell Pub., trimestriel, parution depuis 1987, dir. et part. de grands philosophes de langue anglaise : Callahan D., Dworkin G., Engelhardt H.T, Hare R., Lockwood M., Parfit D., Singer P…).
158. *HASTINGS CENTER REPORT* (Revue du Hastings Center, New York, bimestrielle, parution depuis 1970).
159. *THE JOURNAL OF MEDICINE AND PHILOSOPHY* (Dir. Engelhardt H.T. et Spicker S.F., Dordrecht, Boston, London, Kluwer Academie, bimestriel, parution depuis 1976).
160. *KENNEDY INSTITUTE OF ETHICS JOURNAL* (Revue du Kennedy Institute, Washington, J. Hopkins Univ. Pr., trimestrielle, parution depuis 1991).

1. Nous ne saurions trop recommander cette revue aux étudiants. Chaque numéro, composé d'articles denses et brefs, est confié à un penseur ou une équipe restreinte qui propose un cheminement personnel dans la question en jeu ; chaque numéro a ainsi une unité forte, tout en présentant des articles très différents voire contradictoires, et tous intéressants et accessibles.

AVIS du COMITÉ CONSULTATIF NATIONAL D'ÉTHIQUE POUR LES SCIENCES DE LA VIE ET DE LA SANTÉ (en date de la rentrée universitaire 1995-96)

1. Avis sur les prélèvements de tissus d'embryons et de fœtus humains morts à des fins thérapeutiques, diagnostiques et scientifiques. Rapport. *22 mai 1984.*
2. Avis sur les essais de nouveaux traitements chez l'homme. Réflexions et propositions. *9 octobre 1984.*
3. Avis sur les problèmes éthiques nés des techniques de reproduction artificielles. Rapport. *23 octobre 1984.*
4. Avis sur les registres médicaux pour études épidémiologiques et de prévention. Rapport. *6 mai 1985.*
5. Avis sur les problèmes posés par le diagnostic prénatal et périnatal. Rapport. *13 mai 1985.*
6. Avis concernant les problèmes éthiques posés par l'appréciation des risques du SIDA par la recherche d'anticorps spécifiques chez les donneurs de sang. Rapport. *13 mai 1985.*
7. Avis sur les expérimentations sur des malades en état végétatif chronique. Rapport. *24 février 1986.*
8. Avis relatif aux recherches et utilisation des embryons humains *in vitro* à des fins médicales et scientifiques. Rapport. *15 décembre 1986.*
9. Avis sur les problèmes posés par le développement des méthodes d'utilisation de cellules humaines et de leurs dérivés. Rapport. *23 février 1987.*
10. Avis sur l'utilisation de la Mifépristone (RU 486). Rapport. *16 décembre 1987.*
11. Avis sur une demande concernant une étude réalisée sur des sujets volontaires sains au cours d'une expérience de simulation des modifications cardio-vasculaires et des tissus de soutien observées chez l'homme en apesanteur. Rapport. *6 décembre 1987.*
12. Avis sur l'expérimentation médicale et scientifique sur des sujets en état de mort cérébrale. Rapport. *7 novembre 1988.*
13. Recommandations sur les Comités d'éthique locaux. Rapport. *7 novembre 1988.*
14. Avis sur les problèmes éthiques posés par la lutte contre la diffusion de l'infection par le virus de l'immuno-déficience humaine (VIH). Rapport. *16 décembre 1988.*
15. Avis sur le dépistage des toxicomanies dans l'entreprise. Rapport. *16 octobre 1989.*
16. Avis sur les greffes de cellules nerveuses dans le traitement de la maladie de Parkinson. Rapport. *16 octobre 1989.*
17. Avis relatif à la diffusion des techniques d'identification par analyse de l'ADN (techniques des empreintes génétiques). *15 décembre 1989.*
18. État des études conduites par le Comité concernant les dons de gamètes et d'embryons. *15 décembre 1989.*
19. Avis sur les recherches sur l'embryon soumises à moratoire depuis 1986 et qui visent à permettre la réalisation d'un diagnostic génétique avant transplantation. *18 juillet 1990.*
20. Avis sur l'organisation actuelle du don de gamètes et ses conséquences. *18 juillet 1990.*
21. Avis sur la non-commercialisation du corps humain. *13 décembre 1990.*
22. Avis sur la thérapie génique. *13 décembre 1990.*
23. Avis concernant des greffes intracérébrales de tissus mésencéphaliques d'embryons humains chez cinq malades parkinsoniens dans un but d'expérimentation thérapeutisque. *13 décembre 1990.*
24. Avis sur les réductions embryonnaires et fœtales. *24 juin 1991.*
25. Avis sur l'application des tests génétiques aux études individuelles, études familiales et études de population. (Problèmes des « banques » de l'ADN, des « banques » de cellules et de l'informatisation des données). *24 juin 1991.*
26. Avis concernant la proposition de résolution sur l'assistance aux mourants, adoptée le 25 avril 1991 au Parlement européen par la Commission de l'environnement, de la santé publique et de la protection des consommateurs. *24 juin 1991.*
27. Avis sur la non-commercialisation du génome humain. Rapport. Réflexions générales sur les problèmes éthiques posés par les recherches sur le génome humain. *2 décembre 1991.*

28. Avis sur la transfusion sanguine au regard de la non-commercialisation du corps humain. Rapport. *2 décembre 1991.*
29. Avis relatif aux Comités d'éthique. *27 janvier 1992.*
30. Questions éthiques posées par l'obligation de tests génétiques pour les concurrents des jeux d'Albertville. *27 janvier 1992.*
31. Avis sur le dépistage de l'infection par le virus du SIDA. *28 mars 1992.*
32. Avis sur l'opportunité et le type d'essai à mettre en œuvre pour préciser les indications du Centoxin. Rapport. *10 juillet 1992.*
33. Avis concernant le recensement des glaucomateux en France et la localisation chromosomique du ou des gènes responsables. *19 janvier 1993.*
34. Avis sur l'utilisation de placebo dans les essais thérapeutiques d'antidépresseurs. *9 février 1993.*
35. Compensation de déficits hormonaux chez les sportifs de haut niveau. Rapport. *18 mai 1993.*
36. Avis sur l'application des procédés de thérapie génique somatique. Rapport. *22 juin 1993.*
37. Avis sur le dépistage du risque de la trisomie 21 fœtale à l'aide de tests sanguins chez les femmes enceintes. Rapport. *22 juin 1993.*
38. Avis sur l'éthique de la recherche dans les sciences du comportement humain. Rapport. *14 octobre 1993.*
39. Avis sur la prescription de substances antiandrogéniques à des détenus condamnés pour les infractions à caractère sexuel. *7 décembre 1993.*
40. Avis sur le transfert d'embryons après décès du conjoint (ou du concubin). Rapport. *17 décembre 1993.*
41. La coopération dans le domaine de la recherche biomédicale entre équipes françaises et équipes de pays en voie de développement économique. Rapport. *17 décembre 1993.*
42. Avis sur l'évolution des pratiques d'assistance médicale à la procréation. Rapport. *30 mars 1994.*
43. Rapports du Comité Consultatif National d'Éthique pour les Sciences de la Vie et de la Santé sur les toxicomanies. *23 novembre 1994.*
44. Avis sur l'implant cochléaire chez l'enfant sourd pré-lingual. *Décembre 1994.*
45. Avis sur les questions éthiques posées par la transmission de l'information scientifique relative à la recherche biologique et médicale. *5 juillet 1995*
46. Avis sur Génétique et médecine : de la prédiction à la prévention. *30 octobre 1995.*

Les avis du CCNE de fin 1993, 1994 et 1995 sont disponibles auprès du Centre de documentation en éthique, INSERM — Service commun n° 12[1]. L'ensemble des avis du CCNE de 1983 à 1993 — soit du 1 au 34 compris — a fait l'objet d'une publication : Xe Anniversaire. Les Avis de 1983 à 1993, 368 p.[2] [92].

1. Faculté de Médecine Necker – Enfants malades, 156 rue de Vaugirard 75730 Paris Cedex 15, Tél. : 1 40 61 54 59.
2. Disponible auprès du CCNE pour les sciences de la Vie et de la santé, 71 rue Saint Dominique 75007 Paris, Tél. : 1 44 42 48 52, fax. : 1 44 42 48 48.

TABLE DES MATIÈRES

LISTE DES EXEMPLES MÉDICAUX

Aubin Imprimeur
LIGUGÉ, POITIERS

Achevé d'imprimer en janvier 2002
N° d'impression L 62967
Dépôt légal février 2002
Imprimé en France